XIANDAI SHIYONG LIYI JIAOCHENG
现代实用礼仪教程

主　编　张建宏　林　琳
副主编　赵乐园　金　虹
　　　　何雪英　商　英

河南大学出版社
·郑州·

内容简介

礼仪是一门艺术,是一门修身的学问,也是文明的标签。本书立足于实用和便利,结合实际的生活需求与礼仪的时代特点,通过大量精炼的要点、贴近生活的趣味案例、较为丰富的图表资料,讲述了社交礼仪的基本知识与技能。在每一章节后,都附有思考与演练,可随时检验学习成果。本书读起来通俗易懂,易于被人接受,不仅适合作为高校礼仪类课程的教材,同时也非常适合有志于提高社交修养与能力的社会人员阅读、使用。

图书在版编目(CIP)数据

现代实用礼仪教程/张建宏,林琳主编.—郑州:河南大学出版社,2015.4(2019.5重印)

ISBN 978-7-5649-1965-8

Ⅰ.①现… Ⅱ.①张… ②林… Ⅲ.①礼仪—高等学校—教材 Ⅳ.①K891.26

中国版本图书馆 CIP 数据核字(2015)第 090469 号

责任编辑 高丽燕
责任校对 阮林要
封面设计 陈盛杰

出版发行　河南大学出版社
　　　　　地址:郑州市郑东新区商务外环中华大厦2401号　邮编:450046
　　　　　电话:0371-86059750(高等教育与职业教育出版分社)
　　　　　　　　0371-86059701(营销部)　　　　　　　　网址:www.hupress.com
排　　版　郑州市今日文教印制有限公司
印　　刷　开封智圣印务有限公司
版　　次　2015年8月第1版　　　　　　　　　　　　　印　次　2019年5月第7次印刷
开　　本　787mm×1092mm　1/16　　　　　　　　　　印　张　12.25
字　　数　290千字　　　　　　　　　　　　　　　　　定　价　30.00元

(本书如有印装质量问题,请与河南大学出版社营销部联系调换)

前　言

礼仪,这个词对于我们来说并不陌生。因为几千年来,中华民族一直被誉为"礼仪之邦",我国古代经典中就有"礼仪三百,威仪三千"之说。"仓廪实而知礼节",改革开放以来,随着经济的腾飞和人们文明意识的不断提高,以及与世界交流的日益频繁,如何体现自己有礼、有节、有度的修养和风度,已成为越来越多的人的思考。

高校承担着"做人"与"做事"两项教育任务,但长期以来,我们显然更加重视"做事"教育,而对"做人"教育,即职业道德、职业礼仪方面的教育有所忽略。然而在现代生产过程中,做事与做人是相互联系、互为促进的,会做人是能做事的基础。大学毕业生能否胜任工作以及工作的效率、质量如何,不仅取决于学生的知识、技能的掌握,更取决于学生对工作的理解、态度、责任心、敬业和服务意识。大学生一旦踏入社会,不仅生存环境发生了改变,社会角色也在进行转换。真才实学固然是决定胜败的主因,但良好的个人礼仪形象更是如虎添翼。所以,大学生学习礼仪是必需的,这是用人单位的要求,也是他们的自我需求。

对未来从事现代服务业的大学生来说,学习礼仪具有更为重要的作用。礼仪不仅是文明素养的表现,而且也创造着价值和利润,成为现代生产力的重要组成部分。拥有礼仪意识和掌握更多的礼仪知识,从某种程度上说,已经作为一种无形资产成为参与激烈竞争的附加值。因为现代服务业优质服务的标准是最大限度地满足客人的需求。在客人的各种需求中,求尊重的需求始终处于第一位,而礼仪的"退让以敬人"恰恰满足了客人的这种需求。优雅的行为举止、得体的仪态和言语、真挚的情感和规范的礼仪,成为构建人与人之间沟通的有力武器,其力量和价值都是不可比拟的。

本书从高等教育的特性出发,贯彻"学以致用"的原则,既注重一定的理论高度,又对礼仪实践进行概括和总结,强调了对大学生礼仪能力的训练与培养。本书的主要特色如下:1. 全面性。本书构建了合理全面的社交礼仪的知识、能力结构,对大学生现实生活及未来职场生涯中应掌握的各方面礼仪知识进行了有针对性的、全面系统的论述。2. 时代性。本书吸收并借鉴现代社交礼仪最新的研究成果,反映了编者对新时期社交礼仪的探索和思考。3. 生动性。本书的语言在规范简练而又平实的前提下,一改过去的语言风格,减少了许多繁杂的文字描述,采用了大量生动形象而又通俗的语言,增添了图表资料,构建了生动灵活的书本内容。4. 实用性。本书不仅重视科学性,还特别重视实用性与可操作性,提供了一些操作性很强的技能训练项目和模拟实训内容。因为切实有效、实用可行、规则简明、易学易会、便于操作,是礼仪的一大特征。通过本书的学习,希望在校大学生了解礼仪的魅力,掌握礼仪的知识,并通过各种场合的不断练习,养成习礼、守礼的良好习惯,全面提高自己的礼仪修养,在今后实际的社会交往活动中,自然地体现教养、展示素质,树立良好的个人形象。

  本书由义乌工商职业技术学院张建宏副教授主持编写,并负责全书的统稿。各章节撰写具体分工如下:第三、九章,张建宏;第一、二、八章,天津工艺美术职业学院讲师林琳;第十一章,浙江横店影视职业学院副教授赵乐园;第五、六、十章,河南职业技术学院讲师金虹;第四章,浙江经贸职业技术学院副教授何雪英;第七章,义乌工商职业技术学院讲师商英;第十二章,义乌工商职业技术学院副教授傅琴琴;第十三章,义乌工商职业技术学院讲师金萍。

  本书是博采众长的产物,是在吸收众多学者、作者的研究成果,采纳众多著作和教材的营养的基础上完成的,部分内容和图片来源于网络整理。在此,向这些不曾谋面的著作和资源的原作者,致以诚挚的谢意!由于时间和作者的水平方面的原因,书中一定还存在欠缺和不足,欢迎广大专家和读者提出批评意见,以便日后修订完善。若有建设性意见,亦望赐教!

张建宏
2015 年 3 月于浙江义乌

目 录

第一章 礼仪概述 …………………………………………………………（1）
 第一节 礼仪的内涵与价值 ……………………………………………（2）
 第二节 礼仪的特征与原则 ……………………………………………（7）
第二章 传统礼仪习俗 ……………………………………………………（13）
 第一节 中国礼仪的起源与流变 ………………………………………（14）
 第二节 中国传统民俗文化 ……………………………………………（17）
第三章 饮食礼仪 …………………………………………………………（24）
 第一节 中餐礼仪 ………………………………………………………（25）
 第二节 西餐礼仪 ………………………………………………………（29）
第四章 居家生活礼仪 ……………………………………………………（33）
 第一节 家庭成员礼仪 …………………………………………………（34）
 第二节 家庭待客与拜访礼仪 …………………………………………（36）
 第三节 居民居住礼仪 …………………………………………………（39）
第五章 公共区域礼仪 ……………………………………………………（43）
 第一节 常见公共场所礼仪 ……………………………………………（44）
 第二节 出行礼仪 ………………………………………………………（47）
第六章 日常交际礼仪 ……………………………………………………（52）
 第一节 见面之初礼仪 …………………………………………………（53）
 第二节 馈赠与探望礼仪 ………………………………………………（61）
 第三节 鲜花礼仪 ………………………………………………………（64）
 第四节 交谊舞会礼仪 …………………………………………………（68）
 第五节 高尔夫球场礼仪 ………………………………………………（70）
 第六节 人际交往的空间距离 …………………………………………（73）
第七章 言语沟通礼仪 ……………………………………………………（77）
 第一节 谈吐礼仪 ………………………………………………………（78）
 第二节 赞美技巧与幽默禁忌 …………………………………………（82）
 第三节 演讲礼仪 ………………………………………………………（85）
第八章 职场形象礼仪 ……………………………………………………（89）
 第一节 个人形象美概述 ………………………………………………（90）
 第二节 职场人士仪容礼仪 ……………………………………………（94）
 第三节 职场人士服饰礼仪 ……………………………………………（98）

第四节　职场人士仪态礼仪……………………………………………(104)
第九章　职业通用礼仪…………………………………………………………(114)
　　第一节　求职与离职礼仪………………………………………………(115)
　　第二节　办公室与会议礼仪……………………………………………(120)
　　第三节　电话与电子邮件礼仪…………………………………………(124)
　　第四节　办公室拜访与接待礼仪………………………………………(128)
　　第五节　团队出访与接待礼仪…………………………………………(130)
　　第六节　商务谈判与签约礼仪…………………………………………(135)
第十章　职场人际交往技巧……………………………………………………(140)
　　第一节　同事间的相处之道……………………………………………(141)
　　第二节　与领导交往的法则……………………………………………(144)
　　第三节　领导对待下属的礼仪与智慧…………………………………(146)
　　第四节　企业领导者为人处世误区……………………………………(149)
第十一章　服务礼仪……………………………………………………………(154)
　　第一节　服务行业礼仪…………………………………………………(155)
　　第二节　商贸企业前台服务礼仪………………………………………(161)
第十二章　涉外礼仪……………………………………………………………(165)
　　第一节　涉外礼仪概述…………………………………………………(166)
　　第二节　世界部分国家习俗……………………………………………(171)
第十三章　仪式组织……………………………………………………………(177)
　　第一节　商务庆典仪式礼仪……………………………………………(178)
　　第二节　聚会活动的组织礼仪…………………………………………(181)

参考文献……………………………………………………………………………(187)

第一章 礼仪概述

> 古之欲明明德于天下者,先治其国;欲治其国者,先齐其家;欲齐其家者,先修其身。
>
> ——《礼记·大学》

人类区别于动物的一个显著特征是人类的社会性。人类的活动不但受着自然规律的影响和制约,而且还受着社会规律以及由社会规律所决定的各种社会规范的影响和制约。在这些社会规范中,除了法律规范和道德规范以外,还有礼仪规范。礼仪既没有法规保障,也没有权利强制,但它却在相应的社会空间里广泛流传,规范着人们的道德和行为,是文明的象征。中华民族自古有懂礼、习礼、守礼、重礼的传统,孔子曰:"不学礼,无以立。"清代思想家颜元说:"国尚礼则国昌,家尚礼则家大,身有礼则身修,心有礼则心泰。"礼仪教育是人生的第一课,是我们学习、生活的根基,每一位社会成员都有义务和责任学习礼仪,传承礼仪。

第一节 礼仪的内涵与价值

当代礼学家钱玄在其撰修的《三礼辞典·自序》中指出,礼的范围之广,与今日"文化"之概念相比,或有过之而无不及,礼学实际上就是"上古文化史之学"。确实,中国古代的"礼",涉及范围广泛,几乎无所不包。典章制度、朝政法规、生活方式、伦理风范、做人本分等都是礼的范畴。而今天的"礼",则主要是指人际交往中为了维护正常社会秩序而逐渐形成的一系列行为规范礼,但它仍然具有十分丰富的内容和复杂的结构。

一、礼仪的内涵

礼仪一词,始见于先秦的《诗经·小雅·楚茨》:"为宾为客,献酬交错。礼仪卒度,笑语卒获。"《辞源》对"礼"的一种解释是:规定社会行为的法则、规范、仪式的总称。而"礼仪"则被解释为"行礼之仪式"。现代社会的"礼仪"是从传统社会演变而来的,但是随着时代的进步,在内容和形式上都发生了很大的变化。在人们的表述之中,与"礼"相关的词最常见的有几个,即礼仪、礼节、礼貌、仪式、礼宾、礼俗等。在大多数情况下,它们是被视为一体,混合使用的。其实,它们不可简单地混为一谈。

(一) 礼仪

概括地说,礼仪是人类在共同生活和交往中逐渐形成并固定下来的,为人们所共同遵循的律己、敬人的一种道德行为规范,是表现对他人尊重和理解的过程和手段,包含礼貌、礼节、仪式、礼俗等。国内外至今还没有哪个机构制定或发布礼仪规则,规定手一定要这样握,桌子一定要这样摆等。礼仪是经过不断传承和淘汰,随着现代人生活方式的改变而逐渐约定俗成的。礼仪是个多维度概念,我们可以从以下不同的角度对礼仪进行解析,如表1-1所示。

表1-1 礼仪概念解析

角度	解析
修养	礼仪是一个人内在修养和素质的外在表现
道德	礼仪是人们为人处世的行为规范
审美	礼仪是一种形式美,是人的心灵美的必然的外化
交际	礼仪是人们在人际交往中所适用的一种交际艺术
传播	礼仪是人们在人际交往中进行相互沟通的一种技巧
民俗	礼仪是待人接物的一种惯例

(二) 礼貌

礼貌是人们在交往时相互表示敬重和友好的行为规范,是一个人在待人接物时的外在表现。礼貌主要通过礼貌语言和礼貌行为来表现对他人的谦虚和恭敬,体现了时代的风尚与道德水准,以及人们的文化层次和文明程度。它对人们交往时的基本要求是诚恳、谦恭、和善和有分寸,做到待人"诚于中而形于外"。在日常工作与生活中,一个微笑、一个鞠躬、一声"您好",这些都是礼貌的具体表现。礼貌是一种装饰而不是伪装,它是强化并照亮内在自我的方式。要体现出良好的礼貌,需要具备多种品质,如耐心、自制、体贴、先人后己等。

(三) 礼节

礼节是礼貌的具体表现形式,是人们在日常生活中,特别是在交际场合相互表示尊敬、祝颂、问候、致意、哀悼、慰问以及给予必要协助和照料的惯用形式,是礼貌在语言、行为、仪表等方面的具体规定。从形式上看,它具有严格的仪式;从内容上看,它反映着某种道德原则,反映着对他人的尊重和友善。例如,在某人生日那天,朋友对他说一句"生日快乐",或给他送上一个生日蛋糕等,这就是礼节。

📖 阅读材料:礼仪、礼貌、礼节之间的联系与区别

礼仪、礼貌、礼节之间既有联系,又有区别,其本质都是表示对人的尊重、敬意和友好。但相比较而言,礼貌侧重于强调个人的道德品质,而礼节侧重强调的是这种品质的表现形式。通俗地说,礼貌是叫你要对人好,礼节则是教你如何让对方感受到你的好。只有借助一定的规范和技巧,你的礼貌才能得体地表现出来。有礼貌而不懂礼节,在与人交往时,会尴尬紧张、手足无措。没有礼貌而只学些表面的礼节形式,就难免机械模仿、故作姿态,使人感到虚假。因此,讲礼貌与懂礼节应是内在品质与外在形式的协调统一。礼仪的文化内涵要相对深些,多用于较大规模或较隆重的场合。一般来说,礼节产生于礼仪之前。最初的社会交往活动规模较小,礼节也较为简单,随着社会交往的复杂化和现代化,交往活动越来越频繁,礼节也越来越复杂,于是逐渐形成了一些约定俗成的礼节程序。礼节就从礼仪中自然而然地游离出来。因此,礼节是礼仪的基础,礼仪是程式化了的礼节。

(四) 仪式

仪式,是指在一定场合下举行的、业已规范化、程序化的一种表达礼貌、礼节的活动。人们在社会交往过程中或是在组织开展各项专题活动过程中,常常要举办各种仪式,以体现出对某人或某事的重视,或是为了纪念等,如结婚仪式、欢迎仪式、升旗仪式……在现代礼仪中,仪式大有越来越简化的趋势。不过,有些仪式的程序仍然是不可省略的。

(五) 礼宾

礼宾,就是按照一定的礼仪接待宾客。在现实生活中,特别是在人际交往、涉外活动中,主方根据客方人员的身份、地位、级别等给予相应的接待规格和待遇,称为礼宾或礼遇。

(六) 礼俗

礼俗即民俗礼仪，指各种风俗习惯，是礼仪的一种特殊形式。它是由历史形成的，普及于社会和群体之中，并根植于人们心理之中，在一定的环境中经常重复出现的行为方式。民俗礼仪的基本内容包括三个方面：一是物质民俗礼仪，包括居住（建筑）礼仪、服饰礼仪、饮食礼仪、生产礼仪、技术礼仪等；二是精神民俗礼仪，包括宗教礼仪、信仰礼仪、礼仪禁忌、民间文学、民间艺术、体育活动中的礼仪等；三是社会民俗礼仪，包括家庭礼仪、节日礼仪、人生礼仪、组织礼仪、社会活动礼仪等。在长期的社会实践中，不同国家、不同民族、不同地区，甚至一个小小的村落都会形成各具特色的风俗习惯。

二、礼仪的本质

中国传统礼仪的重要特征是礼仪与道德的结合。在中国，礼是一种制度的秩序，也是一种伦理的规范。先哲们的论述清晰地揭示了礼与德的关系。首先，礼是德的基础。扬雄在《法言·问道》中指出："礼，体也。人而无礼，焉以为德。"倘若人不懂得礼，就谈不上道德修养；礼是立身做人的前提，也是加强道德修养的基础性内容。其次，礼是德的规范。儒家认为仁是一切道德的精神价值，而礼则是仁的具体行为规范。其基本精神就是孔子说的"己欲立而立人，己欲达而达人""己所不欲，勿施于人"。北宋名臣范纯仁在《戒子弟言》中说："……以责人之心责己，恕己之心恕人，不患不到圣贤地位也。"再次，礼是德的保证。荀子在《荀子·修身》中说："礼者，所以正身也……无礼，何以正身？"因此，中国人的礼，是以内在的德性为基础的，它所表现的是一种善良的人性，是一种高尚的人格，是一种规范的人伦。正如《礼记》中所说："德辉动于内，礼发诸于外。"礼仪要求人们在交往的过程中，互相尊重、诚恳和善，待人和气，仪表端庄，而这些都源于具有良好的道德品质。

孟子曰："爱人者，人恒爱之；敬人者，人恒敬之。"在社会交往中，不论是彬彬有礼，还是侃侃而谈，前提都是对人的理解和尊重，善意和宽容，只有在这样的前提下，礼仪的技术性知识才可能发挥它的作用。如果一个人不尊敬别人，或许他能把社交规则背得滚瓜烂熟，能在特定场所故作优雅，可一旦来到陌生人聚集的公共场所，一不高兴，他很可能就会原形毕露，脏口相向。君子之风能不能在任何地点、任何时间，尤其在公共场所得以保持，关键要看"礼"有没有扎根在内心深处。当下公共领域内种种无礼行为，与其说是这部分人不拘小节、文明意识不足，倒不如说是他们心目中没有他人，不知道尊重他人的权利、人格和尊严。因此，礼仪的真正内涵并不是表面的一个形象，抑或一个简单礼节，礼仪是舒心的、愉悦的、温暖的，礼仪最高的境界永远是源于内心深厚的修养，源于内心对他人的尊重。

三、学习礼仪的意义

《左传·隐公十一年》中有一句名言："礼，经国家，定社稷，序民人，利后嗣者也。"礼仪不仅是立身处世之本，也是一门待人交友的学问，同时礼仪又是帮助我们获得成功、创造幸福的通行证。作为一种社会文化，礼仪不仅仅是个人素质的表现形式，还事关组织、社会乃至国家和民族的整体形象。毛泽东同志在《中国革命战争的战略问题》中提出,"读书是学习,使用也是学习,而且是更重要的学习",学习的目的全在于运用。在社会实践中,我们恰如其分地运用礼仪,会取得许多良好的效果。

(一)礼仪使人格更具魅力

在人际交往中,礼仪往往是衡量一个人文明程度的准绳。它不仅反映着一个人的交际技巧与应变能力,而且反映着一个人的气质风度、阅历见识、道德情操、精神风貌。而一些礼仪规范虽然稍显繁琐,却能避免品行上的疏忽。因此,我们完全可以说,礼仪即教养。这就是说,通过一个人对礼仪的运用程度,可以察知其教养的高低、文明的程度和道德的水准。

📖阅读材料:长者的礼仪风范

在当今社会一片"无礼"的氛围中,那些被古礼浸染过的长者们,却给今天的年轻人传递出一种无形的礼仪的力量。经济学家茅于轼先生在每次工工整整地写信之后,都不忘落款"茅于轼上"。一个"上"字,道尽了一个人的礼仪素养。2005年,某记者曾拜会著名的历史地理学家侯仁之及夫人,告辞时,已经八十高龄的侯夫人面向客人几番后退躬身相送,令在场的人无不感叹。侯夫人毕业于燕京大学,那时,在大学里,礼仪也是一门必修的课程。

(二)礼仪使形象更具风采

随着时代的发展,现代礼仪正成为一种追求人生美的手段与工具。心理学上通过大量测试得出一个结论:一个具有良好形象、修饰得体的人,会更令人感到可亲、可敬、有感召力、有亲和力、有魅力、有能力。形象是一个人的立身之本,也是赢得他人了解、理解、支持、信任的基础和条件。学习礼仪,运用礼仪,无疑将有益于人们更好地、更规范地设计个人形象和维护个人形象,更好地、更充分地展示个人的良好教养与优雅的风度。此外,人总是社会的人,大部分的人总隶属于某个组织,即人是组织化的个人。人在工作中总是代表着自己为之工作的组织的利益,显然,工作中的个人形象也代表着组织的形象。

(三)礼仪使交往更为顺畅

社会是不同群体的集合,群体是由众多个体汇合而成的,而个体的差异性是绝对的,如性别、年龄、贫富、尊卑等。一方面,礼仪作为一种规范、程序,作为一种文化传统,对人们之间相互关系模式起着规范、约束和及时调整的作用;另一方面,某些礼仪形式、礼仪活动可以化解矛盾,建立新关系模式。所以说,礼仪是人际交往的"润滑剂",具有调节人际关系的作用,能使人与人之间的关系更趋融洽,使人们的交往气氛更加愉快,使人们的生存环境更为宽松。

(四)礼仪使生活更为美好

礼仪存在于我们日常生活的方方面面,是家庭和睦的保证,是公共生活中的"通用语言"。从孝敬父母到邻里和睦,从着装到用餐,从称谓到握手,从出行到购物,从使用电话到网络交流,都能反映公民的文明素养,体现社会的文明程度。创造文明和谐的社会生活,需要我们"知礼""明礼""习礼",进而"达礼"。当大家都能展现自我的修养,个个以礼待人时,人际关系将会更加和睦,生活将变得更加温馨。

(五)礼仪使事业更加成功

现代企业要想在激烈的国际竞争中站稳脚跟、谋求发展,就必须融入到世界市场中去。而其中重要的一点就是在行为礼仪等管理规范上与国际接轨。毕竟一个企业,不管其发展水平怎样,最后起决定作用的还是精神风貌和办事效率等"软实力"。如果说综合实力中物质因素只是决定着企业实力的大小,那么诸如人员素质的高低、服务水平的优劣以及企业经营管理是否规范化等精神因素则决定着实力的运用方向。如果说物质因素决定着经济实力强弱的话,那么精神因素则影响着竞争力的持久,二者结合才是正确的选择。

(六)礼仪使社会更加和谐

孟子曰:"天时不如地利,地利不如人和。"社会首先是人的社会,社会的和谐也首先是人的和谐。"人和"取决于人的素质,而人的素质则需要文化的影响。《易经·贲卦·象传》中说:"观乎天文,以察时变;观乎人文,以化成天下。""文化"的要点就在于"化"字,也就是教人如何做人。由此来说,打造和谐社会的工程,就是打造人心的工程,而打造人心的工程,就是打造和谐文化的工程。礼仪是中华民族特有的人文传统,是中华民族传统美德的核心内容,是喜闻乐见的、行之有效的、富于魅力的德育形式。一个讲礼仪的人,必定是一个仁义、道德的人;一个讲礼仪的社会,必定是一个仁义、道德、稳定、和谐的社会。

总之,礼仪作为在人类历史发展中逐渐形成并积淀下来的一种文化,始终以某种精神的约束力支配着每个人的行为。讲究礼仪并非是个人生活小节或小事,而是一个国家社会风气的现实反映,是一个民族精神文明和进步的重要标志,事关人们社会交往能否顺利地进行。缺少它,就不能规范个人或社会组织在交往中的言行举止,就难以协调人际间、组织间的交往关系。

第二节 礼仪的特征与原则

礼仪是人们在漫长的社会实践中逐步形成、演变和发展起来的,在经历一番脱胎换骨之后,形成了具有一些自身特征的现代礼仪。在礼仪的形成过程中,使用人达成了许多共同遵守的原则,这些原则是对礼仪实践的高度概括,是人们在社会交往中处理人际关系的出发点和指导思想。

一、礼仪的特征

(一) 普遍性与规范性

礼仪跨越时空而普遍存在,表现在人类的政治领域、经济领域、文化领域,也表现在军事领域、宗教领域等,渗透于各种社会关系中,大至政治、经济、文化领域,小至个人衣食住行,不论城市乡村、各行各业,不论干部群众、集体个人,不论单位家庭、繁简事务,不分国家、民族、地域、年龄,不分大小场合、人数多少,只要有人和人的关系存在,就会有作为人的行为准则和礼仪规范的存在。

礼仪是社会生活中约定俗成的习惯和规则,对具体的交际行为具有规范性和制约性,这种规范性本身所反映的实质是一种被广泛认同的社会价值取向和对他人的态度,对人们的言行举止和社会交往具有普遍的规范、约束作用。任何一个生活在某种礼仪习俗和规范环境中的人,都自觉或不自觉地受到该礼仪的约束。遵循礼仪规范,就会得到社会认可和嘉许;违反礼仪规范,就会受到批评。

礼仪有着广泛的约束力,但这种约束力不是强制性的。礼仪不像法律那样威严,也不像道德那样肃然,礼仪的实施无需别人的督促和监督,主要是依靠人们自觉地利用礼仪规范来约束自己的行为,这就是礼仪的自律性。但礼仪的自律性并不是说礼仪是可以随意冒犯的,不注重礼仪的人,在社会生活中会处处碰壁,而自觉地注重礼仪,与人交往就会一帆风顺。

(二) 共同性与差异性

一般来说,礼仪代表一个国家、一个民族、一个地区的文化习俗特征。但我们也看到不少礼仪是全世界通用的,具有全人类的共同性。例如,问候、打招呼、礼貌用语、各种庆典仪式、签字仪式等,大体是世界通用的。经济的共同性必然导致礼仪的变化,比如现代经济的快节奏、高效率使现代礼仪向简洁、务实方向发展,共同的经济生活和文化生活涵育了共同的礼仪。

礼仪作为一种约定俗成的行为规范,其运用要受时间、地点和环境的约束,同一礼仪会因时间、地点或对象的变化而有所不同。礼仪的差异性首先表现为民族差异性,不同国家、不同民族由于历史文化传统、语言文字、活动区域不同,以及在长期的历史发展过程中形成的心理素质特征不同,其礼仪都带有该国家、该民族的特点。各民族的习俗礼仪都凝结着该民族、该地区人民的文化情结,人们都会严格遵循,用心维护。礼仪的差异性还表现为个性差异,每个人因其地位、性别、资历等因素的不同,在使用同样的礼仪时会表现出不同的形式和特点。此外,礼仪的差异性还表现在其时代变异性,它随着社会的进步而不断发展、丰富和完善。

📖 阅读材料:差异带来的误会

有一次,焦小姐所在的公司派她和几名同事一道前往东南亚某国洽谈业务。在东道主特意举行的欢迎宴会上,主人亲自为每一位来自中国的嘉宾递上一杯当地特产的饮料。轮到主人向焦小姐递送饮料之时,一直是"左撇子"的焦小姐不假思索,自然而然地抬起自己的左手去接饮料,见此情景,主人神色骤变,重重地将饮料放回桌上,扬长而去。原来,在那个国家,人们的左右手有着明显的分工。左手则被视为"不洁之手",用左手递接物品,或是与人接触、施礼,在该国被人们公认为是一种蓄意侮辱。

有一次,美国商人在与中国谈完一笔生意后,称赞中国人的老练,说了句"You are an old dog",直译就是你是一条老狗。在西方,狗被看成是人类的朋友,有很多与狗有关的褒义词,但是中国人听起来却不是滋味。

登山途中,一对美国老年夫妇气喘吁吁、汗流浃背,中国导游员特别关照他们:"岁月不饶人,不必勉强,实在上不去,就找个地方坐下来休息,等团队下来时再一起下山。"结果招致这对夫妇的不满。原因何在?导游员用心显然是好的,但他忽略了东西方文化的差异。这些劝慰的话语如果用于中国的老年人,便会得到连声道谢,因为老年人认为这是对他的关心和尊重。但用于西方老人,便与他们的自我意识相左,同时还触犯了对"老"的忌讳。他们的理解,这是一种轻视、挖苦。

(三)时代性与发展性

礼仪一旦形成,就有一种相对独立性。它作为一种文化范畴,必然具有浓厚的时代特色。任何时代的礼仪由于其时代的特性和内容,往往就决定了它的表现。比如我国各个朝代,都有各不相同的服饰。又如"文革"时期,清一色的服饰文化正是当时人们思想行为统一到一个文化模式中的反映。而现在丰富多彩的服饰文化也正是现代人丰富内心世界的反映。

礼仪文化是中华民族宝贵的精神财富,随着时代的发展和人们生活习惯的变化,虽然其中一些礼仪已经过时,但礼仪的精神并没有过时,在广博的中华文化传统礼仪中,还有相当一部分礼仪可以在当代社会中继续发挥积极作用,我们要继续传承下去。而那些封建糟粕,则会逐渐被抛弃。社会交往的扩大,各国民族的礼仪文化都会互相渗透,尤其是西方礼仪文化引入中国,使中国礼仪在保持传统民族特色的基础上,发生了更文明、更简洁、更实用的变化。

二、礼仪的原则

在社交活动中,具体的礼仪规范比较庞杂和琐碎,一般人很难把各种各样的规范都掌握得清清楚楚。但任何事物都有一些共同的规律可遵循,礼仪也不例外。在社交场合中,有必要在宏观上掌握一些普遍性、共同性、指导性的礼仪规律。

尊敬。"敬"字在中国文化中有很高的位置,如《礼记集解》中所述,"礼仪三百,威仪三千,一言以蔽之,敬也"。在人际交往中,对他人的尊敬永远是最重要的。尊敬是一切社交礼仪的核心,也是一切社交活动得以和谐进展的先决条件。参与社交活动的人,要常存敬人之心,不可失敬于人,不可伤害他人的尊严,不可损人利己,不能侮辱对方的人格。

阅读材料:"娜"样威武

2003年我在华中科技大学读大三。华科大不少学生晚上喜欢去韵苑体育馆运动,那时韵苑体育馆的网球场少,同学们只好采取"擂台赛"的形式玩网球,每胜一球得1分,先胜4分者胜一局就可淘汰对手。

一个周末我和室友去了韵苑体育馆。那天,网球场上一个老外尤其引人注目。他是法国留学生德萨伊,在里昂受过专业训练,那晚独占鳌头,已经有十几个同学败在他的拍下。德萨伊每得1分就朝对手挥一挥拳头,每赢一局就挥舞着球拍绕着网球场跑一圈,还用夹生的汉语喊道:"中国人——你们还有谁敢上来?"男同学纷纷上场,可无奈技不如人,一个个败了下来。

就在这时,一位留着马尾辫的女孩走进了网球场。德萨伊轻蔑地看了女孩一眼,谁知女孩一个犀利的发球,德萨伊就难以招架。这场比赛让观众大跌眼镜,女孩轻松地赢了4分。德萨伊不甘心失败,双方又打了6局,德萨伊竟然没得到1分。女孩在观众的欢呼声中表情很平淡。

当我跑到她身边向她祝贺时,她对我说:"今天的胜负我不是想证明我们中国人是否有能力玩网球,我只想说比赛有胜负之分,但是人格不应该有贵贱之别,我希望大家学会懂得怎样去互相尊重。"后来我才知道,那个女孩叫李娜,2001年在世界大学生运动会上一举拿下女单、女双以及混双三个冠军。2002年底李娜突然退役,进入华中科技大学学习。

当李娜2011年获得法国网球公开赛女单冠军,举国为之欢腾时,多年前李娜在华科大韵苑体育馆的那番话又在我耳畔回响,这就是娜姐,既能战胜对手又能给予对手一份应有的尊重。

资料来源:黄艳梅."娜"样威武.金陵晚报,2011-06-09

自律。礼仪是敬人之道,也是律己之规。自律就是自我约束,按照礼仪规范严格要求自己,知道自己该做什么,不该做什么。自律的最高层次是慎独。《礼记·中庸》中说:"是故君子戒慎乎其所不睹,恐惧乎其所不闻。莫见乎隐,莫显乎微,故君子慎其独也。"意思是说,最隐蔽的东西最能体现一个人的品质,最微小的东西最能看出一个人的灵魂,有道德的人在独处时,也不会做任何不道德的事。

自信。古往今来的成功人士都具有一个共同的特点,即自信,如李白坚信"天生我材必有用"。在社交场合,一个有充分自信心的人,才能在交往中表现得不卑不亢、落落大方。自信但不能自负,自以为了不起、一贯自信的人,往往就会走向自负的极端,凡事自以为是,不尊重他人,甚至强人所难。

诚信。"诚"与"信"作为伦理规范和道德标准,在起初是分开使用的。孟子说:"诚者,天之道也,诚之者,人之道也。"程颐认为:"以实之谓信。""诚"与"信"一组合,就形成了一个内外兼备,具有丰富内涵的词汇,其基本含义是指诚实无欺,讲求信用。2000多年前,孔子就主张"言必信,行必果"。此外,我国的语言体系里还有大量诸如"一言九鼎""一诺千金""一言既出,驷马难追"这样称赞诚信精神的成语。

真诚。《庄子杂篇·渔父》中说:"真者,精诚之至也。不精不诚,不能动人。"不能把运用礼仪作为一种道具和伪装,任何缺乏诚意的表达形式,实际上都是对他人和自己的愚弄和不尊重。真诚无欺、表里如一的交往,会让人际关系更简单,让交往中少一些猜忌和欺诈,少一些功利。社交活动的高效和运转顺畅,有赖于人的真诚品格。

📖 阅读材料:诚实的晏殊

北宋词人晏殊,素以诚实著称。在他十四岁时,有人把他作为神童举荐给皇帝。皇帝召见了他,并要他与1000多名进士同时参加考试。结果晏殊发现试题是自己十天前刚练习过的,就如实向真宗报告,并请求改换其他题目。宋真宗非常赞赏晏殊的诚实品质,便赐给他"同进士出身"。晏殊任职时,正值天下太平。于是,京城的大小官员便经常到郊外游玩或在城内的酒楼茶馆举行各种宴会。晏殊家贫,无钱出去吃喝玩乐,只好在家里和兄弟们读写文章。有一天,真宗提升晏殊为辅佐太子读书的东宫官。大臣们惊讶异常,不明白真宗为何做出这样的决定。真宗说:"近来群臣经常游玩饮宴,只有晏殊闭门读书,如此自重谨慎,正是东宫官合适的人选。"晏殊谢恩后说:"我其实也是个喜欢游玩饮宴的人,只是家贫而已。若我有钱,也早就参与宴游了。"这两件事,使晏殊在群臣面前树立起了信誉,而宋真宗也更加信任他了。

平等。唐朝吴兢在《贞观政要·论公平》中提出:"理国要道,在于公平正直。"在社交场合,也要讲究平等待人。人际关系并非线性关系,而是网络关系,在与人相处中,双方友善相待固然重要,但与其他人对角关系,特别是群体性的社交中,一定要注意平等相待。对任何交往对象都要一视同仁,给予同等程度的礼遇。

宽容。明朝朱衮在《微观子》中说:"君子忍人所不能忍,容人所不能容,处人所不能处。"以宽容的态度待人处事,不仅能潜移默化地影响对方,还能化敌人为贵人,助自己一臂之力。在社交场合,对与你交往的人要宽容。斤斤计较、咄咄逼人的人,或许能够在社交活动中抢占有利地势,不过永远无法获得他人由衷的尊重。

📖 阅读材料:傅增湘的气量

傅增湘是清末进士,力主教育救国,曾创办中国第一个女子师范学堂,民国初年出任北洋政府教育总长,在他的任内倡导国语拼音的实施,主持向欧洲派遣留学生。

傅增湘孙子傅延年说:"徐悲鸿先生当年和我祖父素不相识,他手持着康有为先生写的一封介绍信,请北京的罗瘿公先生引路,拜访了我祖父。祖父只说了一句话,能不能看看你的画。徐悲鸿带去的画,我祖父非常喜欢,鼓励他说,你画得很好,很有发展的前途。徐先生提出来,希望我祖父帮助他争取出国留学名额。"

傅增湘让徐悲鸿在北京等一等,第一次世界大战还没有结束,等战事结束,会给他个机会。当徐悲鸿得知,一战结束后的第一批中国赴法留学生名单,只有刘半农与朱家骅,没有徐悲鸿,马上给傅增湘写了封信,措辞激烈、口气尖刻。

徐悲鸿年轻气盛,求学心切,初生牛犊不怕虎。而一个年轻人直接指责教育总长,傅增湘当然不快。但傅增湘毕竟胸襟开阔,蔡元培与罗瘿公出面说情,也就释然了。事实说明,傅增湘毕竟是爱才的,他并没有卡徐悲鸿,还是秉公办事,把徐悲鸿列入第二批赴法留学的名单。徐悲鸿知道误会了傅增湘,深感羞愧。

资料来源:傅宁军.悲鸿生命.北京:人民文学出版社,2013

从俗。《晏子春秋·问上》中载:"百里而异习,千里而殊俗。"由于国情、民族、文化背景的不同,各地风俗习惯会存在不同程度的差异。所谓从俗,就是指交往各方都应尊重相互之间的风俗、习惯,了解并尊重对方的禁忌,做到入乡随俗,与绝大多数人的习惯做法保持一致。

📖 阅读材料:尊重风俗习惯

沙特是一个伊斯兰国家,国民普遍信奉伊斯兰教。在沙特从事商务贸易活动的非穆斯林朋友,应该入乡随俗,尊重当地穆斯林的宗教感情和风俗习惯。一日,国内某公司派代表前往沙特洽谈生意,翻译小姐熟知沙特的风俗礼仪,为了表示对对方的尊重,她穿上了黑袍,戴上了面纱,给沙特客商留下了很好的第一印象。后来,沙特客商到北京来,这位翻译小姐又专门安排好祈祷时间,并准备好祈祷用的小地毯,让对方十分满意,愉快地签下了订单。

互动。《礼记·曲礼上》中载:"往而不来,非礼也;来而不往,亦非礼也。"人际交往永远是双向选择,双向互动,你来我往,交往才能长久。同时,在交往的过程中,交往双方应互相关心、互相爱护、互相帮助。

📖 阅读材料:投我以木桃,报之以琼瑶

毛泽东与章士钊交往可以追溯到20世纪20年代乃至更早。当年,在北大当图书管理员的毛泽东就曾受到章的帮助。特别是1920年春,毛泽东为筹集建党经费及送部分同志赴法勤工俭学急需一笔数额较大的费用,便到上海向章士钊求救。章士钊一口答应,随即向工商界名流募集了两万银元全数交给毛泽东,确实帮了大忙。毛泽东一直没有忘记这件事。于是,从1963年开始,每年旧历正月初二,毛泽东便派一位秘书送上两千元钱到章士钊家里,一直送到1972年满两万元。1973年,毛泽东说,这个钱不能停,还要还"利息"呢。于是又派秘书送去两千元,直至章老谢世。

毛泽东不仅从经济上报答章士钊,更从精神上给予宽慰,学术上与之交流,书信往来不断。章士钊开始写传世之作《柳文指要》,就受到毛泽东的支持,为此书二人多次切磋,毛泽东不仅读稿,还逐字逐句研究,提出看法和修改意见。有趣的是,毛泽东最初在收到章士钊的书稿后给章老送去桃子、李子各5斤,并附言:"古人云:'投我以木桃,报之以琼瑶。'今奉上桃、李各5斤,哂纳为盼。"

适度。中国古代哲学思想中有"中庸"的标准,这与礼仪中的适度原则类似。适度的含义,主要是指在与人交往时,必须要分清对象、场合、时间,合乎规范,特别是要注意做到把握分寸、适度得体。但是适度的前提是对社交礼仪了如指掌,对社交的各个环节中的各种尺度把握得当,这却并非易事。

思考与演练

1. 英语中有关"礼仪"的词汇有哪些,各表示什么含义?

2. 据1912年3月5日《时报》记载:"清朝灭,总统成,皇帝灭……新礼服兴,翎顶补服灭,剪发兴,辫子灭,爱国帽兴,瓜皮帽灭,放足鞋兴,菱鞋灭,鞠躬礼兴,跪拜礼灭,卡片兴,大名刺灭……"以上记载说明了礼仪的什么特点?除此之外,礼仪还有哪些特点?

3. 请你谈谈对下面几句话的理解。

(1) 古希腊思想家苏格拉底说:"不要靠馈赠来获得一个朋友,你须贡献你诚挚的爱,学习怎样用正当的方法来赢得一个人的心。"

(2) 美国作家、哲学家爱默生说:"良好的礼貌,是由小小的牺牲造就的。"

(3) 奥地利心理学家弗洛伊德说:"不可否认,文明应建立在放弃某些权利的基础上,文明存在的前提是我们对强大本能的约束。"

(4) 日本礼仪专家松平靖彦说:"礼仪本身包含了人们在社会生活中应予遵守的道德和公德,人们只有不拘泥于表面的形式,真正使自己具备这种应有的道德观念,正确的礼仪才得以确立。"

4. 有人认为,现在提倡的许多文明礼貌用语都是幼儿园和小学的小孩学的,大人也要求学这些,是不是层次太低了呢?请你对这一问题发表看法。

5. 作为在人类历史发展中逐渐形成并积淀下来的一种文化,礼仪始终以某种精神的约束力支配着每个人的行为。请你结合目前的学习和生活,并联系未来的工作,谈谈学习礼仪有哪些现实意义?

第二章 传统礼仪习俗

> 人无礼则不生,事无礼则不成,国无礼则不宁。
> ——《荀子·修身》

我国是一个有着悠久历史的文明古国,中华民族不仅勤劳勇敢,而且素以崇尚礼仪著称于世。"礼"在传统社会无时不在,如出行有礼、坐卧有礼、宴饮有礼、婚丧有礼、寿诞有礼、祭祀有礼、征战有礼等。重礼仪、守礼法、行礼教、讲礼信、遵礼义已内化为一种民众的自觉意识而贯穿于其心理与行为活动之中,成为中华民族的文化特征及基本表征。我们的祖先留下的文化遗产中,就包括了许多礼仪胜迹。皇帝生活的紫禁城,祭祀天地神灵的坛庙与安息之所的寝陵,帝王封禅的名山大岳,融合儒家古礼教育精神的孔庙、孔府和国子监辟雍等,都是人们敬仰的人文圣境。流连其间,在独特的礼仪文化氛围中好似品读着一本厚重的人文之书,会油然生发贯通古今的无限幽情。

第一节 中国礼仪的起源与流变

礼是文明民族的标志,世界上任何一个进入文明时代的民族都有自己的礼仪。中国是举世闻名的"礼仪之邦",礼仪文化深深根植于传统文化之中。唐代学者孔颖达在解释《左传》时说:"中国有礼仪之大,故称夏;有服章之美,谓之华。华夏一也。"可见,"华夏"是中华民族这个文化共同体的总称。而礼仪文化作为中华民族的传统精神,绵延不息地传递着华夏民族的行为方式、风俗习惯和道德观念。

一、礼仪的起源

礼仪不是凭空产生的,它的出现基于物质条件的丰富。《周易·序卦传》中说:"物畜然后有礼。"物质丰富了,才有可能关注礼仪。后来管仲在《管子·牧民》中说:"仓廪实而知礼节,衣食足而知荣辱。"礼仪的产生不仅仅局限于一物一事,它是风俗、人情、祭祀等交往活动的综合产物。礼仪深含人类对宇宙天地的敬畏,对和谐的追求,对美好生活的期待,对审美情趣的重视和培养,以及对社会秩序的协调。

礼仪源于俗。近代思想家刘师培在《古政原论》里指出:"上古之时,礼源于俗。典礼变迁,可以考民风之异同。"所谓俗,东汉许慎《说文解字》云"俗,习也",即民间的生活习惯。自从有了人类社会,风俗就随之而产生。原始社会最早的社会习俗,其实就是共同生活的人们用以维护人际关系的、约定俗成的规矩。只不过这种"规矩"被视为当然,内化成习惯了,人们没有感觉到它是"规矩"而已。随着社会的进步,各地的风俗走入了不同的流向,一部分风俗依然留存于民间,继续发生影响。另一部分则上升为"礼",就变成了统治者所规定的言行准则。

礼仪源于祭祀。关于"礼"字,《说文解字》里是这样解释的:礼者,履也,所以事神而致福也。原始先民对大自然的风雨雷电、日月星辰、洪水猛兽以及自然界的生生死死迷惑不解,心存畏惧,认为冥冥之中有鬼神操纵,为了企求鬼神去祸降福,原始人就用食物虔诚地供奉鬼神,由此产生了庄严而隆重的祭祀仪式。在古代中国,祭祀是最重要的文化现象之一。《左传》上说:"国之大事,在祀与戎。"国家最大的事就是祭祀与"戎"(战争)。祭祀并不等同于迷信,它有丰富的人文内涵。比如祭天、祭地、祭山川,是为了"报",因为天地、山川赋予我们世世代代以丰富的生活资源,所以要用祭祀的方式答谢。又如祭祖,是为了慎终追远,铭记祖宗的功德,教育后代牢记家族的优良传统,为家族争光。古时祭祀活动不是随意地进行的,它是严格地按照一定的程序、一定的方式进行的。现代文学家、历史学家郭沫若在《十批判书》中指出:"礼之起,起于祀神,其后扩展而为人,更其后而为吉、凶、军、宾、嘉等多种仪制。"这里讲到了礼仪的起源,以及礼仪的发展过程。

📖 阅读材料:鞠躬的来历

我国商代有一个祭天仪式叫"鞠祭":祭品(猪、牛、羊等)不切成块,而将整体弯卷成圆的"鞠形",再摆到祭祀处奉祭,以此来表达祭祀者的恭敬与虔诚。这种习俗在一些地方一直保存到现在,不少地方逢年过节、祭拜祖宗天地时,人们总把整鸡整鸭弯成圆形,或把猪头猪尾放在一起,表示其头尾相接。在现实生活中,人们逐渐援引这种形式来表达自己对地位崇高或长辈的崇敬。于是,弯下腰,象征性地表示愿把自己作为"鞠祭"的一个牺牲品而奉献给对方,这就是"鞠躬"的来历。

礼仪源于人伦秩序。原始先民为了生存和发展,必须与大自然抗争,不得不以群居的形式相互依存,人类的群居性使得人与人之间相互依赖又相互制约。在群体生活中,男女有别,老少有异,既是一种天然的人伦秩序,又是一种需要被所有成员共同认定、保证和维护的社会秩序。人类面临的内部关系必须妥善处理,因此,人们逐步积累和自然约定出一系列"人伦秩序",这就是最初的礼。作为千年文明古国,讲"礼"一直是我们人伦秩序中的重要组成部分。《旧唐书·礼仪志》中说礼是"人伦之绳墨,失之者辱,得之者荣……不可须臾离"。

礼仪源于人际交往。原始先民在狩猎、耕种和部落之间的争斗中,同一群体中的人要不断地用眼神、点头、拉手来示意互相之间如何配合。在日常生活中,人们不自觉地用击掌、拥抱、拍手来表达欢快的感情,用手舞足蹈来表示狩猎获得食物的喜悦,人们之间这种相互的呼应、模仿,逐步形成了一种习俗,这便是最初待人接物的礼节。另外,人们在交往中难免有喜怒哀乐,这些都会用一定的方式表达出来。但是情感的表达一定要有度,于是"礼缘情而作",礼的作用就在于使之"发而皆中节",即恰到好处,而不对别人造成伤害,于是便有相应的种种规定。此外,人对欲望的追求是人的本能,在追寻实现欲望的过程中,人与人之间难免会发生矛盾和冲突,为了避免这些矛盾和冲突,就有黄帝、尧、舜、禹等"圣贤之人"为"止欲制乱"而制礼,身体力行为民众做榜样,从而使礼在"维稳制乱"中发挥了作用,也正因如此,人们更加遵礼尚礼。

二、礼仪的流变

在人类文明史上,礼仪随着人类历史的发展而逐渐成为传统文化的重要内容,并始终在人类社会生活中发挥着重要作用。同时,礼仪在其传承沿袭的过程中不断发生着变革。

据考证,距今约50万年前的北京山顶洞人,就有了礼的观念和实践。山顶洞人缝制衣服以遮羞御寒,把贝壳串起来,挂在脖子上来满足审美的要求。到了新石器时代晚期,人际交往礼仪已初成规模。根据半坡遗址和姜寨遗址提供的民俗学资料表明,那个时代,人们在交往中已经注重尊卑有序、男女有别了。炎黄时期,传统礼仪已渐至严密,且逐渐被纳入礼制的范畴。历史上有过"礼理起于大一,礼事起于遂皇,礼名起于黄帝"之说。尧舜时代,民间交际礼仪得到了进一步的发展。《通典》认为,"自伏羲以来,五礼始彰,尧舜之时,五礼咸备"。

周代是礼制盛行的时期。史书上说"周公制礼作乐",就是指周公为了巩固周王室的统治,加强对所封诸侯的控制,实行一套上自天子、下至庶人的严格宗法等级制度。《周礼》堪称中国第一部记载"礼"的书籍。人们通常认为,传世的《周礼》和《仪礼》是周公的遗典,它们与其释文《礼记》一起,统称"三礼",是关于各种礼制的百科全书。在汉以后2000

多年的历史中,"三礼"一直是国家制定礼仪制度的经典著作。

📖 阅读材料:先秦五礼

周礼包括"吉礼、凶礼、军礼、宾礼、嘉礼"五类,是一整套涉及社会生活各方面的礼仪规范和行为标准,称之为"五礼"。

吉礼是指祭祀天、地和祖先的礼仪,是为了铭记恩泽,表达敬意。凶礼是指丧礼和荒礼,丧礼是向逝去的亲人表达敬意的礼仪,荒礼是对发生自然灾害的地区施以援手,慰问并捐赠粮食、衣物的礼仪。军礼是军队训练、出征、凯旋的礼仪,是为了表达对国家主权的敬意。宾礼是国与国、人与人之间的礼仪,是为了表达对对方的敬意。嘉礼包括冠礼、婚礼、燕飨、贺庆之礼,也都是表达敬意的礼仪。

春秋战国时期,诸侯纷争,周王室日益式微,周礼受到了极大的冲击,出现"礼崩乐坏"的局面。但在此期间,相继涌现出孔子、孟子、荀子等思想巨人,发展和革新了礼仪理论。这一时代最值得一提的是以孔子为代表的儒家对宗周典章的虔诚追求和对礼仪制度的竭力维护,并把原本属于王室贵族的礼仪推向全体民众。孔子一生提倡"礼",他所提倡的"礼"在继承周礼的基础上有很大变化,在他的弟子整理而成的《论语》中,孔子讲"礼"有72处之多。孔子较系统地阐述了礼及礼仪的本质与功能,把礼仪理论提高到了一个新的高度。孟子发展和改造了孔子的"礼治"理论,提出了适合地主阶级理想的"仁政"学说。其中心内容是主张"以德服人"。荀子十分注重建立新的封建等级制度,提出了"隆礼""重法"的主张。他把"礼"看成检验尺寸的法度,检验重量的权衡,检验曲直的绳墨,检验方圆的规矩。

西汉初期,汉武帝采纳董仲舒的建议,"罢黜百家,独尊儒术"。礼仪作为社会道德、行为标准、精神支柱,其重要性提高到了前所未有的高度。《史记》在介绍制度史的时候,就把《礼书》放在第一篇,并且强调它对于治理社会的基础意义。唐高宗李治时期,徐坚等奉命修撰《大唐开元礼》一百五十卷,这是封建礼制的最高典范。唐末杜佑撰写《通典》,其中《礼典》一百卷,是仪制研究的一个里程碑。随着宋代理学的兴起,理学家对礼治思想的阐述,进一步强化了礼治秩序。朱熹说:"礼者,天理之节文,人事之仪则也。"按照他的说法,礼仪只是一种外在的形式,而其实质就是"理",即纲常伦理。封建礼教吃人的悲剧,实际上是从这个时期开始愈演愈烈的。但值得一提的是,宋代一些学人致力于家礼、乡规民约、家训格言一类文字的撰写,成为传统礼仪的重要补充,对于民众的行为规范有着一定的指导意义。北齐颜之推的《颜氏家训》,堪称家礼之典范,古今家训,大都受它的影响。北宋司马光的《居家杂议》和南宋陆游的《放翁家训》,也对后世产生了很大的影响。南宋朱熹的《家礼》在明清两代传遍全国,成为家庭礼仪的圭臬。

随着社会的变革和发展,特别是在封建社会的后期,礼越来越成为束缚人们思想、行为的绳索。辛亥革命之后,封建王朝覆灭,孙中山主政的南京临时政府颁布的一系列文告,表明了与封建礼制的彻底决裂,掀起了一股礼仪革新之风。1919年爆发的"五四"运动,对腐朽、落后的礼教进行了清算,符合时代要求的礼仪被继承、完善、流传,那些繁文缛节逐渐被抛弃,同时接受了一些国际上通用的礼仪形式。中华人民共和国的成立,标志着中国礼仪进入了一个崭新的阶段。虽然在一段时期内,优良的民族传统、良好的礼仪礼俗,曾被扫进"垃圾堆",但改革开放的大潮使传统礼仪获得了新的生命,在学习和借鉴西方礼仪的同时,增加了一些现代元素,形成了现代文明礼仪。

传统习俗礼仪带有产生它的那个时代的特点及局限性,但是其中也包含着传统文化的精华,而且附带着一种雅致的形式。2013年11月,习近平同志在山东曲阜调研时指出,对历史文化特别是先人传承下来的道德规范,要坚持古为今用、推陈出新,有鉴别地加以对待,有扬弃地予以继承。在新的历史条件下,汲取传统礼仪中合理的、有益的因素,并且与时俱进地赋予其新的内涵,实现传统与现代的有机融合,可以使传统习俗礼仪为构建社会主义和谐社会服务。

第二节 中国传统民俗文化

民俗作为一种无处不在的社会事象,是人民群众在社会生活中世代传承、相沿习成的生活模式,是一个社会群体在语言、行为和心理上的集体习惯。民俗与生活紧密地融合在一起,成为人们生活习惯的重要组成部分,表现为生活化的模式和模式化的生活;反过来,民俗也影响、约束着人们的生活,培养、塑造一代代人按照某种模式而生活,从而起着文化保存的重要作用。德国哲学家雅斯贝尔斯曾说过,"领导一个民族的是礼俗而非知识。礼俗培养了整体的精神,反过来,整体的精神又赋予礼俗以灵魂"。

一、人生礼俗

人的一生要经历诞生、入学、成年、婚嫁、寿庆、死亡等若干阶段,围绕着这些人生节点,形成了一系列人生礼仪。人是社会中的人,群体与社会正是通过这种礼仪对新的成员予以接纳与承认。梁漱溟在《人心与人生》中指出:"礼的要义,礼的真意,就是在社会人生各种节目上要沉着、郑重、认真其事,而莫轻浮随便苟且出之。"

(一)入学礼

在中国古代,通常的"开学仪式"包括正衣冠、行拜师礼、净手净心、朱砂开智等内容。

正衣冠。据《礼记》记载:"礼义之始,在于正容体,齐颜色,顺辞令。"因此,古代开学仪式的第一课即是"正衣冠"。古人认为:"先正衣冠,后明事理。"让学生注重自己的仪容整洁,是首先要上的第一课。入学时,新生要一一站立,由先生依次帮学生整理好衣冠。然后,"衣冠整齐"地排着队到学堂前集合。恭立片刻后,才能在先生的带领下进入学堂。

行拜师礼。步入学堂后,先要举行拜师礼。学生先要叩拜至圣先师孔子神位,双膝跪地,九叩首;然后是拜先生,三叩首。拜完先生,学生向先生赠送六礼束脩。所谓六礼束脩,亦即古代行拜师礼时弟子赠予师父的六种礼物,分别是:芹菜,寓意为勤奋好学,业精于勤;莲子,莲子心苦,寓意苦心教育;红豆,寓意红运高照;红枣,寓意早早高中;桂圆,寓意功德圆满；干瘦肉条，以表达弟子心意。其中"束脩"二字，有人解释为十条干肉。

净手净心。行过拜师礼后，学生要按先生的要求，将手放到水盆中"净手"。"净手"的洗法是正反各洗一次，然后擦干。洗手的寓意，在于净手净心，去杂存精，希望能在日后的学习中专心致志、心无旁骛。

朱砂开智。它的具体做法是先生手持蘸着朱砂的毛笔，在学生眉心处点上一个像"痣"一样的红点。因为"痣"与"智"谐音，朱砂点痣，取的其实是"智"的意思，意为开启智慧，目明心亮，希望学生日后的学习能一点就通。

（二）成年礼

《礼记》中记载"男子二十而冠，女子十五而笄"，冠（笄）之礼是我国传统的成人仪礼。冠礼是中国古代成年男子年满二十岁时举行的象征独立与成熟的仪式，与冠礼相对，笄礼是古代女子十五岁时所举行的象征可以婚配的仪式。华夏先祖对于冠礼非常重视，所谓"冠者礼之始也"，《仪礼》将其列为开篇第一礼，绝非偶然。冠（笄）礼既是履行成年人的权利和义务的开始，也是接受社会道德规范的约束与自我修身的开始。只有通过成人礼之后，才正式地告别少年时代，宣告长大成人，可以娶妻生子、谋求功名、成家立业、开创自己的天地。

古时行冠礼及其他仪礼，提前沐浴斋戒是不可或缺的环节。清爽和卫生固然是讲究的原因，但更重要的是借此表达对文化传统的敬意，塑造仪式的神圣和庄重感。冠礼要在宗庙中举行，在举行这项礼仪之前，要进行占卜，选定一个吉日，然后请一些朋友来观礼。加冠的程序相当繁琐，主要是因为须加三次冠，第一次加缁布冠，这是士人经常戴的帽子，加此就表示已经称为士人；第二次是加皮弁，即白鹿皮做的，是参加国君视朝之服，或者是韦弁，即红色皮弁，这是参加军事之服；第三次是爵弁，乃黑色的皮弁，这是辅助君主祭祀之服。每一次都代表接受不同的身份，地位逐步高升。三加之礼完成之后，冠者要以成年人的身份去拜见母亲，感谢母亲的养育之恩。接着，冠者向自己的兄弟姊妹、亲戚行礼。传统文化中的表"字"风俗，也是冠礼中很重要的仪式程序之一。在古代中国，等孩子成年后，周围的人就不能直呼其名了。因为在古代中国，只有长辈、天子、国君才能直呼其名。为了社交的方便，就在姓名之外再取一个"字"，供彼此称呼时使用。取"字"，同样体现了长辈对他的期待。笄礼的方式跟冠礼差不多，但显得更优美，因为它是专为女子设计的成人礼。女子笄礼后，也要取一个表"字"。尚未许嫁的女孩子是没有"字"的，所以中国人把女孩子还没有许嫁叫"待字闺中"。

古代成人礼从氏族社会的成丁礼演变而来，一直延续到明代。随着时代的更迭和社会风气的改变，成人礼日益变得无足轻重，名不副实。到了清代，成人礼被终结，以至后人只能在"不知不觉"中进入成年。到了现代，成人礼在慢慢地恢复中，虽然在恢复过程中还有很多不完善的地方，却也是对我国优秀传统文化的继承和发扬，亦有许多值得肯定的地方。

（三）婚姻礼

中国人非常重视婚姻关系。《周易》中说："有天地，然后有万物；有万物，然后有男女；有男女，然后有夫妇；有夫妇，然后有父子；有父子，然后有君臣；有君臣，然后有上下；有上下,然后礼仪有所错。"也就是说,所有的人伦关系,都是从夫妇这一关系开始的,所以在古人心中,婚姻是"人伦之基",是伦理关系的基础。婚姻是社会的细胞,婚姻美满,则家庭和谐。家庭和谐,家族和社会就和谐。所以古人相当重视婚姻。正因为如此,嫁娶的礼仪就变得十分重要。

《礼记·士昏礼》记载,古时的婚仪分为六个阶段:一为纳采,由男家请媒人到女家提亲,媒人实际成为纳采的主角,也是婚礼中的重要角色。纳采时,以送雁为礼,是取雁飞南北,合于阴阳之意,寓指男女成亲。二为问名,询问女子之名。经过媒人的纳采,女家表示同意后,男家再派人执雁到女家,向主人问名,女家则设筵款待。问名的目的是将女子之名、出生时辰等作一占卜,以测定婚配的吉凶,这叫"合八字"。三为纳吉。若占卜预测婚配吉顺,男家即将吉兆的消息告诉女家,同时还要再以雁为礼物,从而正式确定婚姻,即订婚。四为纳征,指男家向女家送聘礼,后世称为"彩礼"。五为请期,男家送过聘礼之后,然后请人选择一个黄道吉日举行婚礼,之后再派人拿着大雁到女家通告日期,以征求女家意见。六为亲迎。到确定的成婚之日,新郎要亲自前往女家迎接新娘,后世又称迎亲,一般是傍晚黄昏之时,所以称为昏礼。新郎仍以雁为礼物交予女家。新娘由新郎迎入家中后,家里设宴,新郎、新娘于席间须进行"同牢""合卺"等仪式,预示相亲相爱。宴后,入洞房,新郎亲自摘下新娘头上的缨,撤去蜡烛,婚礼的仪式也就结束了。明代以后,又有了"归宁"之礼,即在婚后的第三天,新婚夫妻一同回女方家,拜见新娘父母,俗称"回门"或"回娘家"。

二、岁月节令习俗

中国传统节日形式多样,内容丰富,是一份宝贵的精神文化遗产。它具有很强的内聚力,一到过节,举国同庆。从流传至今的节日风俗里,我们还可以清晰地看到古代人民社会生活的精彩画面。

中国农历年的岁首称为春节,是中国人民最隆重的传统节日,距今已有 4000 多年的历史。春节俗称过年,一般从腊月二十三的祭灶到正月十五,假期长,内容丰富,形式繁多。过年的过程中,都会融入各地方的民间特色。但是关键的一点是一样的,就是休养生息。不过,过年不仅仅是吃得好一点,穿得好一点那么简单。过年更是人们对过去的一年一家人劳动和生活的总结回顾,以及作出对来年的计划和打算。人们还要利用过年的闲暇走亲访友,以增进相互之间的亲情、友情和乡情。

农历新的一年里的第一个月圆之夜,就是元宵节,是年的终结。元宵节要吃元宵,有的地方也叫汤圆,说这"元"就是团圆的"圆",元宵就是团圆之夜的意思。但这"宵"也通"消",消逝、消失、消散,元宵,就是"圆消",这有限的团圆该结束了。元宵节可以说是过年的这一段时间里面大家最疯狂的一天,吃元宵、逛庙会、赏花灯、猜灯谜、舞龙舞狮、放烟火……大家玩得尽兴，玩得不亦乐乎，以留作一年的话语和回忆。

清明是我国的二十四节气之一。但是，清明作为节日，与纯粹的节气又有所不同。"清明时节雨纷纷，路上行人欲断魂。"中华民族是勤劳、善良、多情、感恩的民族，看看自己的今天，想想过去，对前辈及先烈们的思念和感恩就会挥之不去。于是，趁着天气放晴，家人们便会扶老携幼，带着祭祀的供品和深情，到深山冷岙去祭奠自己的亲人和先烈，说一说哀伤，表一表思念，诉一诉衷肠，叙一叙心曲。

农历五月初五是端午节，是夏季最重要的节日。这端午节因有了屈原的故事，其人情味就显得更加浓烈。端午节当然少不了吃粽子，不过据专家考证，粽子只不过是民间普通食品，最初吃粽子也不固定在端午。讲究的南方人还有吃"五黄"的习俗，什么黄瓜、黄鱼、雄黄酒等。喝雄黄酒是为了辟邪，喝完酒后，还会用雄黄在小孩子的额头上给他抹上一点，也是为了辟邪。仅此，父母对孩子的舐犊之情也是颇感人的。

农历七月七日是七夕节。在古代，女子持五色线穿七孔针，寄托着自己能够心灵手巧的憧憬。时至今日，七夕节已经没有了昔年的婉约韵味，许多习俗活动已经逐渐被淡忘甚至消失。如今，更为人所知的是关于牛郎织女的爱情故事。现如今，随着群众节庆观念的转变以及商家的引导，"乞巧节"被打造成"中式情人节"，"爱情"也便成为七夕节的主题。

农历八月十五日是中秋节。据说此夜月球距地球最近，月亮最大最亮，所以从古至今都有饮宴赏月的习俗。古时候交通工具落后，交通极为不便，许多人一旦出门，就是数月难归，这让他们对亲人的思念会比常人更加强烈。在这无聊之极、孤独之极的时候，便只好"举杯邀明月，对影成三人"，以虚幻来消解心头的寂寞。所以，在这清风明月之夜，无论在家，还是出门在外的，都会焚香祈祷，对月暗祝，希望自己的亲人平平安安。那酷似圆月的月饼，则因寄托了这无限的祝愿而香甜可口，慢慢地咀嚼，细细地品尝，连同自己对亲人的柔情蜜意一股脑儿咽下肚去——"但愿人长久，千里共婵娟"。

农历九月九日是重阳节。重阳节登高望远，插茱萸、赏菊花……在这秋高气爽的日子里，那些文人墨客，携友结伴、登高饮酒、吟诗作对，可谓风情无限。在这一天，老百姓还会做许多重阳糕，分送给亲朋好友品尝，恭祝他们吃了重阳糕，从此步步登高（糕），鹏程万里，以此彩头贺客，以寄托自己的情谊。1989年，我国把九月九日的重阳节定为了老人节，更彰显了我们中华民族敬老爱老的优良传统美德，给这一古老的节日赋予了新的含义。

📖 阅读材料：二十四节气

中国是世界上最早使用历法的国家之一，农历二十四节气就是中国古代劳动人民总结的天文气象历法。它起源于春秋时期的黄河流域，非常准确地反映了季节的变化并用于指导农事活动。在漫长的历史岁月中，农历二十四节气逐步演化成为华夏民族特有的社会风俗和节庆。因地区的不同，每一节气都会有不同的民俗活动，从古代帝王之家的迎春大典到每一地每一族不同风俗的婚丧嫁娶，无不浸透着古朴的民风民俗。中国传统的"四时八节"都是举行祭祀的日子，四时指春夏秋冬四季，八节指立春、春分、立夏、夏至、立秋、秋分、立冬、冬至。古人认为每个时节都是阴阳交感的关键点，此时祭祀更容易愉悦天神，襄助人事。

三、日常生活礼俗

古代人们在日常生活中所遵守的社会规则和道德规范，累月经年，日益扩散，渐渐沿袭成为中国人普遍认可并依照实行的社会风俗。

热情好客。孔子在《论语·学而》中说："有朋自远方来，不亦乐乎？"好客，是中华民族自古以来的传统习俗，体现了中华民族的美德和风尚。在漫长的历史发展过程中，虽在待客的形式上不断变化，但热情的程度丝毫未减。在历史上，我国曾与周边及邻近国家有过友好的交往。当外国使臣奉命出使来到我国后，当时的朝廷对这些远道而来的客人无不表现出极大的热情，并给予周到的款待。时至今日，中华民族热情好客的传统仍为世界各国所称道。

礼尚往来。礼尚往来是指礼节上应该有来有往，不是指送礼。《诗经·大雅·抑》中说："投我以桃，报之以李。"接受别人的好意，必须报以同样的礼敬。这样，人际交往才能平等友好地在一种良性循环中持续下去。当然，往来之礼，也该适度。正如《庄子·外篇·山木》中所说："且君子之交淡若水，小人之交甘若醴。君子淡以亲，小人甘以绝。彼无故以合者，则无故以离。"

客来敬茶。茶与广大民众生活关系密切，正如俗谚所云："居家开门七件事，柴米油盐酱醋茶。"而且，茶与人们的关联远非物质生活方面，它还长期渗透于人们的精神生活。唐代刘贞亮赞美"茶有十德"，认为饮茶除了可健身外，还能"以茶表敬意""以茶可雅心""以茶可行道"。云南白族有以"三道茶"待客的习俗，"三道茶"有"一苦、二甜、三回味"的说法，象征着人生的境遇：先苦后甜，回味无穷。两晋、南北朝时，客来敬茶就已经成为人际交往的社交礼仪。唐代颜真卿《五言月夜啜茶联句》中写到："泛花邀坐客，代饮引清言。"当今社会，客来敬茶更成为人们日常社交和家庭生活中普遍的往来礼仪。中国民俗以敬奉热茶为尊重恭敬，斟茶入杯以七分满为礼貌周全。传统茶礼中就有了"浅茶满酒""茶满欺人""满茶送客"的说法及习俗。

敬老优老。我国最早的诗歌总集《诗经·小雅·天保》中即有"如山如阜，如冈如陵……如南山之寿，不骞不崩。如松柏之茂，无不尔或承"之句，表明了对老人尊崇之至。古代中国人对老年人的尊重和关爱，在世界上也是少有的。在漫长的历史长河中，人们以各种不同的方式和习俗开展尊老敬老活动。乡饮酒礼是我国古代规模最大、最隆重的敬老大典。据史书记载，举行乡饮酒礼的制度从周朝开始，历代相传，直到清朝。再如千叟宴，就是千余老人参加的宴会。据《清史稿》《清鉴》等史书记载，清朝的康熙、乾隆皇帝曾先后三次举办千叟宴。

尊师重教。我国古代，老师在社会中有相当高的地位。古人所列举的应该受到特别尊崇的对象是"天地君亲师"，老师占有一席。早在西周时，天子"入太学，承师而问道"，天子亲自到学校向老师请教。老师在天子面前也不必恪守君臣之礼，老师受到至高无上的帝王的尊敬。中国封建社会还以"尊孔祭孔"的独特方式来表示尊师。汉代明帝永平二年（公元 59 年），首次举行祭孔活动，学生入学要膜拜孔子像。而唐代后更设孔庙，四时致祭。这些举措在形式上抬高了老师的地位，是尊师的表现。古代社会统治者在思想观念上十分重视老师的作用并实际作出了各种尊师的行动。固然其目的是为巩固统治服务，但客观上提高了老师的地位,并对形成中华民族尊师重教的传统起了积极作用,而这种优良传统又成为推动古代社会向前发展及维护国家大一统的巨大力量。1985年,全国人民代表大会常务委员会决定每年9月10日为我国的教师节。教师节的设立,将尊师重教的传统用法律的形式加以保证,使中华民族的优秀传统美德得以传承。

礼贤下士。礼贤下士是指对贤者以礼相待,对学者非常尊敬。《墨子》有"尚贤"篇,专论推贤任能的意义,认为"尚贤为政之本也"。纵观中国古代历史,历来有作为的君主大多非常重视尊贤用贤,视之为国家安危的决定因素。成语"三顾茅庐"说的是东汉末年的刘备不厌其烦地亲自到诸葛亮居住的草房请他出山,一而再,再而三,诸葛亮才答应。从此,诸葛亮的雄才大略得以充分发挥,为刘备的事业"鞠躬尽瘁,死而后已"。今天我们提倡发扬古代"敬贤之礼",须赋予现代新人才观的内容,就是要尊重知识,尊重人才。

四、民间禁忌

禁忌,一方面是指"神圣的"或者"不洁的""危险的"一类事物,一方面又是指言行上被"禁止"或者心理上被"抑制"的一类行为控制模式。禁忌是人类普遍具有的文化现象,属于风俗习惯中的一类观念。在今天看来,禁忌一部分是科学与唯物的、礼仪的,一部分又是宗教信仰的延伸。

用餐时,忌讳用筷子敲击碗盘发出声响,这种行为被看作是乞丐要饭。不要把一副筷子插入饭中,这被视同于给死人上香。信奉伊斯兰教的回族、维吾尔族等少数民族,禁忌食猪肉。满族、畲族等少数民族,忌食狗肉。与渔民进餐时,吃完上面鱼肉要吃鱼骨下一面时,不能说"翻"过来,要说"顺过来"。

"狗""猪""驴""龟"等,平时是用来骂人的,因而忌讳与人相提并论,否则会伤害别人,甚至引起斗殴纠纷。忌讳听到乌鸦的叫声,认为这是不祥的兆头。

过年期间,开口说吉祥话,忌说脏话,忌说"死""病""输""完了""光了"等不吉利的字眼;若不慎犯忌,要以吐唾沫、说"童言无忌"等方式化解可能的不祥后果。忌打破碗碟杯盘,万一打破,补救方式是口中念"岁岁平安"等吉祥话。

中国普遍有"好事成双"的说法,因而凡是大贺大喜之事,所送之礼均好双忌单,但广东人则忌讳"4"这个偶数,因为在广东话中,"4"听起来就像是"死",是不吉利的。江浙一带对"13"有所忌讳,他们常把呆笨、愚蠢的人称为"13点"。

给老人不能送钟表,因其与"送终"同音,使人感到丧气。给夫妻或情人不能送梨,因为"分梨"与"分离"同音,是一种不祥的预兆。

白色虽有纯洁无瑕之意,但中国人比较忌

讳,因为在中国,白色常是大悲之色和贫穷之色。同样,黑色也被视为不吉利,是凶灾之色、哀丧之色;而红色则是喜庆、祥和、欢庆的象征,受到人们的普遍喜爱。不过,人们普遍忌讳用红笔写信及签字。

思考与演练

1. 西方的文明史,同样在很大程度上表现着人类对礼仪追求及其演进的历史。比如人类为了维持与发展血缘亲情以外的各种人际关系,避免"格斗"或"战争",逐步形成了各种与"格斗""战争"有关的动态礼仪。如为了表示自己手里没有武器,让对方感觉到自己没有恶意而创造了握手礼;为了表示自己的友好与尊重,愿在对方面前"丢盔卸甲",于是创造了脱帽礼等。请你通过查阅资料,说说西方礼仪的来源。

2. 按照我国习俗,广义的春节指的是哪段时间?我国传统节日"元宵节"中"元宵"的意义是什么?请说出清明节、端午节的主要习俗活动有哪些?

3. 在几千年的历史长河中,有多少名人志士以礼待人的故事至今被世人传诵,如"刘备三顾茅庐""孔融让梨"的故事可谓是家喻户晓。请你收集一些中国历史上关于尊师重教的故事,所讲述的故事需体现求学者尊敬师长和求学心诚意坚;或者关于诚信的历史典故,所讲述的典故要表达中华民族诚实守信的品质。将这些故事组合成5分钟的演讲材料,在"班级故事会"上向班级同学讲述。

4. 请你做一份"成人礼"或"婚礼"的策划书,要求内容有意义、有创意、版面安排得当、美观。

第三章　饮食礼仪

> 夫礼之初,始诸饮食。
> ——《礼记·礼运》

民以食为天,日常生活中的一日三餐每顿都不能少。但对于文明时代的人类来说,饮食的功能并不能仅用生理需求概而言之,它还是社交应酬的一种方式。逢年过节,人来客往,请客吃饭是常事,而社交聚会更是离不开餐饮活动。此外,饮食还是人们享受乐趣和体验民俗的一种方式。餐厅里、饭桌上,优雅得体的举止,既表现了人们自身的文化修养,又能够让大家愉快地品味佳肴,增进友谊。因此,讲究饮食礼仪是必需的。

第一节　中餐礼仪

早在春秋时期，管仲说："王者以民为天，民以食为天，能知天之天者，斯可矣。"民以食为天的观念如此源远流长，反映了中国几千年文明史与农业关系至为密切，粮食至关重要。人们对于吃的重要性的认识始终贯穿于中国文明发展的历史长河。古代中国的饮食生活，一直就被纳入道德修养的范畴，既讲究养身，也强调养性，二者不能偏废。我国古代所形成的一系列食礼，在古代社会发挥过重要作用，对现代社会依然产生着影响。如《礼记·曲礼》中载："共食不饱，共饭不泽手，毋抟饭，毋放饭，毋流歠，毋咤食，毋啮骨……"

一、宴会座次排列

中式宴会多使用圆桌，每张餐桌上的具体位次都有主次尊卑之分。如果是多桌中餐，宴会的主人应该坐在主桌上；每张桌上都有一位主桌主人的代表，作为各桌的主人，负责照应客人，其位置一般应以主桌主人同向就座，而其两侧的座位是留给本桌上宾的。除非受到邀请，赴宴者也不宜去坐。安排就餐人数一般应限制在10人之内，并且以双数为好。

在国际交往场合和商务交际场合，中餐习惯于按职务和身份的高低排列席位：如果夫人或女士出席，通常是将女士排在一起，即主宾坐在男主人右上方，其夫人坐在女主人右上方。餐桌座次目前有两种排列方式：一是单主人式的排列方式，这是当今中国的主流餐桌座次排列方式。其排列方法：主宾在主人的右首就座，形成一个谈话中心。二是双主人式的排列方式，这是不少国家所推崇的餐桌座次排列方式。其排列方法：如果主人夫妇就座同一桌，以男主人为第一主人，女主人为第二主人，主宾和主宾夫人分别坐在男女主人右侧，桌上形成两个谈话中心。

📖阅读材料：餐桌座次"潜规则"

在餐桌上，座次安排方面有两个"潜规则"。

第一个"潜规则"。主一的级别高于或平于客一的级别，传统的排法是无需变化的。但如果客一的级别高于主一的级别，就要分两种情况区别对待。第一种情况，客一比主一级别高，同时又是主一的顶头上司、上级领导，或者是生活中的长者、父母、老师等，那么，主一和客一需要颠倒位置。第二种情况，还是客一比主一级别高，比如一个公司的部门经理，宴请的是另外一个大公司的总裁级人物，按照个人声望和成功度，那位客人应该高于主一，但两人之间没有隶属关系，主一可以大大方方地坐在主一的位置，客一坐在主一的右边。

第二个"潜规则"。在餐桌礼仪中还有一种位置关系，就是主一和他对面位置的关系。一般这种餐桌座次叫一头沉，一头沉当然就有一头轻了。主一的位置沉，对面的位置就轻。但在商务宴请中我们发现，主一对面的座位往往是一个特定的位置。比如，一个单位的一把手请客，坐在对面的人的职位一定是一个办公室主任、秘书处的领导，或者是后勤方面的部门领导,负责点菜买单的工作。

资料来源:杨金波.座次礼仪之二:以右为尊.中国女性,2010(11)

二、点菜"三优四忌"

根据中国人的饮食习惯,与其说是"请吃饭",还不如说成"请吃菜"。中餐点菜有"三优四忌"之说。

"三优"是指优先考虑的菜肴有以下三类。

第一类,有中餐特色的菜肴。宴请外宾的时候,这一条更要重视。像炸春卷、煮元宵、蒸饺子、狮子头、宫爆鸡丁等,并不是佳肴美味,但因为具有鲜明的中国特色,所以受到很多外国人的推崇。

第二类,有本地特色的菜肴。比如西安的羊肉泡馍、湖南的湘潭红烧肉、上海的红烧狮子头、北京的涮羊肉,在那里宴请外地客人时,上这些特色菜,恐怕要比千篇一律的生猛海鲜更受好评。

第三类,本餐馆的特色菜。很多餐馆都有自己的特色菜。上一份本餐馆的特色菜,能说明主人的细心和对被请者的尊重。

"四忌"在于安排菜单时,还必须考虑来宾的饮食禁忌,特别是要对主宾的饮食禁忌高度重视。这些饮食方面的禁忌主要有以下四类。

第一类,宗教的饮食禁忌,一点也不能疏忽大意。例如,伊斯兰教徒通常不吃猪肉,并且不喝酒。国内的佛教徒少吃荤腥食品,它不仅指的是肉食,而且包括葱、蒜、韭菜、芥末等气味刺鼻的食物。

第二类,出于健康的原因,对于某些食品,也有所禁忌。比如,心脏病、脑血管、脉硬化、高血压和中风后遗症的人不适合吃狗肉,肝炎病人忌吃羊肉和甲鱼,胃肠炎、胃溃疡等消化系统疾病的人也不合适吃甲鱼,高血压、高胆固醇患者要少喝鸡汤等。

第三类,不同地区,人们的饮食偏好往往不同。对于这一点,在安排菜单时要兼顾。比如,湖南省份的人普遍喜欢吃辛辣食物,少吃甜食。英美国家的人通常不吃宠物、稀有动物、动物内脏、动物的头部和脚爪。另外,宴请外宾时,尽量少点生硬需啃食的菜肴,西方人在用餐中不太会将咬到嘴中的食物再吐出来,这也需要顾及。

第四类,有些职业,出于某种原因,在餐饮方面往往也有各自不同的特殊禁忌。例如,国家公务员在执行公务时不准吃请,在公务宴请时不准大吃大喝,不准超过国家规定的标准用餐,不准喝烈性酒。再如,驾驶员工作期间不得喝酒。要是忽略了这一点,还有可能使对方犯错误。

📖 阅读材料:富有想象力的中餐菜名

在我国,即使是非常简朴的菜品,也要冠以富于想象力的比喻名称,它们构成了中华美食文化的一部分。龙须菜——豆芽,芙蓉——鸡蛋,凤爪——鸡脚,白玉——豆腐,珍珠玛瑙翡翠汤——豆腐番茄青菜汤,金钩挂玉牌——黄豆芽炖豆腐,步步高升——竹笋炒排骨,发财到手——发菜炖猪蹄,金钱满地——冬菇炖青菜,游龙戏凤——鱿鱼炒鸡片,翠柳啼红——菠菜炒番茄,金声玉振——海蜇皮拌萝卜丝,碧血黄沙——黄豆炖鸭血,踏雪寻梅——萝卜丝加红辣椒,丹凤朝阳——松花蛋、咸鸭蛋、茶叶蛋拼盘。

资料来源:周有光.语文闲谈.上海:三联书店,1995

三、进餐礼仪

餐巾主要用来防止弄脏衣服,兼用来擦嘴角及手上的油渍。必须等大家坐定后,才可使用餐巾。餐巾摊开后,放在双膝上端的大腿上,切勿系入腰带,或挂在衬衫领口。拭嘴时需用餐巾的上端,并用其内侧来擦嘴。绝不可用来擦脸部或擦刀叉、碗碟等。很多酒楼也会将餐巾垫在骨盘下面。餐中暂时离席,应将餐巾放在座位上。吃完饭后,宜将餐巾折好,放在餐桌上再离席。若主人将餐巾放在桌子上,则表示宴会结束。

在餐桌上不能只顾自己,也要关心别人,尤其要招呼两侧的女宾。为了表示对客人的尊敬,同时也是为了活跃气氛,当每一道菜端上桌时,主人可简单介绍一下这道菜的色、香、味等特色,并热情招呼客人动筷、尝试。当餐桌上的客人有主次、长幼之分时,每一道菜上来,主人应先请主要客人或者长者品尝。

夹菜时,要等到菜转到自己面前再动筷,不可抢在邻座前面。夹菜一次不可以夹太多,不可以将菜放回。遇上他人夹菜要避让,谨防筷子打架。如欲取用摆在同桌其他客人面前之调味品,应请邻座客人帮忙传递,不可伸手横越,长驱取物。

有的人吃饭时喜欢用劲咀嚼食物,特别是使劲咀嚼脆食物,发出很清晰的声音来,这种做法是不合礼仪要求的。喝汤的姿势是用左手扶着盘沿,右手用匙舀,一小口一小口地喝,不可端碗喝汤。如果汤太烫时,应待其自然降温后再喝,不要一边吹一边喝。有的人喝汤时,用嘴使劲吹,弄出"嗦喽嗦喽"的声音来,这是失礼的。进餐时不要打嗝,也不要出现其他声音,如果出现打喷嚏等不由自主的声响时,就要说一声"真不好意思""对不起""请原谅"之类的话,以示歉意。嘴内的鱼刺、骨头不可直接外吐,也不要往地上扔,要慢慢用手拿到自己的碟子里。切忌用手指掏牙,应用牙签,并以手遮掩。

不要光低着头吃饭或玩手机,要适时地抽空和左右的人聊几句风趣的话,以调和气氛。说话时,不要把筷子当作道具,在餐桌乱舞,也不要用筷子指点他人。口内有食物,应避免说话。

餐具掉落时,可要求服务员再拿一副。酒水打翻,溅到邻座身上,应表示歉意,协助擦干。但如果你是男士,而对方是女士,只需把干净餐巾或手帕递上即可,由她自己擦干。

四、饮酒礼仪

"水酒于杯叙衷情",在各种聚会中,酒常作为联络感情、增进友谊的媒介。自古以来,中国就讲究"酒德",《尚书·酒诰》中载:饮惟祀,无彝酒,执群饮,禁沉湎。明代的袁宏道,看到酒徒在饮酒时不遵守酒礼,深感长辈有责任,于是从古代的书籍中采集了大量的资料,专门写了一篇《觞政》。

酒是双性的,水的形状,火的性格。有节制可以交流感情,无节制会伤身误事,我国古语里早就有"酒是伤人物""酒乃色媒人"之说。另外,从酒对人身体健康的作用看,少饮有益,多饮有害。在饮酒之前,应根据既往经验,对自己的酒量心知肚明。在正式的酒宴上,特别要主动将饮酒限制在自己平日酒量的一半以下。在酒桌上往往会遇到劝酒的现象,应做到劝酒适度,切莫强求。过分地劝酒,会将原有的朋友感情完全破坏。酒桌上酒力不济,一开始就应诚恳说明,以为接下来的少喝酒做铺垫。少喝酒可参考的理由有开车、准备要小孩(适用于已婚、无小孩者)、正在吃中药、酒精过敏、太太和孩子讨厌自己喝醉酒、医生下了禁酒令等。

酒倒多少呢?白酒和啤酒可以斟满。而葡萄酒,大酒杯斟 1/4~1/3 杯,小酒杯则斟

2/3杯。别人斟酒的时候,可以回敬以"叩指礼",即以右手拇指、食指、中指捏在一起,指尖向下,轻叩三下桌面表示对斟酒的感谢。不需要加酒时,可以把手挡在酒杯上,说声"不用了,谢谢"。

敬酒时,要注意是在对方方便时,比如对方当时嘴里没有食物。一般情况下,敬酒应以年龄大小、职位高低、宾主身份为序。如果不清楚或职位、身份高低不明确,可从主宾敬起,按顺时针敬上一圈。敬酒时,出于敬重,或者对方的身份比自己高,自己的酒杯应略低于对方酒杯。不应只对能帮你忙的人毕恭毕敬,也要先给尊者、长者敬酒。与不熟悉的人在一起喝酒,要先打听一下对方身份或是留意别人如何称呼,以避免在敬酒时出现尴尬。挡酒时,要有一个说词,不能随便驳了对方面子。学会运用一些诙谐而幽默的挡酒词,比如:万水千山总是情,少喝一杯行不行?来时夫人有交代,少喝酒来多吃菜。危难之处显身手,兄弟替哥喝杯酒。酒逢知己千杯少,能喝多少喝多少。酒量不高怕丢丑,自我约束不喝酒……

多数酒宴人都较多,应尽量多谈论一些大部分人能够参与的话题,避免唯我独尊,天南海北,神侃无边。特别是尽量不要与人贴耳小声私语,给别人一种神秘感,往往让人产生"就你俩好"的嫉妒心理,影响喝酒的效果。酒桌也是显示一个人才华的地方,有时一句诙谐幽默的语言会给人留下很深的印象,使人无形中对你产生好感。

五、餐厅结账礼节

在餐厅用餐完毕,应大大方方地结账,留给你的同伴和服务人员一个好印象。通常说来用餐完毕准备离去时,要利用服务人员经过你身边的机会,轻声唤住他,很有礼貌地告诉他:"请帮我们结账。"如果一时没有服务人员走近,不妨耐心地多等一两分钟。

有许多人吃饭可以吃一两个小时,结账等一两分钟却不耐烦,往往四周没有服务人员,便提高嗓门大叫买单,或者手握钞票,举得高高的挥来挥去。之所以有这样的反应,是因为自认为自己是消费者,理所当然可以这么做。但是,我们必须提醒这些朋友一点,坐在你餐桌四周其他桌的客人,他们也是消费者,如果你大声吼叫,是不是影响了其他人用餐的情趣与安宁呢?

第二节 西餐礼仪

随着生活方式的更新和社会交往的活跃,我国吃西餐的人越来越多。西餐十分注重礼仪,讲究规矩。关于西餐最早的文字记载,始见于晚清徐珂编的《清稗类钞》一书,书中对西餐做了较详尽的介绍。书中对西餐做了基本界定,书中写道:"国人食西式之饭,曰西餐。"这里对西餐所做的界定非常准确,西餐一说,是针对中餐一说而确立的。该书还记载了西餐礼仪:"食时,勿使食具相触作声,勿咀嚼有声,勿剔牙。"对于进餐礼仪,书中更有翔实记载:"先进汤,及进酒,主人执杯起立,客亦执杯,相让而饮,继进肴,三肴、四肴、五肴、六肴，均可。终之以点心或米饭，点心与饭亦或同用。"

西餐宴会一般使用长条桌，英国式的座位顺序：主人坐在桌子两端，原则上是男女交叉而坐；法国式的座位顺序：主人相对坐在桌子中央，以女主人的座位为准，主宾应当坐在女主人的右上方，主宾夫人坐在男主人的右上方。

西餐大都以女主人为"带路人"。当女主人铺开餐巾时，就等于是在宣布用餐要开始了。当主人，尤其是女主人把餐巾放到餐桌上时，意在宣告用餐结束，请各位告退。其他用餐者如果在用餐中要暂时离席，应当把餐巾放在椅子上，表示未吃完；宴会结束时，应把餐巾大致对折后放在餐桌上。

西餐的菜序为：面包和黄油、汤、鱼、肉、沙拉、甜品、咖啡或茶，吃不同的菜要使用不同的餐具，所以餐桌上摆放多副刀叉，分别放在餐盘的左右两边。用餐时，一般右手拿刀或汤匙，左手拿叉。刀用来切割食物，叉用来送食物入口。应该注意的是，千万别用刀取食物送入嘴里。刀叉的拿法是轻握尾端，食指按在柄上。切东西时左手拿叉按住食物，右手执刀将食物锯切成小块，然后用叉子送入口中。若有两把以上刀叉，应由最外面的一把向内依次取用，因为刀叉摆放的顺序正是每道菜上桌的顺序。如果在餐桌上需要谈话，可以拿着刀叉，无需放下，但若需要做手势时，就应放下刀叉，千万不可手执刀叉在空中挥舞摇晃。

刀叉的摆放方式传达出"用餐中"或是"结束用餐"的信息，服务生正是利用这些方式判断客人的用餐情况。进餐中需要暂时放下刀叉时，应摆成"八"字形，分别放在餐盘边上。用餐结束后，应将刀叉并列摆在餐盘的一角，刀刃向里，叉齿朝上。没用过的刀子，就放在原位即可，服务生会自动将它收走。

吃西餐时，主张所谓的"一口"主义，每一口不能吃太多，更不能嘴里一部分，嘴外一部分，要闭嘴咀嚼，不能边吃边说话。每一道菜都要食用一点，如果有不喜欢吃的，也要少取一点，或者稍稍表示谢意。如果某种食物与你距离较远，可请别人帮你传递，切不可站起来伸胳膊去取。

西餐每道菜的具体食用方法如下：1. 面包。将面包盘内的面包用手撕成小块，抹上黄油，整块放入口中。2. 汤。身子坐直头微低，右手持汤勺，由内向外地舀汤喝。若汤所剩无几，可用左手微托起汤盘，使其外倾，再用汤勺舀。喝汤时切忌发出声音。3. 鱼。首先将鱼头切下，然后用鱼刀沿着鱼背割下鱼肉，将剩下的鱼骨放入专门盛放鱼骨的碟子里,再把鱼肉切成小块食用;若是去掉鱼骨的鱼块,可以直接用刀切成小块食用。如果鱼肉太腥,可挤上柠檬汁后再吃。4. 肉。西餐的肉菜往往是牛排。吃牛排时,应从左往右食用。若吃带骨头的肉,可以用手拿起来啃。5. 沙拉。沙拉一般直接用吃肉的餐叉食用,只有遇到一口吃不下的食物才用刀切后食用。6. 甜品。西餐的甜食一般有饼干、蛋糕、三明治、奶酪、布丁、通心粉、冰淇淋等。吃饼干和蛋糕或三明治时,应用右手持之,一口一口咬着吃;吃奶酪时,应用刀切成小片后,用手拿着吃;吃布丁或冰淇淋时,应用叉或勺舀着吃;吃通心粉时,一般用右手持叉,在左手所持汤勺的帮助下,把通心粉缠绕在餐叉上送入口中。7. 咖啡或红茶。用完餐后,侍者往往会送上一杯咖啡或红茶,客人可根据自己的喜好加入牛奶和糖,用小勺轻轻搅拌,搅拌之后,把小勺放在杯碟上,再用右手握杯把饮用。8. 水果。吃水果时,不要拿着整个去咬,应先用水果刀切成几瓣,再用刀去掉皮、核,用叉子叉着吃。

西餐中,吃不同的菜需要搭配不同的酒,所以对酒杯的讲究也比中餐多。通常不同的酒杯用来喝不同的酒。在每位用餐者右边餐刀的上方,会摆着三四只酒水杯,可依次由外侧向内侧使用,也可以"紧跟"女主人的选择,一般香槟杯、红葡萄酒杯、白葡萄酒杯以及水杯是不可缺少的。在正式用餐时饮用的酒一般为葡萄酒。西餐在配酒方面的原则是"白酒配白肉,红酒配红肉",即吃白肉(海鲜、鸡肉等)用白葡萄酒搭配,吃红肉用红葡萄酒搭配。但如果鱼的味道过浓时,就应该用红酒搭配。

📖 阅读材料:葡萄酒饮酒礼仪——饮酒要浅尝细品

通常在选择好葡萄酒后,由做东的人试喝酒,一般由男士来试酒。试喝酒的过程应为:整瓶酒送来后,先确认和自己点的葡萄酒牌子是否一样,如果没问题就示意服务生开酒。拿起盛着葡萄酒的酒杯,向外倾斜,首先看看酒杯内是否有如木屑的东西,这些东西可能会影响酒的品质。再看看葡萄酒的颜色。已成熟的酒(低下档的轻清型葡萄酒例外)杯沿的酒带褐黄色,而杯中央的酒色泽较深。未成熟(可贮藏更久才饮用)的酒内外则多呈紫红色。然后,拿着酒杯向内逆时针摇晃,如果是左手拿杯的人则可以顺时针摇晃。把酒向内倾斜,低头用鼻子闻闻味道是否香浓。呷一口酒,不要太多,也不要太少,转动舌头去体会,在餐厅用酒时,你需要在此刻决定是否接受这瓶酒。如果试喝酒结果满意,便可示意服务生继续倒酒;如果不满意,可对服务生表示不接受。这时,服务生可能会自己也喝一点证实,如果酒真是有问题的,高级西餐厅一般会收回该瓶酒。需要注意的是,喝酒前应用餐巾抹去嘴角上的油渍,以免有碍观瞻,且影响对酒香味的感觉。葡萄酒杯的正确握杯姿势是用三个手指轻握杯脚。为避免手的温度使酒温升高,应用大拇指、中指、食指握住杯脚,小拇指放在杯子的底台起固定作用。

资料来源:张晓梅. 晓梅说礼仪. 北京:中国青年出版社,2008

思考与演练

1. 一位刘姓小姐和一位姓张的男士在一家西餐厅就餐,男士小张点了海鲜大餐,刘小姐则点了烤羊排,主菜上桌,两人的话匣子也打开了,小张边听刘小姐聊起童年往事,一边吃着海鲜,心情愉快极了,正在陶醉的当口,他发现有根鱼骨头塞在牙缝中,让他不舒服。小张心想,用手去掏太不雅了,所以就用舌头舔,舔也舔不出来,还发出啧啧喳喳的声音,好不容易将它舔吐出来,就随手放在餐巾上。之后他在吃虾时又在餐巾上吐了几口虾壳。刘小姐对这些不太计较,可这时男士想打喷嚏,拉起餐巾遮嘴,用力打了一声喷嚏,餐巾上的鱼刺、虾壳随着风势飞出去,其中的一些正好飞落在刘小姐的烤羊排上,这下刘小姐有些不高兴了。接下来,刘小姐话也少了许多,饭也没怎么吃。请指出本例中姓张的男士的失礼之处。

2. 分组进行情景模拟,模拟场景如下。

场景一:小明和小红来到西餐厅用餐。模拟就坐、放餐巾、喝汤、吃面包、吃主菜、暂时离位、用餐完毕、吃水果、喝咖啡一系列的过程。

角色:小明(男) 小红(女) 餐厅服务员

知识点:西餐用餐过程中的一系列礼仪规范。

场景二:A公司举行10周年庆典晚宴,地点在某酒店中餐厅。A公司总经理偕夫人及各部门经理出席,主要合作伙伴B公司总经理偕夫人出席。

角色:A公司总经理和夫人及部门经理 B公司总经理及夫人

知识点:门前迎客,引导入座,座次排列,致辞祝酒,礼貌话别,送别宾客。

第四章 居家生活礼仪

> 爱亲者不敢恶于人,敬亲者不敢慢于人。
> ——《孝经·天子章》

家庭是以婚姻、血缘和收养关系为基础的一种社会生活组织形式。居家生活礼仪指的就是人们在长期的家庭生活中,用以沟通思想、交流信息、联络感情而逐渐形成的约定俗成的行为准则和礼节、仪式的总称。人的社会化起始于家庭,人的文明礼貌的养成也必然是从家庭开始。居家生活礼仪是家庭和睦的保证,是社会和谐的基础。"举案齐眉""相敬如宾"等历史上的佳话阐明的就是夫妻间也要有礼节,这样才能幸福一辈子的道理。

第一节　家庭成员礼仪

家庭成员是家庭活动的主体，也是家庭礼仪的具体操作者。家庭成员礼仪主要是指家庭成员之间应该遵守的礼仪规范，如父母子女之间的礼仪、夫妻之间的礼仪、婆媳之间的礼仪、兄弟姐妹之间的礼仪、妯娌之间的礼仪等。可以这样说，家庭礼仪在某种程度上来说所指的就是家庭成员之间的礼仪。

📖 阅读材料：孟子休妻

据《韩诗外传》记载，孟子外出回来，见妻子叉开两腿坐在那里，就回头对母亲说，我媳妇缺乏礼仪，请允许我休了她。孟母问，为什么？孟子答，她劈腿而坐。孟母问，你怎么知道的？孟子答，我亲眼所见。孟母说，这说明你不懂礼节，不能责备媳妇。《礼记》上不是说了吗？将进门，问谁在；将上堂，高声扬；将入户，眼向下。这些都是为了让居室里边的人有个准备。如今你连个招呼也不打，就闯进了媳妇独居的内室，因而看到了她劈腿而坐的样子，这是你礼节不周，怎么能怪你媳妇呢？于是，孟子自愧失礼，打消了休妻的念头。

一、继承和发扬传统家风

家风是一个家族代代相传沿袭下来的、体现家族成员精神风貌、道德品质、审美格调和整体气质的家族文化风格。家风的形成往往是，一个家族之链上某一个人物出类拔萃、深孚众望，而为家族其他成员所宗仰追慕，其懿行嘉言便成为家风之源，再经过家族子孙代代接力式地恪守祖训，流风余韵，代代不绝，就形成了一个家族鲜明的道德风貌和审美风范。家风一旦形成，对每个家庭成员都是一种无形的教育力量，约束规范着每个人的言行，并具有继承性和延续性。

在古代中国，由于社会教育不发达，人的成长往往依赖家庭教育。《周易·家人》中说："正家而天下安矣。"《礼记·大学》中也明确提出"齐家、治国、平天下"。由此可见，中华民族自古以来就十分重视家庭的教育。无形的家风必须依赖有形的家教而得以流传并发扬光大。

"父子和而家不败，兄弟和而家不分，乡党和而争讼息，夫妇和而家道兴"，以和为贵、仁爱亲邻是传统家风家教的重要内容。中华民族是一个崇尚厚德载物、以和为贵、仁爱亲邻的民族，这种民族精神在传统家风家教中得到显著体现。中国传统天道观崇尚"和合"思想，并衍生出"致中和"的人道观及"以和为贵"的根本价值观。传统家风家教认为"家和福自生""家和万事兴"，教育子弟在处理家庭、邻里关系时要"以和为贵""和睦为先"。因而，传统家风家教"以和为贵"的思想，不但形成了夫妇相敬、尊老扶幼、睦邻友好的传统家庭美德，而且促成了中华民族和睦万邦、诚信和睦、天下大同的民族胸怀。

📖 阅读材料：中国古代的家庭教育

商汤的家庭教师伊尹是我国古代第一个见之于甲骨文记载的教师。他强调"慎终于始"，也就是说教育要及早进行，并且要有始终如一的持续性，一刻也不能放松。周公不仅是周王室的家庭教师，而且他也十分重视社会教化。他认为庶民的家庭教育主要是"明人伦"，其中孝道之教最重要。孟子的母亲在中国家庭教育史上享有盛誉，"孟母三迁"是千百年来脍炙人口的故事。西汉贾谊在《新书·胎教》中记有："周妃后妊成王于身，立而不跛，坐而不差，笑而不渲，独处不倨，虽怒不骂，胎教之谓也。"可见，早在西周时代，中国就已经开始重视胎教，西方学者现普遍认为中国是胎教的发源地。

三国蜀刘备之子刘禅被人讥讽为"扶不起的阿斗"，但刘备遗诏中"勿以恶小而为之，勿以善小而不为"的教子名言传诵至今。蜀相诸葛亮的《诫子书》可谓千古流芳的佳作，其中"非淡泊无以明志，非宁静无以致远"不知是多少人的座右铭。梁朝颜子推的《颜氏家训》在中国古代家庭教育史上占有十分重要的地位。颜子推认为少成若天性，习惯成自然；他还认为亲人的教导更可信，自己敬佩的人更权威。

唐朝柳宗元借树木喻养儿，"顺木之天以致其性""勿动勿虑，去不复顾。其莳也若子，其置也若弃"。尊重天性，勇于放手，不大包大揽。朱熹是我国古代封建社会继孔子之后的又一位占有统治地位的大思想家和大教育家，他的家庭教育理论十分丰富，有关德、智、体方面无不涉及。

明朝朱柏庐编写的《朱子家训》集中了古代治家教子的名言警句，是平民家的家教教材。世人熟知的名句"一粥一饭，当思来之不易；半丝半缕，恒念物力维艰"就出自于此。清代民族英雄林则徐抱定父亲对他"齐家治国平天下，此等事儿曹任之"的教训，为国家兴盛和富强鞠躬尽瘁，"苟利国家生死以，岂因祸福避趋之"，是他拯世救民的品德写照。清朝曾国藩虽位列三公，却鄙视特权，注重子女的家教，"爱之以其道"，使子孙个个成才。

资料来源：张建宏据有关资料整理

二、子女对父母的礼仪

在中国，孝的观念有非常悠久的历史，早在甲骨文中就出现了"孝"字，而且本义与现代流传的意思基本相同。《诗经》中有"哀哀父母，生我劬劳""哀哀父母，生我劳瘁"的咏叹，充分表达了对父母养育之恩的感激之情以及对父母的孝义。而在英文中，难以找到完全对应"孝"的词汇。有人将《圣经》中的"honor"译为"孝"，而"honor"的本义是"给予高度尊敬"，并没有奉养和顺从之意。"百善孝为先"，中国古代社会把孝作为一切的出发点。在现代社会，虽然子女与父母的关系日趋向着平等发展，但孝顺依然是每个人都应尽的义务。孝心作为传统美德，可以使家庭更加和睦、温馨、幸福。

孝和顺总是相联系的，没有顺也就没有孝。孝敬长辈，就应该听从长辈的正确教诲，不应随便顶撞，有不同想法可以和父母沟通商量，应讲道理。

在父母生病或有困难时，尽力去关心照顾父母、协助父母；刻苦学习，努力求知，让父母少为自己的学习担忧；离家外出时应及时向父母汇报，自己照顾好自己，注意安全。

子女参加工作或成家立业后，为了表达对父母的养育之恩，要在适当时机给父母赠送礼物，如节庆假日、父母患病、到外地出差、参观展销会等。送礼要适合父母的意愿爱好，要讲究实用性，能够代表永久纪念意义的更好。礼物关键在于让父母满意，而不在于价格是否昂贵；重点是表达子女孝敬父母的心意，使父母感到欣慰。

生日，标志着一个人生命的历程。谁不希望属于自己的这个日子过得隆重、热烈、欢快，以留下美好的回忆呢？每一位儿女都应记住父母的生日。为父母做寿时，子女给父母备一份寿礼是礼貌也是尊敬。寿礼宜选择包装精美、做工精细，含有祝贺健康长寿、吉祥如意等意义的物品。出席寿礼时，要穿色调明快、含有吉庆之意的红色、橙色等衣服，不宜穿全黑、全白或黑白相间的服装。祝贺时要使用合适的祝寿语，如"福如东海，寿比南山""寿星高照，松鹤延年""身心愉快，天地比寿""如松如柏，青春永驻"等，切忌不能说"死""病""灾"之类的不吉利的话。

《论语·为政》载："子游问孝。子曰：'今之孝者，是谓能养。'……子夏问孝。子曰：'色难。'"孝敬父母不仅是指物质上、生活上的帮助和照料，还包括精神上的慰藉。人到晚年，在生理和心理上都会产生一些变化，这些变化体现在：1. 孤独感。原来每天上班下班，生活内容比较丰富，退休后生活的内容减少了，于是就希望与人交往，尤其是希望子女们能够经常陪陪他们，而子女们就该抽出时间多和老人交流。2. 退化感。有些老年人记忆力衰退，办事反应迟钝，效率降低，在心理上希望得到子女的照顾。3. 自尊感。他们经历的事情多，又是长辈，常常喜欢用教训别人的方式来维护自己的尊严，所以不要顶撞他们。4. 怀旧感。老年人喜欢谈往事，爱感慨。对这种现象要理解，不要让老人觉得自己被人厌烦。5. 返老还童。有些老年人情绪变化大，容易生气，但有时也容易高兴，在有些事情上很天真。不要嘲笑他们，要用行动表示你并不介意。对以上的生理、心理变化，晚辈要理解长辈，这样子女才算尽到了义务和礼仪。

第二节　家庭待客与拜访礼仪

礼仪作为行为准则，不仅制约实施者一方，同时也要求另一方遵守规则和规范。在家庭礼仪中就涉及主人的待客与客人的应酬的问题。这一问题从形式上来看，它与个人礼仪、社交礼节等密切相关；但从内容上来说，因为涉及的大多是家庭生活，故属于家庭礼仪的研究范畴。

📖 延伸阅读：倒屣相迎

相传东汉时期有一个"倒屣相迎"的故事，说的是东汉时期的大学问家蔡邕，他是蔡文姬的父亲，文史、辞赋、音乐、天文无不精通，官任皇室右中郎将，人称"人学显著，贵重朝廷，常车骑填巷，宾客盈座"。但他从不摆架子，从不傲慢，很善于和人交往，好朋友很多。有一次，他的好友王粲来拜访，正逢蔡邕睡午觉。家人告诉他王粲来到门外，蔡邕听到后，迅速起身跳下床，急急忙忙踏上鞋子就往门外跑，由于太慌忙，把右脚的鞋子踏到了左脚上，把左脚的鞋子踏到了右脚上，而且两只鞋都倒踏着。当王粲看到蔡先生是这么个模样时，便抿着嘴笑了起来。由此便有了"倒屣相迎"之说，借以比喻对朋友的热情与诚意。

一、家庭待客礼仪

如果事先知道家里要有客人来访，应提前做一些准备。除了打扫房间卫生，还要搞好楼道卫生。整理好房间，家庭布置要干净美观。主人的服饰要整洁，如在家中穿睡衣、背心、短裤，应换上得体的服装，即使是十分熟悉的客人，也不可随意。小孩子要妥善安排，做好礼貌待客教育。根据自身条件，尽量准备些水果、点心、饮料、烟酒、菜肴等。如果有客人突然登门，也要热情相待。若室内未清理，应致歉并适当收拾，但不宜立即打扫，因为打扫有逐客之意。

对于重要客人，主人应提前到门口迎接，不宜在房中静候，最好夫妇一同前往。见到客人，主人要面带微笑，步履轻松，不能有疲惫心烦之相。对客人应热情招呼，主动上前握手。如果客人手提重物，应主动帮忙，对长者或体弱者可上前搀扶。

客人进屋后，首先要请客人在最佳位置落座，主人后坐下。如果客人是初次来访，应向其他家人或客人作介绍。等客人坐定后，要主动敬茶、递烟或端上水果。倒茶时，要掌握好茶水的量，茶水以杯子的2/3为最好。切忌用手指捏住杯口边缘往客人面前送，这样敬茶很不卫生。敬烟不能忘了敬火，若主人也会吸，应先客后主。在请客人吃水果时，通常要预备一种以上的水果，这样能够让客人有选择的余地。水果应洗净后装在水果盘里，再端到桌子上。水果刀必须卫生清洁，没有锈迹。一般情况下，要为客人削水果皮。如果端上的小食品是点心之类的，注意要把它放在洗净的盘子里，里面放上一些牙签或水果叉，方便客人食用。

奉敬烟、茶、糖果之后，应及时与客人交谈，话题内容可因实际而定。一般来说，应谈一些客人熟悉的事情。若无法奉陪客人交谈，可安排身份相当者代陪或提供报纸杂志、打开电视供客人消遣，切不可出现主人只管自己忙，把客人晾在一旁的现象。如果客人待的时间久了，也不要因此而显出厌倦或不耐烦的样子，不要长时间冷场，不要频繁地看表，不要打哈欠，以免对方误以为逐客。

到吃饭时间应挽留客人吃便饭。如客人留下了，家里的菜肴可视情况而定，应比平时丰盛些。客人如果需要在家里寄宿，而家里的房子又较宽绰的话，最好让客人单住。房间宜收拾干净，准备好必需的用品。床上用品应尽可能舒适、干净、整齐。记住，对客人要热情、周到，但要恰到好处，过分热心会使客人处于忙乱之中。遇客人携礼品相赠，只要没有贿赂之嫌，稍微谦让后就该收下，千万不要在门口推推扯扯，这颇为狼狈。

当客人准备告辞时，主人应婉言相留。客人要走，应等其起身后，主人再起身相送，千万不能客人刚一说要走，主人马上站起来，这是非常不礼貌的。家人也应微笑起立，亲切告别。有些客人来做客时可能带有礼物，对此，在送客时要有所反应，比如表示谢意或请求客人以后来访不要再携带礼品之类的，或是相应地回谢一些礼物，绝不能表现得若无其事，毫无表示。另外，还要提醒客人是否有东西遗忘，或有什么事需要帮忙。

送客应送到大门口或街巷口，切忌跨在门槛上向客人告别或客人前脚一走就"啪"地关门。如果是初次来客，主人应主动指路，远方来客则应送至火车站、机场或码头，并说祝愿话或发出再来的邀请。

二、家庭拜访礼仪

到别人家做客，可以是自己主动前往，也可以是受邀请前往，大多有两种原因，其一是熟人间的联络感情，串串门；其二是有事相求，或讨论一些事情。无论是哪一种，都应该讲究礼仪。

不速之客是不受欢迎的，事先约定是做客时首先要考虑的问题。如果不约而去，常会打乱别人的日程安排，还可能碰上"铁将军"，吃"闭门羹"。预约时，一要约定到达时间，这样才能让主人有所准备，提前把自己的时间安排好。在时间选择上，应尽量避开用餐时间和休息时间。如确需临时造访，应对主人表示歉意。二要约定地点，一般来讲，拜访是到对方家里去，但也可在居民区附近茶楼、公园等地。三要约定人数，事先说清楚几个人去拜访。四要约定主题，如果是谈事情，事先应大概说一下，比如可以说："我有一件××事，想向您当面请教。"

拜访别人时别违约、别爽约，必须准时到达。既不要迟到，也不要早到。如果因故早到时间较多(10分钟以上)，宜在门外等一等，或事先跟对方说一声。因为提前太多时间到达，可能会打乱主人的时间安排，或者主人尚未做好必要的准备，不免尴尬。如果确因特殊原因不能赴约，应尽早通知对方而且要说明理由，否则会很失礼。快要到达主人家里时，先打个电话告诉一声。此举有两个作用，一是向主人确认一下，有时预约时间较早怕人家忘记了；二是人家好有个准备，比如停止手上的活儿，婉告当时在场的不方便留下的客人等。

到达主人门前，要先擦净脚上泥巴，再轻声敲门或按门铃，按门铃切忌重手重脚或时间过长，等到主人招呼后方可进入。若你不认识出来开门的人，则应问"请问，这是××先生的家吗""他在家吗"等。若敲错了门，则应说"对不起"或"打扰了"等，以表示歉意。同时也可向对方询问你要拜访的人的住址。若对方回答了你的询问，应表示谢意。如今，城里人进门后换拖鞋的习惯越来越普遍，客人应该尊重主人家的习惯，主动换鞋。脱鞋时，头不要正对着主人，应该稍稍侧转身体。

进门后，要问候拜访对象、对方家人及在场的其他客人。如果是第一次见面，应主动递上名片，或作自我介绍。自己带的包、需要脱下的外套等，都要按主人指定的地方放好。

客人坐在何处,不能自作主张,尤其不能坐在主人固定使用的座位上。一般待主人安排后,再坐下。如果你带着小孩,要教他懂礼貌,让他称呼主人家所有的人。如果见到主人同另外的人正在谈重要的事,应另室休息。若主人说明并不是商量要事,而是闲坐,则可坐下来一起谈。主人端茶时,要道谢并双手迎接。果皮、果核、烟灰、烟蒂不应乱丢乱弹乱扔。如果主人因故不能马上接待,应安静、耐心地等候。有抽烟习惯的人,要征求对方意见。一般活动范围以客厅为主,未经主人许可,不能随意乱去他处,即便上卫生间,也要问主人一声,然后再去人家指定的卫生间。

在与主人交谈时,可以对主人的家庭状况做一般的了解,但不可盘问细节。谈话时,不要高谈阔论,独自滔滔不绝。与主人的意见相左,不要争论不休。当主人有不耐烦或有为难的表现时,应转换话题或口气。交谈时,如有长辈在座,应该用心听长者谈话,不可随便插话,更不要自以为是。如果自己确有真知灼见,作为晚辈也应虚心地阐明自己的见解,请求对方指教。拜访时,如有其他客人来访,主人作介绍时,应起立打招呼,向来客问候。交谈的时间不宜过长,不要影响家人休息。如果是节假日到亲友、长辈家中进行礼节性的拜访,更应尽量缩短时间。其实,交谈并非局限于家里,可以另择合适的处所,或边散步边谈。在拜访期间,若遇到主人一方表现出厌客之意,应当机立断,知趣地告退。

如果事先约定好了时间,要按约好的时间走;如果没有约定时间的话,待一刻钟至半小时走;如果别人临时有点事或另有客人来访的话,要马上走。告辞前不要表现出很急切想走的意思,告辞时也不要在主人的话刚说完时就立即提出要走,这样会使人觉得你对人家的话感到很不耐烦。作为客人,口头提出告别后应立即起身辞别,不能几次三番说要走,结果还坐着滔滔不绝地说。当告辞时,要向主人及其在场的家人的热情接待表示感谢并道别。当主人送你走到门口将分手时,应主动与主人握手道别,并说"请回""留步""再见"之类的客套话。远道而来的客人或者是晚上离去的客人,回家之后要主动向主人报一个平安,尤其是晚辈对长辈更应如此。在回报平安时,别忘记向主人表示感谢。

第三节　居民居住礼仪

所谓居住礼仪,通常是指一个人作为社区居民所应遵循的文明规范。居住礼仪的核心是邻里间互敬、互信、互助、互谅,和睦相处。

一、社区居住礼仪

什么是社区？"社"是指相互有联系、有某些共同特征的人群,"区"是指一定的地域范围。所以,"社区"可以说是相互有联系、有某些共同特征的人群共同居住的一定的区域。社区是家的居所,社会的基础。社区文明、和谐、安定,则社会文明、和谐、安定。而文明社区与文明市民是相互联系的。

营造安宁、温馨、美观的居住环境,是居民及管理者的共同期盼,然而,要拥有祥和、美好的社区环境,除了街道、居委会管理有方外,更重要的是业主、物业、保安之间的密切配合,共同维护。业主对物业、保安要充分尊重,不可傲慢无礼,遇见他们问声"好",碰到清洁工道声"辛苦",彼此关心,何乐而不为?家庭装修时,当事人要尽量避免装修噪音过度干扰邻里的正常生活。按有关规定,上班前和下班后必须停止家装。小区的居民都应自觉遵守乘电梯规则,特别是成年人要教育孩子不要以乱按电梯的方式开玩笑。许多小区精心修建了一块块绿地小花园,每一个居民都要用心维护环境之美。

小区是人们生活居住的场所,为了给街坊邻居创造好的生活氛围,在进入小区时应该减速慢行,禁鸣喇叭。小区内活动着很多老人和孩子,为了保护这些弱势群体,在倒车的时候应该密切注意车后的行人,以免误伤。停车时应该将车停放在指定地点,即使是临时停车也应该靠边停放,避免影响交通。同时,更应该注意避免损坏绿地。如果将车停放在道路中间,无疑会给行人及过往的车辆制造麻烦。

近年养宠物的家庭越来越多,社区内遛狗、逗鸟的情景屡见不鲜,而宠物引起的纠纷事例也时有发生。因此,养宠物者要注意:一要讲卫生。尽量防止鸟、猫、狗在社区等公共场所随地大小便,一旦控制不了,主人应及时将宠物的排泄物清理干净,至于让宠物在社区景观水池洗澡就更不应该了。二要保安全。遛狗时,主人要牵好狗套上的绳索,不要任它追逐扑咬,狂吠乱叫。遇到老人、小孩、孕妇,必须格外小心,千万别让宠物惊吓他们。三要慎用昵称。许多人把宠物当成家庭成员,对小狗也自称为"爸爸""妈妈""姐姐"之类。但出了家门,可要注意不要将宠物与他人一起排辈分,尤其不要把没有养宠物的人与狗相互称呼,比如说"别惊吓姐姐""快给阿姨道歉"之类,可能令他人反感。四要防噪音。有的居民早晨起来逗鸟时,要注意防止鸟叫声影响邻居休息。

二、邻里间相处礼仪

人在社会上生活,都有左邻右舍,搞好邻里关系,既能增加相互的友谊,又有利各自的家庭生活。邻居交往有两大特点:一是天天见,二是生活琐事多。邻里间的相处礼仪有以下几个方面。

不打扰左邻右舍。上下楼梯,脚步尽量放轻些,不要跑上跳下打打闹闹,不要在楼道内大声喧哗、吵闹。早出晚归时,进出居室要保持安静,不要大声喧哗和说笑。家庭娱乐要注意时间,尽量将电视机、音响的音量开得小一些,午休、深夜时不要玩卡拉OK。尊重邻居的生活习惯。管理教育好孩子,不要不分场合任意吵闹等。如果家里有事会影响邻居,要事先打个招呼,请求谅解担待。

不要在邻居间说长道短。邻居交往,所谈多是家常琐事。要本着"互不干涉内政"的原则,不要总是把眼睛盯着别人家里的私事,说三道四,搬弄是非。这不仅破坏了邻里团结,也降低了自己的人格。要注意尊重邻居家的隐私,做到隔窗不窥视、隔室不窃听。

友好相处,宽容谦让。邻里交往中,要帮助劝解邻里矛盾,不制造邻里纠纷。遇到鸡毛蒜皮的生活琐事,不要互相猜疑,钩心斗角,通过坦率交换意见,妥善地协调解决各种问题。孩子间发生纠纷,不要总是偏袒自己的孩子,家长应多做自我批评,宽容谦让,既为孩子树立榜样,也避免邻里间伤了和气。

以礼相待。对邻居要以礼相待,平易近人。邻里间低头不见抬头见,不可形同陌路,见面要互相打招呼,点头示意或寒暄几句,这并不丢份,与己无损,对融洽关系却有益。在楼道里或窄小的地方遇到长辈,要主动让路,请长辈先走。遇到老人上下楼梯,应上前去搀扶。见到邻居提、搬重物,要主动让路,不能抢上抢下或挤上挤下,还应主动询问是否需要帮助。

互帮互助。在邻里交往中,有人以为邻居间避免矛盾的办法就是少相互掺和,自家管自家最好,少数人家甚至发展到"老死不相往来"。其实,邻里之间自顾自的做法绝不是上策,俗话说,远亲还不如近邻呢!日常生活中,邻里间要有需要帮忙之处应热心相助,不宜冷漠拒绝、袖手旁观,更忌幸灾乐祸。当邻居家遇有婚丧嫁娶,要尽可能予以帮助,对邻居的老人和小孩要给以尊重和照顾,特别是孤寡老人,当他们遇到困难时,要及时给以援助。邻里出门后,要注意维护邻居安全,帮助招待客人。

文明使用住房的公用部位。这是邻里关系中比较敏感的问题,应本着严于律己、大度为怀的态度来处理。在使用公用部位时,应力求平等合理,照顾各方利益,共同爱护,保持清洁。还要替他人着想,如公用水龙头、公用厕所,在早晚大家集中使用时间,不要占用较长时间。

高层住户应照顾低层住户。不要往楼下倒污水或扔脏物,在阳台上浇花草时,小心不要把水洒到楼下,以免污染下面住户晾晒的衣物及室外环境。放在阳台栏杆边沿的花盆或其他杂物应固定好,避免被风刮落或不慎碰落,造成伤害。

思考与演练

1. 请你在下表中对在家中对待父母的礼仪表现做一个自我评价。

评价内容	自我评价			
1. 敬重父母,和父母说话和气、态度诚恳、语气亲切。	好	较好	一般	差
2. 听从父母的教导,不发脾气,不顶嘴,不让父母生气。				
3. 上学时向父母说"再见",回家向父母说"我回来了"。				
4. 父母下班回来,热情问好,帮他们拿手中的东西,并递鞋、让座、让父母休息。				
5. 吃东西或看电视时,先想到父母。				
6. 父母身体不舒服,主动伺候,生病时为父母送茶送药,尽量陪伴在身边。				
7. 记住父母的生日,生日那天向父母祝福,并为父母做一件让他们高兴的事。				
8. 帮父母做力所能及的家务事。				

2. 在下列情境下,你该怎么做?

情境一:吴先生和温小姐婚后搬进了新居,住了一年多,小日子过得挺舒服的。但半个月前,楼上的住户突然开始装修了,剧烈的装修噪音吵得他们没法休息。吴先生跑到楼上一问才知,原来楼上的住户高先生一年前买的房子,拖到现在才开始装修。每次吴、温夫妇下班回来,楼上的噪音都让人忍无可忍,吴先生和温小姐分别上去交涉过几次,每次高先生都是接连地道歉,并表示一定注意尽量减少噪音,但装修还要持续一个月左右。他们想问:搬新家装修是避免不了的,但怎样做才能既不伤和气又能把问题解决呢?

情境二:在社区居委会工作的刘大妈说出了自己工作中最大的一个难题,社区里经常能发现宠物的粪便,每个星期六她和社区其他居民清理草坪时,一不小心手上就要沾上这些粪便。刘大妈和居委会的一些热心人曾组织过几次义务清粪行动,但隔不了几天,社区里的很多角落又会出现新的宠物粪便。这下可把刘大妈难住了,她想问问别人,遇到这种情况,处理时应该怎么运用礼仪的方式解决呢?

情境三:张先生去年年初喜迁新居,还给自己的爱车购置了固定车位,但住进新家还不到一个月烦心的事就来了。一天张先生开车下班回家,刚开到楼底下就发现自己的车位被另一辆车占据了,张先生非常生气,只好把车停到了离家挺远的地方。可这一客气不要紧,过了两天,那辆车又停在了自己买来的车位上。张先生既恼火又为难,觉得都是一个楼的邻居,为这事闹红脸也没必要,可自己不说出来又觉得很憋屈。请问在邻居们都互不相识的情况下遇到车位被占或者看不惯的行为,怎样运用礼仪的方式把它处理好呢?

第五章 公共区域礼仪

> 非礼勿视,非礼勿听,非礼勿言,非礼勿动。
> ——《论语·颜渊》

人是社会的人,除了个人生活、家庭生活之外,人们还不可避免地要置身于公园、剧场、商厦、娱乐场所、公共卫生间等公共区域,参与社会生活。公共区域最显著的特点是它的公用性和共享性。它为全体社会成员服务,是全体社会成员进行社会活动的处所。古人曰:"见微而知著。"日常生活小事不可不慎,尤其是在公共区域的表现与作为,往往能够更客观、更准确地反映出一个人的品德与修养。在公共区域,人们与他人共处时应遵守一些必要的礼仪规范,如和睦相处、礼让包容等。

第一节　常见公共场所礼仪

在公共场合，人们要谨记"遵守社会公德""不妨碍他人"这两条原则。首先，要遵守社会公德，也就是要具有维护社会公德意识，要自觉、自愿地遵守、履行社会公德；其次，无论是休闲、生活需要，还是过客，每个人都应当有意识地检点、约束自己的个人行为，并要尽一切可能，自觉防止自己的行为影响、打扰、妨碍到其他任何人。

一、公共卫生间使用礼仪

在国际上衡量一个城市的文明程度，通常是看这个城市的公共卫生间的设施和管理。维护公共卫生间的清洁和正确使用卫生间是每个讲究礼仪的人应该具备的行为准则。

公园、商店、酒店、写字楼等场所的卫生间使用率较高，人多时，要注意站在卫生间的大门口排队，按先来后到依序排成一排，一旦有其中某一间空出来时，排在第一位的自然拥有优先使用权，这是国际通常的惯例；而不是各人排在某一间门外，以赌运气的方式等待。在飞机、轮船、游览车、火车等交通工具上，洗手间是男女共用的，男女一起排队是很正常的。这种情况下不必讲究"女士优先"。无人排队，厕所门却关着，则应先敲门，确认无人后再进去。

儿童一般是可以和父亲或母亲一起使用洗手间的。但不成文的规定是，母亲可以带着小男孩一起上女厕，没有人会介意，而父亲则不可以带女孩上男厕。

一般不要在公共卫生间里面讲电话，更不要因为煲电话粥而占据外面有人在等的卫生间。冲水和别的不雅声音，电话的另一头也会听得见。

记得将卫生纸等杂物扔进纸篓，以免堵塞下水道。如果不小心把马桶垫板弄脏，要用纸擦干净。不要以"卫生"为由，穿鞋蹲在马桶上。用完之后记得"来匆匆，去冲冲"，留下一个干净的环境以方便后面的人使用。

洗手时，水要开小些，一方面节约用水，一方面可以避免水溅到洗手台和地上。如果不小心把水溅出，主动用纸擦干。洗手以后，不要一边走路一边甩干手上的水，这样容易弄湿地面，使人滑倒。

在卫生间整理仪表时，如果头发掉在洗手台上，应及时清理干净。从卫生间出来，衣服没有整理好，当着他人的面整理衣服，提裤子或者拉裙子，会让人觉得你缺乏教养。

二、剧场观看演出礼仪

看话剧、听歌剧、听音乐会已成为人们追逐时尚、享受艺术的新方式。观看演出之前，应稍微做一些功课，以帮助自己更充分地享受艺术的盛宴，对诸如背景故事、剧目曲目、经典唱段和表演者应事先有个大致了解。

无论观众看什么演出,都应仪表着装整洁大方无异味,特别不宜穿背心、短裤、拖鞋入场。对于观看交响乐、芭蕾舞等高雅艺术的观众,仪表着装更为讲究,为表示对艺术家的尊重,一般应穿着比较正式的服装,如男士穿西装打领带、女士穿典雅的时装等。

开演前,观众应将手机设置震动位置或暂时关机。在观剧过程中,不要与同伴聊天或对演员发表议论,更不能一时高兴跟着哼歌或手舞足蹈。

对于迟到的观众来说,应等待曲间(幕间),按照场务人员的指引,轻声入场,就近入座,待中场休息时可以回到自己的座位。

安静享受剧场里上演的每一个瞬间,闪光灯和快门留不住永恒,只会影响表演者和观众的完整感受。不允许拍照录像也是对版权的保护,绝大多数艺术家和艺术团体对版权是非常看重的。

出于对艺术家的尊重和礼貌,对于演员的精彩表演应以掌声表示敬意,但不能大吼大叫或吹口哨等。看芭蕾舞时,观众的掌声时常能起到推波助澜的作用。比如在男女主人公跳完一段双人舞的慢板之后,大家最好尽力鼓掌,因为此时男演员刚完成了一系列托举动作,大家的掌声能让他有更多的时间休息,也为他接下来的单人变奏积攒一点体能。欣赏古典音乐会时与之相反,在每个乐章结束之后不要鼓掌,因为古典音乐像一首诗,有其自身独特的连贯性,观众的鼓掌会把这种连贯性打破,影响演奏者和聆听者的情绪。观众要等演奏者把"这首诗"念完,再一并鼓掌。

在演出过程中,每个节目或曲目结束后,艺术家都会向观众谢幕,观众对每次谢幕均应报以掌声。在最后一个节目结束总谢幕时,观众应全体起立,报以热烈掌声,待全体艺术家谢幕退场后,再离开座位按顺序退场。

三、景区游览礼仪

旅游是放松身心的活动,有人觉得离开家人、师长、领导的视野,似乎可以摆脱约束,为所欲为了,实际上,越是在相对自由的场合,越能检验人品教养,因此越要注意"慎独""自律"。

要爱护旅游景点的一砖一瓦、一草一木。山川名胜和历史古迹是不可再生的、宝贵的自然资源和文化遗产,应倍加珍惜。不在文物古迹上涂刻,不攀爬触摸文物;不踩踏绿地,不摘折花木和果实;不用树木为承重载体做各种运动;照相时,不要拉扯树木的花枝;不追捉、投打、乱喂动物;注意森林防火,不得乱扔烟头。

要尽量保持旅游观光地区的环境卫生和静谧气氛。进入旅游观光区后,不要大声喧哗、嬉笑打闹,不得随意吐痰和吐口香糖,不要任意把果皮纸屑等杂物弃置在地上或抛入水池中。野餐野炊之后,一定要将瓜皮果壳连同包装材料收拾处理干净,将所挖灶坑恢复原状后再离去。

要关心他人,注意礼让。排队遵守秩序,不要硬挤或插队。不要长期占用公共设施。行经曲径小路或小桥山洞时,要主动为老幼妇孺让道,不可争先抢行。见到老、弱、病、残、孕妇和怀抱小孩者,应主动让座和请人让座。如有人同时在景色好的地方拍照,要主动谦让,不要与之争抢占先。当旁边有游人妨碍你拍照时,应有礼貌地向其招呼,不可大声叫嚷、斥责或上去推拉。照完相后,应向协助的人道谢。

要注意个人形象,不伤风化。游山玩水时,服饰可舒适自然,运动装、休闲装皆可,但不能袒胸赤膊,有碍观瞻。年轻情侣、新婚夫妇结伴游玩,自然是亲密无间,但在大庭广众之下,过于亲昵的举动都是有失礼节的。所到之处要入乡随俗,尊重当地的风俗习惯和一些宗教戒规。

四、赛场观赛礼仪

一场比赛,运动员和观众同是核心,最好的比赛一定是由运动员和观众的良好互动完成的。不同的比赛项目有不同的礼仪要求,应注意了解并在观看时自觉遵守。赛场观赛的一般礼仪有:

禁带易燃、易爆等危险物品,限带酒瓶、凳子、刀具、易拉罐等罐装物品入场。赛场升国旗、奏国歌时,全体观众都应起立。啦啦队使用的口号和呼喊的内容要健康,不要有污言秽语,不要恶语伤人。在赛场上遇下列情况应该喝彩:在选手出场和介绍选手时;赛场上精彩时刻的一刹那;选手完成自己的表演后;在选手克服困难,努力坚持比赛时。近距离观看某些项目的比赛,如射击、射箭、短跑、乒乓球、羽毛球、台球、网球等,要将手机调成振动或静音,关掉相机的闪光灯,以免干扰运动员的注意力。要对运动员的失误给予理解和鼓励,不要抱怨、说脏话,不要喝倒彩。要服从裁判的裁决,如果认为裁判不公,不可起哄,要冷静克制,不要做出有损国格、人格和违背体育精神的举动。遇见自己喜欢的知名运动员不要强行合影、签名,不要影响其正常投入比赛。比赛结束时,向双方运动员鼓掌致意。退场时，按座位顺序，向最近的出口缓行。应主动将饮料瓶、果皮果核、报纸等杂物带出场外。

五、展览会馆观展礼仪

展览，是一种有效的宣传形式。在人们的日常生活中，会接触到各种各样的展览，观看展览已是人们的一项经常性活动。观看展览时，应耐心听取讲解员的讲解。如在参观过程中，对某一个问题感兴趣或想进一步了解情况，可向讲解员有礼貌地提出。万一讲解员的答复不能使自己满意，也应向讲解员表示感谢，绝不可随便露出不满意的神色。展览会一般都规定不能摸弄展品，有的还不准拍照和录像，参观者应自觉遵守有关规定。如有特殊用途，需要拍照或录像，必须征得展出单位的同意。展览会有时还有展区和非展区之分，凡是"谢绝入内"的场所，参观者不能擅自闯入。展览会有时还散发一些宣传品，领取宣传品必须遵守秩序，不要乱哄乱抢。万一宣传品对你并无用处，作为一个有修养的参观者，不应在场内随意乱丢，而必须带到场外，再作适当的处置。

第二节　出行礼仪

出行总离不开乘车走路，无论是步行、开车、乘坐火车或者飞机，各种出行方式中都包含着一系列的礼仪要求，出行中的住宿也有礼仪讲究。

一、乘飞机礼仪

上飞机前，不要吃大蒜等口味重的食品，也应该避免使用香水，因为飞机机舱内通风不良，在飞机上所散发的气味通常会比在陆地上浓郁很多倍。

乘客应配合安检人员的工作，主动将有效证件（身份证、护照等）、机票、登记卡交安检人员查验。当遇到安检人员对自己所携带的物品产生质疑时，应积极配合。若有违禁物品，要妥善处理，不应妄加争辩，扰乱秩序。

在候机室等候登机时，请保持安静，如果需要接听手机，应尽量低声通话。在广播宣布开始登机之前，不要站在登机口，应找个位子坐下，避免走来走去。不要把自己的物品放在椅子上，尤其是人多的时候，更不能让行李占着本来是提供给其他乘客休息的椅子。

登机时一定要遵守秩序，礼让残障、老、弱、妇、幼等特殊人群。不要把体积很大的旅行包背在肩上，也不要在地上拖着走，这样做容易碰到坐在走廊旁边的乘客。登机后，所携带的行李应该提在自己的前方，而不是提在左右，以免碰到已经入座的乘客。

当你在飞机上坐下时，要向旁边的乘客点头示意。空乘人员会协助乘客将行李放置妥当，小背包要放在行李置物柜，小件物品要放好，免得打开行李柜时，物品掉落。手提包可放在椅座下方，勿占用走道。

在飞机起飞前，所有的客机均会由空乘人员或通过播放电视录像片，向全体乘客介绍氧气面罩、救生衣的位置及正确的使用方法,以及机上紧急出口所在的位置及疏散、撤离飞机的办法。在每位乘客身前的物品袋内,通常还会备有专门有关上述内容的图示。对此,一定要洗耳恭听,认真阅读,并且牢记在心。

当飞机起飞或降落时,一定要自觉地系好自己的安全带,并且收好面前自己所使用的小桌板,同时将自己的座椅调直。当飞机受到高空气流的影响而发生颠簸、抖动时,也要将安全带系好,切勿自行站立、走动。当起飞或降落时,请关好移动电话、手提电脑、激光唱机、调频收音机等电子设备。

邻座旅客之间可以进行交谈,但不要隔着多个座位说话,声音不要过大。不宜谈论有关劫机、撞机、坠机一类的不幸事件。也不要对飞机的性能与飞行信口开河,以免增加他人的心理压力,制造恐慌。

在飞机上,因为人们旅途比较劳累,为了更舒服地旅行,可以脱下鞋充分地休息。所以,脱鞋行为本身并不失礼,但是不能因为脱鞋而"污染"空气味道,给其他旅客带来不快。

上下飞机时,要对空乘人员点头致意或者问好。在国外也有这样的惯例,即飞机着陆后,若此次航程顺畅,着陆平稳,全体乘客会一齐鼓掌感谢全体机组人员。

二、乘地铁礼仪

乘地铁过安检时,经常会有一些乘客拒绝把行李物品放在检测器内检测,这种不配合工作人员的行为是一种对大家的安全不负责任的表现。

在站台候车时,请站在两侧的箭头内侧指示区,中间的箭头指示区留给下车的乘客。这样井然有序,更能节约时间。乘车时,应该先下后上,排队上车。上下班高峰期,乘客很多,通道窄的地方切不可故意拥挤,很容易发生危险。当车门的警示铃响起时,不应再上车。不能因为赶时间,不断往车上挤,这样做很危险。

在地铁上,坐姿要规范,不可把脚伸到过道,影响他人通过。特别提醒穿超短裙坐地铁的女性,入座时,一定要注意坐姿的规范性。两腿要收拢、并紧,如果裙子太短,可以把手袋放在腿上稍作遮挡。不能旁若无人地随意脱鞋、袜。不能制造垃圾,更不能把垃圾丢在车厢内。不可一人占多席,更不可随意躺在座位上。不可大声在地铁里接打电话。面对老、弱、病、残、孕乘客,要主动让座。女性不要在车厢内当众化妆,情侣应避免在公众场合当众拥吻。禁止在车厢内饮食。

三、自驾车礼仪

当今社会,城市化、机动化的速度不断加快,车辆越来越多,我们不仅要遵照"红灯停、绿灯行"等基本的交通规则,更要学习并遵守更多的驾车礼仪。

注重形象。汽车是公路上的流动风景,车身要保持干净。司机也要注意自身的仪表整洁,不宜光着膀子或穿着性感服装开车,不要往车厢外扔东西和吐痰。

言行有礼。不要朝别的司机大喊大叫,尤其对新司机应当宽容和理解。一旦车跟车发生摩擦,切忌互相指责、谩骂,更不能动手打人。

专心开车。不要酒后驾车或疲劳开车。开车要专心致志,不要因观赏周围景色、交谈、打手机、左顾右盼而分散了注意力。

音乐适宜。舒缓轻柔的音乐会让驾车人心情平和,有利于驾驶的安全。相反那些刺激、震撼、快节奏的音乐会让驾驶者心情急躁,不知不觉可能就提高了车速。不提倡播放着轰鸣的音乐招摇过市。

礼让他人。司机应耐心等待行人横穿过马路,不要跟行人抢路。在刮风下雨天,一定要减速慢行,免得溅别人一身水。当别人的车从身边驶过时,应放慢速度,不要加速。

慎用喇叭。遵守交规中的喇叭使用规定,不要在小区、校园等安静的地方按喇叭。到他人家中接人时,应下车按门铃,而不是按汽车喇叭。

不乱停车。清楚前后左右的情况,不要堵住别的车,也不要堵住行人和自行车的习惯通道。如果实在没有车位,又一定要短暂停留,可在车上贴个便条,写上自己的电话,告知需要挪车时电话通知你。

不忘环保。停车后,收拾好车上的垃圾,不能图方便直接扔在地上,要扔到垃圾筒里。

洗车有方。如果在小区内洗车,请找个合适的地方,避免冬天结冰一大片,夏天污水流遍地,让人走路不安全。

四、走路礼仪

以下是十大不文明行走的"陋习":

一是不走人行横道,路中行走如同闲庭信步。

二是为抄近路践踏草坪或冒险翻越隔离带。

三是过马路不走斑马线,走斑马线也不看信号灯。

四是道路上嬉笑打闹,并排结队行走。

五是行人过马路不走过街天桥。

六是斜穿马路不看左右,跑动中急停。

七是有人行道不走,而在车行道边上行走,无视交警或交通协管员的指挥。

八是在只准机动车辆通行的高架桥上步行。

九是与机动车争抢道路,在车流中穿行。

十是在车行道上招手打的,使出租车违规使用道路。

五、饭店住宿礼仪

多人一同出差,最好是住在同一家饭店之内,而且最好住在同一楼层。这样大家可以互相关照,也有利于集体行动。

饭店是专供住宿者进行休息的处所,因此,保持肃静被视为饭店的基本规矩。在饭店内部的公共场所,一定要注意调低自己说话的音量,走路轻手轻脚。即使是在自己住宿的客房里,亦应当保持安静,不制造与周围环境不和谐的噪音。大厅和走廊是饭店生活中的主要公共场合,因此一定要记住,不要表现得像在自己家中一样,甚至穿着睡衣或浴衣转来转去。

虽然打扫客房是服务员的工作,但是也不能因为有人代劳就不注重保持清洁卫生,废弃物要扔到垃圾筐里,东西尽量摆放得整齐有序。沐浴的时候,浴帘的下部要放到浴缸里面,不要把地弄湿了。用完之后,把自己落在盆里的头发拾起来。如厕之后,请及时冲水。

如果你要连续住上几天,可以留一张纸条给客房服务员,告诉他们,床单和牙刷不必每天都换,牙膏和洗发水也可以等用完了再换新的,保护环境和节省地球资源是我们每个人的义务,这样的客人一定会受到饭店的尊重和欢迎。洗发膏、牙刷、肥皂、信封、信纸之类的小用品可以带走,但要注意有些物品是有偿使用的,不允许随意带走,占为己有。

他乡遇故知一定很棒,但不提倡住客在自己住宿的客房之内会晤来访的人士,特别是异性来访者。在一般情况下,饭店的前厅或咖啡厅被视为住店客人会客的理想去处。若和其他旅客同住一室,应以礼相待,互相关照;晚上就寝不要太晚,以免影响室友休息。不提倡互不相识的住店客人相互登门拜访,随意去素不相识的人的住处串门,或是邀其一起进行娱乐,这样都十分冒昧。

思考与演练

1. 如今,进城务工人员已成为现代化建设的主力军。随着生活、工作环境的改变,对他们在文明礼仪修养方面应提出一些新的要求,以促使他们尽快融入新的环境,适应城市生活,成为文明的新市民。因此,加强进城务工人员礼仪常识的普及教育十分必要。请你为进城务工人员设计一份公共场合行为文明规范,并进行宣讲。

2. 请同学们分组设计以下片段并进行表演,要求至少运用五种礼貌用语:(1)公共汽车上让座;(2)医院挂号处;(3)商场购物;(4)酒店住宿。

3. 请同学们分组进行校园文明礼仪情景表演。

(1) 图书馆礼仪

场景:你去图书馆看书,看到只有一个位置空着。空位旁边的一位同学把自己的包放在了空位的桌子上,包口向着她敞开着。你要去坐这个位置。当你坐下来后,把书拿出来看,不久你的手机响了。你接完电话,看了书,就离开了图书馆。

模拟要点:进入图书馆,要衣着整齐,轻轻走路。有礼貌地询问:"请问这里有人吗?""我可以坐这里吗?"等别人回应后,才可以入座。把书拿出来看的时候,要轻拿轻放。手机响了,要到走廊接,不可大声说话,应尽快结束通话。看完书后,离开时把椅子轻轻抬起,移到桌子底下。

(2) 寝室礼仪

场景:刚开学,发新书了。你在宿舍边喝水、边看书,不小心把杯子弄倒了,把小李的书弄湿了,水洒得满地都是。这时,小李刚好回到宿舍,看到了这一情形,她很生气地说:

"你弄湿了我的书,太过分了,你要赔我,把我的桌子都弄湿了。"你该怎么办才能解决问题?

模拟要点:首先要承认错误,自己不小心把小李的书弄湿了。诚心道歉,用毛巾小心把书擦干。如果更为恰当的话,可以把自己的新书跟小李换,态度要诚恳、乐观。用毛巾把桌子擦干,并把地拖干净。

(3) 上课礼仪

场景:上课迟到了,一位同学出现在教室门口。此时老师正在讲课。得到老师的允许后,进入教室入座,拿出课本,认真听讲。下课了,走上讲台。

模拟要点:等老师讲到停顿处时,先轻轻敲门,老师转头看后,说声:"报告老师,我迟到了!"在看到老师点头允许后,点头说:"谢谢!"然后轻手轻脚入座。坐下来之后,拿出课本,请放在桌子上,坐姿端正,抬头挺胸,认真听讲。下课后,到讲台处有礼貌地向老师打招呼,简单说明一下迟到的原因,最后跟老师道谢。

第六章 日常交际礼仪

> 夫人必知礼然后恭敬,恭敬然后尊让。
> ——《管子·五辅》

社会是人们交往作用的产物,没有人际交往就不会形成社会。人要生存发展,就不能置身于社会交际之外。现代人工作繁忙,但工作之余各类纷繁芜杂的交际应酬也日渐增多,而每一次的交际活动都不是盲目的,无论是出于公务、结交朋友,还是其他的愿望,人们总是怀着既定的目的与人交往。在交际活动中,有许多看似简单的礼仪规范在实际运用上却有很多学问。遵守人际交往礼仪,能更好地向交往对象表达自己尊重、友善之意,增进彼此之间的了解与信任,进而能促进事业的成功。

第一节 见面之初礼仪

先秦时一个人要拜见另一个人需要一个"某",即"介绍人",如商鞅就是通过宦官景监的引见才见到秦孝公并受到重用的。而秦汉时期,则用"谒"来通报姓名,"谒"相当于我们今天的名片。古时,主宾双方初次见面时,都要互相推辞谦让,说一大堆客套话,也就是我们经常说的寒暄。心理学研究证明:在人际交往中,特别是在初次交往中,一个人留给其交往对象的第一印象往往是至关重要的。在一般情况下,它不但直接左右着对方对他的评价与看法,而且还会在很大程度上影响到双方之间的此次交往。

一、称呼

社会大舞台上,每一位社会成员都充当着一定的社会角色,而相互之间的称呼最能反映人际关系的亲疏远近、尊卑高下。一般而论,在正式场合或是在外人面前,需要采用正规称呼;在非正式场合或是在自己人面前,则往往可以采用各种非正规称呼,如表6-1所示。

表 6-1 称呼方式

场合	称呼方式
正式场合	泛尊称,如"先生""小姐""夫人""女士"等
	职业或职业加以泛尊称,如"医生""秘书小姐"等
	姓氏加以职务或职称,如"毛经理""曹科长""孙教授"等
非正式场合	直接以姓名相称,如"张东""卢艳"等
	直接称呼名字,如"杭娟""红萍"等
	称呼爱称或小名,如"大宝""小丽"等
	称呼辈分,如"大爷""奶奶""阿姨"等
	姓氏加上辈分,如"张大妈""李叔叔""王伯伯"等
	在姓氏之前加上"老"字或"小"字,如"老张""小王"等

称呼比较敏感,不能草率行事,为了使自己对他人的称呼不失敬意,要了解称呼方面的一些基本禁忌,如表6-2所示。

表 6-2 称呼禁忌

称呼	禁忌
绰号	对于关系一般者,切勿自作主张给对方起绰号,更不能随意以道听途说来的对方的绰号去称呼对方,要尊重一个人,必须首先学会去尊重他的姓名
庸俗性称呼	有些称呼,如"死党""哥们儿""姐们儿"等,要么显得过分亲昵,要么具有黑社会风格,都是难登大雅之堂的

	续　表
歧视性称呼	在现代社会里,人与人之间应当是完全平等的。因此,在称呼他人时,切勿歧视对方。不允许随意以称呼去贬低对方,更不准在称呼上带有对对方民族、宗教或者生理、性别方面的歧视
行业性称呼	有的称呼,仅适用某一特定的行业。师傅这一词原指对工、商、戏剧行业中传授技艺的人的一种尊称,因为师傅这一词大多用于非知识界的人士,所以一般不用于称呼有职称、有学位的人。老师这一称呼一般用于学校中传授知识者,不过,现在这一称呼在社会上也比较流行,尤其在文艺界比较常见
地方性称呼	有些称呼,具有很强的地方色彩,只是在当地流行。比如,山东人逢人便称"老师",浙江义乌人逢人爱称"老板""老板娘"
过时称呼	称呼有一定的历史时代性,有些称呼会随着时代的变化而被淘汰,有些称呼会随着时代的变化应运而生。因此,称呼一定要合乎时宜。在我国古代,对官员称为"老爷""大人"。若将它们全盘照搬进现代生活里来,就会显得不伦不类
错误称呼	在称呼他人时,要避免将对方的姓名念错,对于把握不准的字,要事先请教,不要贸然称呼对方,如将"单""仇"等这些姓氏望字猜音,发生错误

对同一对象的称呼,不能一成不变,要根据其身份的变化、场合的不同而有所改变。比如新中国成立之前,周恩来尊称宋庆龄为"孙夫人""宋庆龄先生";当她成为国家领导人之后,周恩来称她为"宋副主席""宋副委员长";在向她通报党内重要情况时,则亲切地称她为"庆龄同志"。

📖 阅读材料:中国人的家族称谓

中国人的家族称谓之繁举世罕有,《十三经·尔雅·释亲》一篇解释家族称谓约100种。在日常生活中,哥、叔、嫂、姨的称谓不绝于耳,有时被称谓的人并无血缘关系,这让西方人难以理解。另外,中国人还有干爹、干妈等称谓。中国人在教育子女时,都会要求他们尊重长辈,对长辈要用称谓称呼,如果晚辈对长辈直呼其名,这在中国是十分不礼貌的表现。而在西方,则没有这么严格的称谓要求。在德国、瑞士等西方国家,孩子可直呼父母的名字。对此,我们中国人不能理解,认为直呼父母的名字是不礼貌的。我们一向有"子不言父名"之讳。

中国礼仪文化中,有关称谓的词语很多,比如令尊是尊称对方的父亲,令堂是尊称对方的母亲,令郎是尊称对方的儿子,令爱是尊称对方的女儿。家父、家严是称自己的父亲,家母、家慈是称自己的母亲,内人是称自己的妻子,外子是称自己的丈夫,犬子是称自己的儿子,小女是称自己的女儿。妻子的父母为丈人、丈母或岳父、岳母,以及泰山、泰水。比自己辈分高或年长的已故家人,称呼上加"先"字,如先祖指祖父,先父、先人则同指父亲,先母、先妣同指母亲。

二、问候与寒暄

问候,就是人们相逢之际所打的招呼,所问的安好。寒暄,就是应酬之语。在多数情况下,二者应用的情景比较相似,都是作为交谈的"开场白"来被使用的。

走在路上或在公共场所,遇见相识的人,应该主动打招呼,问候致意。互致问候的顺序有约定俗成的惯例,即男性应先问候女性,晚辈先问候长辈,下级先问候上级,年轻女性先问候比自己年龄大得多的男性。主动问候是尊重他人的表现,即使比对方年长,主动问候也不失自己的身份,只会多增加一份友情。问候语除了普遍的"你好"之外,还可以因时、因人、因地而变。10点以前,可以问声"早安",10点到12点问声"上午好",12点到14点问声"中午好",14点到18点问声"下午好",18点到21点问声"晚上好"。在距离较远或不宜多谈的场合,已相识的友人之间往往用无声的动作语言,相互表示友好与尊重。致意礼的最佳距离为2.5米。致意的方式多种多样,常用的有五种:一是举手致意,在公共场合远距离遇见朋友,一般抬起右臂轻轻摆动,手掌心朝向对方。二是点头致意,不宜交谈的场合,朝向对方轻轻一点头。三是微笑致意,常和其他礼仪相伴进行,它可用于同不相识的人初次会面,还可以用于在同一场合反复见面的老朋友打招呼。四是欠身致意,当在社交场合被他人介绍和别人向自己致意时,常常在目视被致意者的同时,身体微微向上向前倾,以表示对对方的尊敬之意。五是脱帽致意,这在欧美国家比较流行。在公共场合行此礼时,男子摘下帽子向对方点头致意即可;若相识者侧身已过,双方亦可回身补问"您好",并将帽子略掀一下即可;若相识者在同一场合先后每次相遇,双方不必反复脱帽,只点头致意即可。

寒暄语不一定具有实质性内容,而且可长可短,需要因人、因时、因地而异。跟初次见面的人寒暄,可以说"很高兴能认识您""见到您非常荣幸"。比较文雅一些的话,可以说"久仰""幸会"。跟熟人寒暄,用语则不妨显得亲切一些,具体一些,可以说"好久没见了""又见面了",也可以说"您气色不错""您的发型真棒"。寒暄天气也是个不错的选择,"暄"字的本义就是指"太阳的温暖",寒暄最简单的话题就是天气,因为这对日常生活的影响太大了,同时又是所有人都能知道的、能够随时观察到的事情。寒暄语应带有友好之意,敬重之心,不可用以戏弄对方,如"瞧你那德性""喂,你又长膘了"等自然均应禁用。问候时,切忌牵涉个人私生活、个人禁忌等方面的话语。例如,一见面就问候人家"跟女朋友分了没",或是"现在还吃不吃药",这些都是会引起别人反感的问候。在温馨的气氛营造成功之后,要及时引入正题,切不可过分寒暄,否则对方会认为你过分热情,可能是不怀好意而对你加以提防。

在街上遇到朋友时,要见机行事。是不是立刻就上前打招呼,要看对方的情况,如果感觉不适合打扰对方,那就不要勉强,不打招呼对方也是能理解的。比如在外面看到了自己公司的同事在谈恋爱,在对方还没有注意到自己时,悄悄离开那个地方,也是一种关怀。

三、致意礼节

(一) 握手礼

握手礼是在一切交际场合最常使用、适应范围最广泛的见面致意礼节,它表示致意、亲近、友好、寒暄、道别、祝贺、感谢、慰问等多种含义。行握手礼时有先后次序之分,其次序主要根据握手人双方所处的社会地位、身份、性别等各种条件来确定,较尊者优先。两人之间握手的一般次序是:上级在先,长辈在先,女士在先;而下级、晚辈、男士应先问候,见对方伸出手后,再伸手与他相握。若一方忽略了握手的先后次序,先伸出了手,对方应立即回握,以免发生尴尬。有客人来访时,主人要主动伸手行握手礼,离开时,则应由客人首先伸手,否则有逐客之嫌。

标准的握手方式是:握手时,两人相距约一步,上身稍前侧,伸出右手,四指并拢拇指张开,两人的手掌与地面垂直相握,力量适中,上下轻摇,一般3秒钟左右,如遇见老朋友,握手时间可长一些,握手时注视对方,微笑致意或简单地用言语致意、寒暄。军人戴军帽与对方握手时,应先行举手礼,然后再握手。不要在握手时戴着手套,另一只手也不能放在口袋里。在社交场合,一般只有女士可以戴着薄纱手套与人握手。除长者或女士,坐着与人握手是不礼貌的,只要有可能,都要起身站立。

(二) 拱手礼

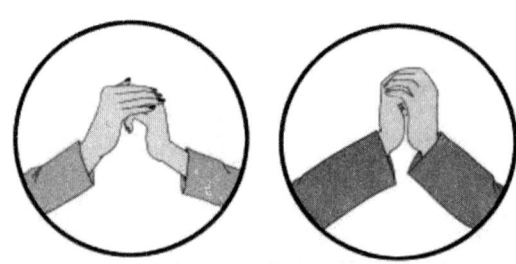

拱手礼是中国古代最普通的见面礼仪,礼始于上古,有模仿带手枷奴隶的含义,意为愿作对方奴仆。后来拱手逐渐成了相见的礼节,在西周时期已经成为平辈之间交往的礼节,《论语》中有"子路拱而立"的记载。行拱手礼时,双腿站直,上身直立或微俯,两手合抱于胸前,有节奏地晃动两三下,并微笑着说出你的问候。《礼记·内则》载:"凡男拜,尚左手……凡女拜,尚右手。"但古代拱手礼有吉凶之分,行吉礼时,男子左手在外,女子右手在外;行凶丧之礼时,男子右手在外,女子则左手在外。自唐宋以来,女子见面行万福礼。万福礼应是从拱手礼演化而来的:左手半握拳,尚右手手掌覆盖拳上,置靠于胸腹正前,左脚后退半步中正微蹲,口呼万福。从唐宋到新中国成立的1000多年,只行万福之礼。现代社会讲究男女平等,也应行拱手礼为宜。按照传统礼仪,"拱手礼"不可施于父母、长辈,如给长辈拜年,应该行叩首礼,方显郑重与尊敬。拱手礼不仅散发着典雅气息,而且也比较符合现代卫生要求,值得提倡。在"非典"盛行时,有人曾极力倡导建议拱手礼,并得到积极响应。遗憾的是,"非典"过去之后,一切故态复萌。当然,有些场合拱手不可代替握手,如慰问病人、安慰逝者亲属等,以握手为宜,或按我国传统执其臂、抚其背进行慰问或安慰。

(三)鞠躬礼

鞠躬礼在我国春秋时期就已出现,《论语·乡党》中载:"入公门,鞠躬如也。"但现在鞠躬礼流行于日本、韩国等国。鞠躬礼是一种人们用来表示对别人的恭敬而普遍使用的致意礼节。行鞠躬礼时,行礼者在距受礼者2米左右进行;行礼时,以腰部为轴,头、肩、上身顺势向前倾15°～90°,具体的前倾幅度还可视行礼者对受礼者的尊重程度而定;双手应在上身前倾时自然下垂放两侧,也可两手交叉相握放在体前,面带微笑,目光下垂,嘴里还可附带问候语,如"您好""早上好"等。施完礼后,恢复立正姿势。通常,受礼者应以与行礼者的上身前倾幅度大致相同的鞠躬还礼,但是,上级或长者还礼时,可以欠身点头或在欠身点头的同时伸出右手握手答之,不必以鞠躬还礼。

(四)拥抱礼

所谓拥抱礼,一般指的是交往双方互相以自己的双手揽住对方的上身,借以向对方致意。在中国,人们对此不甚习惯,而在西方国家、拉美国家、阿拉伯国家中,它却得到广泛的运用。拥抱礼最常见的做法是:两人走近之后,正面站立,先各自抬起右臂,把右手搭在对方左肩之后,随后左右侧拥抱,最后再向对方的左侧拥抱。

(五)握手贴面礼

握手贴面礼是一种介于握手和拥抱之间的礼节,往往是西方人异性之间或女性之间见面或送别时行的礼节。东方人在行此礼时,一般应等对方先动作,然后再立刻回应,否则可能会陷入尴尬境地。其具体的做法是:先握手,将自己右脸伸出去贴对方右脸,贴面同时做出飞吻动作和声响;这一动作按先右脸、再左脸,重复二至三次,即右—左或右—左—右。

(六)合十礼

合十礼是东南亚信奉佛教的国家运用的一种致意礼节。行这种礼时,应双手合十,指尖朝上,举于胸前,同时伴有双腿轻微下蹲姿势。根据对方身份,合掌的位置不同,一般对方身份越高,合掌的指尖就举得越高,下蹲的姿势越明显,对对方的敬意也就越高,最高时可与眉心相齐。

除了以上这些常见的形式以外,在不同国家和地区还有其他很多不同的致意礼节。不管是哪种形式,作为社交活动的参与者,要注意以下两点:其一,应该明确这些礼节是出于好意,是为了表达一种友好的感情,因此,对一些从未见过的礼节不必惊慌失措,而要落落大方,从容应对;其二,要以我为主、争取主动,不能贸然仿效。尽管都是致意礼节,但每一种方式运用时的条件是完全不同的。有些礼节可能还含有一些本民族文化当中不能接受的形式。以我为主、争取主动非常重要,并且一般也会获得理解和谅解。当然,这也不能成为拒绝接受致意礼节的借口。

四、介绍

现代生活中,人们交往范围日益广泛,似乎每天都在认识新的面孔,结交新的朋友,初次认识,总少不了介绍。人们把介绍称为交际之桥,得体的介绍往往会给对方留下良好的第一印象。

(一)自我介绍

在社交活动中,如欲结识某些人或某个人,而又无人引见,如有可能,即可向对方自报家门,将自己介绍给对方。巧妙得体的自我介绍可以为双方的进一步交往奠定基础,也可以展示自身良好的交际风度。

做自我介绍时,要掌握时机感,以初次见面和对方有兴趣时为佳,内容要简繁适度,态度要谦恭,介绍长度以半分钟为宜。自我介绍要实事求是,应当根据具体的情况,在内容上有所区别,如表6-3所示。自己的名字有比较复杂或容易引起歧义的字,可以把字具体地说一下,特别是往正面名人或大家都知道的事物上介绍,以此加深印象。

表6-3 自我介绍方式

	适用场合	介绍方式
应酬式	某些公共场合、一般性的社交场合	这种自我介绍最为简洁,往往只包括姓名一项即可,如"你好,我叫周涛"
工作式	工作场合	它包括本人姓名、供职单位与部门、职务。较低或者无职务者,则可报出目前所从事的具体工作,侧重突出与工作有关的内容,不要刻意扩展,否则会有卖弄之嫌,借公荐己
问答式	应聘、公务交往	问答式的自我介绍,应该是有问必答,问什么就答什么
交流式	社交活动	它大体应包括介绍者的姓名、工作、籍贯、兴趣及与交往对象的某些熟人的关系,表达出希望与交往对象进一步交流与沟通之意
礼仪式	报告、庆典等一些正规而隆重的场合	包括姓名、单位、职务等,同时还应加入一些适当的谦辞、敬辞,以表示自己的礼待

(二) 居中介绍

居中介绍,即为他人做介绍,是经第三者为彼此不相识的双方引见、介绍的一种方式。善于为他人做介绍,可以使你在社交圈中享有更高的威信、公信力和影响力。

为他人做介绍时,要遵守"较尊者拥有优先知情权"的规则。一般来说,把年轻者介绍给年长者;把职务低者介绍给职务高者;若双方年龄、职务相当,则把男士介绍给女士;把家人介绍给同事、朋友;把未婚者介绍给已婚者;把后来者介绍给先到者。

介绍时,介绍人要有礼貌地以手示意,而不要用手指指点点,介绍人和被介绍人一般都应起立,以示尊重和礼貌。待介绍人介绍完毕后,被介绍双方应微笑点头示意或握手致意,并且彼此问候对方,问候语有"您好,很高兴认识你""久仰大名""幸会幸会"等。在宴会、会议桌、谈判桌上,介绍人和被介绍人可视情况不必起立,被介绍双方可点头微笑致意;如果被介绍双方相隔较远,中间又有障碍物,可举起右手致意或点头微笑致意。

(三) 集体介绍

集体介绍是指在双方和多方人员共同参与聚会或活动时,为使参与人员之间互相认识而进行的介绍。集体介绍时,要庄重、亲切,首次介绍单位时,要准确地使用全称,特别注意不要使用易生歧义的简称。集体介绍的形式很多,要根据活动的内容、参加人员的多少、活动的时间长短,以及必要性决定介绍的形式。一是由一位主持人或熟悉各方人员的人出面为大家互相介绍。如果人数多,而且活动的时间不长,就没有必要逐个介绍,介绍一下各方的所属部门或单位即可。如果人数不多,也可以逐个介绍。做介绍时,应注意介绍的顺序,介绍者属某方,应先把本方人员介绍给他方人员,以表示对其他方人员的尊重;在介绍本方人员时,则以尊长在前的顺序进行。二是各方出一人为本方人员逐个介绍。三是各方人员依次自我介绍,这时的自我介绍要十分简短,通常报一下姓名与职务即可。

五、名片的递送

名片像一个人的履历表,是每个人最重要的书面介绍材料。出席社交活动,一定要记住带名片,并且数量充足,确保够用。递送名片的同时,也是在告诉对方自己是谁、在何公司任职及如何联络等。

商务名片的作用就是要表现自己和自己的行业,从而来推销自己和自己的公司,让对方留下深刻的印象,以增加将来的商机。因此,设计一张精美名片是首要任务。姓名、公司、联络方式是商务名片设计的三要素。

放置名片的位置要固定,放在易于掏出的地方,以免需要名片时东找西寻,显得毫无准备。不要把自己的名片和他人的名片或其他杂物混在一起,以免用到名片时,手忙脚乱或掏错名片。

名片是个人身份的象征,应当尊重珍惜,要保持干净整洁,切不可出现折皱、破烂、肮脏、污损、涂改的情况。破旧名片应尽早丢弃,与其发送一张破损或脏污的名片,不如不送。

当你恭敬地递出你的名片时,必须小心确认名片上是否印有你的姓名,特别是在集体交换名片时;否则,可能会弄错。

递交名片要郑重,应起身站立,要用双手(有些国家用右手,但切不可用左手),让名片正面朝上,并以让对方能顺着读出内容的方向,举至胸前,上体前倾15°左右,目光注视对方,面带微笑,用双手拇指和食指执名片两角递给对方,同时顺带说句客气话。

当他人表示要递名片给自己或交换名片时,应立即停止手中所做的一切事情,起身站立或欠身,面含微笑,目视对方,用双手的拇指和食指接住名片下方两角,并视情况说句客气话。

名片接到手后,应认真阅读。在阅读名片时,最好依此程序:看名片—看对方—再看名片,把名片与人对应起来,表达对对方的重视和尊重。读名片时,一定要注意语气轻重适当,抑扬顿挫,需要重读的主要是对方的职务、学衔、职称等。

阅读名片后,切勿将其随意乱丢乱放,不可拿在手中摆弄,应十分珍惜地放在名片夹内,不能装进裤后袋里。如果交换名片后需要坐下来交谈,将名片放在桌上最显眼的位置,10分钟左右再自然地收好是符合礼仪的,但切忌用别的物品压住名片,不要把名片忘在桌上。

不要当着对方的面在对方的名片上做谈话笔记。但事后在整理和收藏名片时,可以在名片反面记下认识对方的时间、场合、事由、其他在场人员等,这会让你很容易记起对方。

接受了他人的名片后,一般应当即刻回给对方一张自己的名片。但应先收好对方名片后再发送,不要一来一往同时进行。

当对方递给你名片之后,如果自己没有名片或没带名片,应当首先向对方表示歉意,再如实说明原因,如"很抱歉,我没有名片""对不起,今天我带的名片用完了"等。

在办公室,名片可放于名片架或办公桌内。随身携带的名片应置于名片夹内,名片夹放于西装内侧的左边口袋或自己随身携带的手提包里,切不可随便放在钱包、裤袋之内。

第二节　馈赠与探望礼仪

礼品是礼仪的唯一物质载体。送礼作为一种特殊的社会现象,有着非常悠久的历史。远古时期,人们在祭祀时,除了用规范的动作、虔诚的态度向"神"表示崇敬和敬畏外,还将自己最有价值、最能体现对"神"敬意的物品(即"牺牲")奉献于神灵。也许从那时起,在礼品的含义中就开始有了物质的成分和表现了。现在,送礼已成为了一种感情的投资,能缩短人与人之间的感情距离,便于人们的沟通与交流,开创良好的交际局面。除了送礼,常见的联络感情的方式还有很多,如在生活中,当亲友、同事、同学患病时,前往探望、慰问是人之常情,无疑也是一种加深感情的重要礼节。

一、馈赠礼仪

虽说"千里送鹅毛,礼轻情意重",但在很多中国人看来,似乎送礼的意义与礼物本身成正比,就是认为越是大而贵重的礼物,其真情度也越高。其实,礼品的价值怎能以其价格、大小来衡量,关键是看给礼品赋予的意义,出自真心的礼品才是最好的礼品。好的礼品不在于本身的豪华和昂贵,关键是它包含了赠送者的深情。

爱美、追赶时髦,可以说是绝大部分人的共同心理特征,选择礼品时,必须要注意这一心理特点,特别是给女性送礼。要想使受礼者特别注意、喜欢自己送的礼物,并留下深刻的印象,那就是送的礼物要新颖别致,与众不同。

礼品不同于自用,好的内容重要,好的形式更添彩。包装作为礼品不可缺少的外在形式已逐渐成为礼品的重要组成部分,起到美化礼品、增加礼品价值的作用。精心的包装还能使人感到情深意长,使对方感觉到他在你心目中的重要地位,从而更能强烈地打动对方的心扉。此外,由于有外包装,受礼人不能直接看到礼品,会使他产生一个悬念。包装上要署名,单单签上你的名字还不够,还应写上几句表达自己情感的话。

每一个人都有自己的习性和嗜好,成功的送礼技巧也必须利用人的这一心理特点。一般来说,对于文化层次较高、追求精神享受的人,宜选择精美高雅的礼品,如名人字画、工艺美术精品等;对于文化层次较低、偏重追求物质享受的人,选择一些比较新颖别致、精美时髦的日用消费品作为礼品比较好。送给外宾的礼物最好能体现出民族和地方特色,中国常见的丝绸、风筝、二胡、剪纸、图章、筷子等往往很受外国人青睐。

送礼前应了解受礼人的身份、爱好、民族习惯。比如给法国人送礼,不要送带有仙鹤图案的礼物,不要送核桃,因为他们认为仙鹤是愚蠢的标志,而核桃是不吉利的。

无论你的礼物是3元还是3000元,都首先要撕掉价签。送一份明码标价的礼物,好像是在提醒对方我的这份礼花了多少钱。这样一来,礼物就传递出两个信息,一个是"我们的情谊值多少钱",另一个是"看着吧!下次得回同样价格的礼物给我"。不过,美国人送礼时通常会保留包装和价格标签,并附上购物小票。这样,如果对方不喜欢礼物,还可以拿着小票去兑换其他商品。

忌送容易产生误解的礼品,如不能给准备参加比赛的人送书、不能给有生理缺陷的人送他们无法使用的物品、不能为健康的人送药品、不能为异性朋友送贴身的用品等。

在赠送者递上礼品时,要尽可能地用双手前去迎接。不要一只手去接礼品,特别是不要单用左手去接礼品。在接受礼品时,勿忘面带微笑,双目注视对方。接过来的若是对方提供的礼品单,则应立即从头至尾细读一遍。

在我们中国,传统上习惯收下礼后不当着客人的面打开。而西方人接到礼物后,常常当着客人的面打开,在客人面前赞美礼物。欣赏对方的礼品,实际上是一种很好的感谢方式。

接受了别人的礼品,应该铭记在心,在适当的时候应向对方还礼。还礼时间要恰当。如果还礼过早,别人不是以为"等价交换",就是怀疑"划清界限";如果拖延太久,事情已经完全冷淡了。还礼的适宜时间有以下几种:一是和对方赠送自己的相同的机会,比如对方在你升职的时候,你也在他升职的时候;二是在对方或家人的某个喜庆活动,如结婚、生子、做寿、乔迁等;三是在此后登门拜访时。得体的还礼形式有以下几种:一是赠送同类物品;二是价格差不多的物品作为还礼;三是用某种意在向对方表示尊重的方式来代替,比如,让孩子穿上朋友送的衣服登门回拜,这就是很好的回礼。还礼不是"还债",而且要讲自觉自愿。还礼次数也不要过多,完全没有必要再三再四地还礼。

当有人送你礼物时,应当掂量这份礼品的分量,如果其意义已经超出应有的友谊与感谢时,就不应当收。可以通过以下几个问题决定该不该收:礼物的价值过分吗?送礼的时间合适吗?受礼后要对送礼者负什么责任吗?接受的礼品违反有关规定吗?如果其中有一个问题的答案是肯定的,就应当考虑拒收。拒收时务必讲究礼仪,可委婉地说明自己拒收的理由,不要让对方感到难堪。比如当对方向自己赠送手机时,可告知:"我已经有一部了,谢谢。"在回绝的方式上可以当面谢绝,也可以采用事后归还。事后归还时,一定要注意别破坏包装,如果其中包括一些易坏的食品,就别往回送了,或者给人家买点新鲜的送回去,或者以价值相当的礼物回赠给人家。但要注意的是,事后归还最好在 24 小时内完成,不要拖得太久。此外,还可以用请赠礼人旅游、娱乐等方式回礼。"受人滴水之恩,便当涌泉相报",在遇到困难的时候,接受过别人的帮助,应当永远记住,这是中国人的传统美德,也是一种深情的回礼。

📖 阅读材料：陈云拒礼

有一次，陈云在某市的公务刚结束，正准备乘火车返回北京。当地的干部为表达敬意，最后商量决定送一些东西。由于早就听说陈云拒收礼物的态度是"不可商量的"，因此，仅仅带来两只老母鸡和一些蔬菜。秘书将此事向陈云汇报，并建议说，对方如此盛情，不如按照市场价格把这些东西都买下来，也不违反规定。陈云说："不能开这个先例，有第一次，就会有第二次，以后就阻止不住了，还是请他们把东西带回去，要和他们说，他们的心意我领了，但东西我不能收。"陈云拒礼的故事告诉我们，为官不"收礼"，首先是一个自律问题。真正清正廉洁的领导干部，必然注重个人的人格修养，恪守做人的道德底线，两袖清风，一身正气，抵得住诱惑，抗得起腐蚀，摒弃收取别人小恩小惠的思想，牢记全心全意为人民服务的理念，永葆共产党人的政治本色，方能不给歪风邪气留任何空隙可钻。

二、探望礼仪

探望亦称探视、探访，有专程探望，有顺便探望，有委托他人代为探望，以表达对亲朋好友或同事的情怀。除正常情况下的探望外，更重要的是对身体不适或住院亲朋好友的探望，这是一项较为特殊的交际活动。一个躺在病榻上的人，因为健康和生命受到威胁，容易产生一种自怜的心态，感情脆弱，情绪多变，比任何时候都更渴望一份温情，往往对别人的关心和照顾更为敏感。这时，作为亲朋好友的你，前去医院或家中探望会给病人增添战胜疾病的信心和勇气。那么，探望病人时，需要注意哪些礼节呢？

探望前，要了解病人的病情现状、治疗情况、心理状态和情绪状况，这样，可以使自己与病人交谈时注意谈话内容，也可使自己购买礼物时具有针对性。同时，又便于在探病时注意自身防病。探望患传染病的病人时，不要带小孩去医院。

探望病人的时间要视病人情况而定。若是一般疾病，获知消息后就应该前去探访，以示关心和急切；若病人处于危险时期，或是传染性疾病，则可以过一段时间再去探访，或者向其家人表示问候，由其家属转达你的问候。

按照民间习俗，探望病人一般会带去一些礼品，以示慰问。但是，礼物的挑选要谨慎，要注意根据病人的病情选择，应以有利于病人尽快康复为原则。礼物不在轻重，应更多地注重精神效应。如一本有趣的消遣书、一束香味淡雅的鲜花、一份可口的食品，都会使病人感到生活的乐趣，增强战胜疾病的信心。送水果或食品时，要考虑到病人的病情。比如探望糖尿病病人，可以带含蛋白质的食品，如奶制品、蛋类、肉松等，而不宜携带各种糖果、甜点心、水果、果汁等含糖食品。

探视病人一定要穿干净卫生的衣服，穿着要日常化，不可过于华丽，少带杂七杂八的东西。去探望病人的同行人数宜少不宜多，人多嘈杂，容易影响病人休息。

住院期间，病人的生活相当规律，接受治疗和休息时间都安排得很规范。因此，探望病人一定要遵守医院的规章制度，在规定的时间去探望，否则，既影响医院的正常工作秩序，又会影响病人的治疗和休息。如果吃了"闭门羹"，也不要与工作人员发生口角，应该耐心等待或另找时间。

前去探望时，若病人正在休息，应不予打扰，可稍候或留言相告。到家中探望病人时，由于病人的饮食和睡眠比常人更为重要,以下午前去探访为宜,不宜在早晨、中午、深夜以及病人吃饭或休息时间前往探视。

在病房门前,必须敲门,一方面是体现对病人的尊重,另一方面有些病人还需穿衣、盖被而稍作准备。进病房时,步态要轻盈,表情要从容,切忌慌里慌张、大惊小怪,以免给病人增加心理压力。当看到病床周围的医疗器械和病人时,要沉着、自然,不要神态过于沉重,以免给病人增加精神压力。到病床前,可主动与病人像往常一样握手,这样可以消除病人的戒备心理,也是无声胜有声的安慰;同时尽快找把椅子挨着床边坐下,这样可与病人保持平视状态而避免居高临下的俯视,会使病人有一种亲切的感觉。

由于特殊的心理状态,人在患病期间都相当的敏感。探望病人的主要目的,是要充当"社会护理"角色,给予病人一些安慰,并予以必要帮助。在病人面前,不可表现出紧张的情绪,一见面便"人未语,泪先流",表情应当自然、亲切、冷静,一如既往,当然也不可以表现得兴高采烈。与病人谈话时,一般应先询问病人身体状况及治疗效果。在病人讲述病情时,要认真地听,不要心不在焉、左顾右盼。与病人交谈时,语调要适中,不要大声交谈;要注意说话的语气,不要用惊讶的口气问:"你怎么啦""病重不重啊",最好用非常平常的、温和的、自然的口气问:"你今天感觉好多了吧?"在谈话的内容上,应尽量选择轻松愉快的话题,多谈病人关心感兴趣的事,多说一些以往的美好时光,以转移对方的注意力,减轻精神负担。多说一些轻松、宽慰的话,或释疑开导,或规劝安慰,以利于病人恢复平静稳定的心情。不要过多询问,注意避免谈论可能刺激对方的话题或令人敏感的不吉之语。多说一些鼓励的话,增强病人战胜疾病的勇气。说话一定要同病人家属、医生的口径一致,以免引起病人的怀疑。更不可轻易地当着病人的面泄露"天机",以免影响治疗效果。不要向病人介绍道听途说的偏方、秘方,不推荐未经临床实验的药物。探望重病人时,不要谈论病情,不要对医生的水平、治疗方法及用药妄加评论。

在与病人的接触过程中,不要表现出对卫生和洁净的挑剔。但在探望患传染病的病人时,要尽量避免接触病人的用具、衣服,见面及临别时不要握手,以免引起传染。

注意探视时间不宜太长,最好能够适时地、婉转地结束探望。一般情况下,与病人在一起呆一刻钟至半小时最为恰当。时间太长,会影响病人休息,也会影响病房里其他病人的休息。这样可以让病人早点儿休息,避免疲劳影响身体恢复。若病人身体欠佳,或是医护人员特别关照"不宜长谈",则在那儿呆5～10分钟即可;若病人精神较好,或颇感寂寞,那不妨在其挽留之下多待一会儿。

为照顾病人休息,谈话和逗留的时间应较短,特别是还有其他亲朋来探望时,应早些告辞。告别时,一般应谢绝病人送行,并询问病人是否有事相托,祝他(她)早日康复。

第三节 鲜花礼仪

花卉的文字记载,最早始于公元前11世纪商朝甲骨文中。千百年来,花深深地渗透进了中国文化之中,形成了源远流长、博大精深的花文化。同世界各国人民一样,中国人民也视花为美的化身、美好幸福的象征。然而,中国人对花的认识和情感并不仅局限于此,而是有更为深刻的认识和浓厚的情感。人们赏花,除了赏识它那静态的外部形态美之外,还善于观察欣赏它那动态的生命变化之趣。另外,中国人还认为花是有情之物,不仅娱人感官,更撩人情思,能寄以心曲。"蒹葭苍苍,白露为霜。所谓伊人,在水一方。"这是《诗经》中脍炙人口的篇章。蒹葭就是初生的芦苇,白茫茫的芦苇花是作者眼前的景象,也是盼望与心上人相会的地方,美丽的景象与美好的感情水乳交融在一起。

一、花的寓意

花,象征美好、浪漫、诗意。两个人约会,男友一般会选择芳香艳丽的鲜花作为爱情信物赠送予女友;去医院探望病人,也会选择鲜花;庆祝生日、庆典、婚礼,总少不了鲜花的点缀。世界正因为有了鲜花,生活才变得多姿多彩……

美丽的花儿代表了人类许多的情感,如爱情、亲情、友情、敬仰之情等;鲜花还象征了人类的许多精神,如坚忍、自由、高贵、洁雅等;鲜花更是人类美好愿望的寄托,如长寿、幸福、吉祥、财富……每种花都有特定的含义,送花就是要借用这些无形的语言传递你的心意,如表6-4所示。

表6-4 花卉语

花名	含义	花名	含义
牡丹	雍容华贵	茉莉花	清洁纯净、朴素自然
康乃馨	母亲我爱您、热情、真情	石斛兰	刚强祥和、父亲之花
百合	百年好合、团结友好	玫瑰	爱情
并蒂莲	夫妻恩爱	梅花	坚贞不屈、意志坚强
风信子	喜悦、爱意、浓情蜜意	月季	爱情、温馨、幸福
满天星	真心喜欢	荷花	高尚品德、廉洁、洁身自好

续　表

牵牛花	情爱、爱的羁绊	橄榄	和平
桂花	清香、高洁、崇高	万年青	友谊长存、长寿
芍药	情有所钟、依依难舍	常春藤	永久的记忆
紫罗兰	永恒的美	丁香	心有千千结

"花卉语"并非只是因花卉品种不同而含义不同,因为花卉的色彩、枝数的不同也表达出不同的含义。比如玫瑰被人们普遍视为"爱情之花",但不同颜色的玫瑰又有着不同的含义。红玫瑰代表深爱着你,粉玫瑰表示动情在心、爱的宣言,白玫瑰则表示天真、纯洁、尊敬的含义。而玫瑰的朵数不同,意义也不同,一般都是取谐音,如1朵表示你是我的唯一,对你情有独钟;2朵表示二人世界,你侬我侬;5朵表示无怨无悔;6朵表示顺心如意(六六大顺);7朵表示天天想你;9朵表示爱情长久;10朵表示十全十美,完美的你;11朵表示一心一意;57朵表示吾爱吾妻;99朵表示天长地久。

二、国花与市花

许多国家都拥有自己的国花。所谓国花,指的是以某种鲜花作为国家的标志和象征。在涉外交往中,国花往往能够发挥十分重要的作用;世界上的许多城市也拥有自己的市花,作为城市的标志或象征,如表6-5所示。

表6-5　国花与市花

	国家	国花	国家	国花	国家	国花
国花	韩国	木槿花	埃及	睡莲	俄罗斯	向日葵
	日本	樱花、菊花	法国	鸢尾花	荷兰	郁金香
	墨西哥	仙人掌	德国	矢车菊	泰国	金链花
市花	城市	市花	城市	市花	城市	市花
	北京	月季、菊花	上海	白玉兰	香港	紫荆花
	澳门	荷花	杭州	桂花	洛阳	牡丹
	南京	梅花	广州	木棉	济南	荷花

三、送花的礼仪

鲜花的形式多种多样,依照鲜花或者组合形式的不同,可以分为束花、篮花、盆花、插花、饰花、花环等。一般不以干花、纸花送人,要赠送鲜花,但不能送已凋零、衰败的鲜花。送花要依据不同的场合、不同的对象而送,才会收到理想的效果。

中国的春节是民间传统的盛大节庆,俗谚"过年要想发,客厅摆盆花";此时也是扩展人际关系的良机,企业员工、客户、同事、上司、亲朋好友等,都可把花当作馈赠的礼物,以花传达情意,彼此增加感情。农历春节,时值早春,也刚好是花卉生产的旺季,各种花卉琳琅满目、争奇斗艳,选赠以贺新年、庆吉祥、添富贵的盆栽植物为佳,如四季橘、牡丹、桂花、杜鹃花、秋海棠、红梅、水仙、报春花、状元红、发财树、仙客来,及各种兰花类、观叶植物组合盆栽等,再装饰一些鲜艳别致的缎带、贺卡等,增添欢乐吉祥气氛。西方的圣诞节,通常以一品红作为圣诞花,花色有红、粉、白色,状似星星,好像下凡的天使,含有祝福之意。在这个节日里,可用一品红鲜花或人造花插做成各种形式的插花作品,伴以蜡烛,用来装点环境,增加节日的喜庆气氛。玫瑰是情人节最受欢迎的鲜花,除了玫瑰之外,尚有许多象征"爱"的鲜花可作为赠花,同样能给对方传达爱意,如郁金香、洋桔梗、满天星、茉莉花、玛格丽特、爱丽丝、勿忘我、海芋等。

贵宾来访或者亲友返乡探亲、学成归国,一下飞机就献上表示热烈欢迎的鲜花,必能给宾客惊喜,留下难忘的印象。迎接贵宾的鲜花以红花色系与紫花色系最受欢迎,选择的花语以代表"友谊、喜悦、欢迎、等待、惦念"的花材为主。结婚时,新娘捧花可以将新娘衬托得更加独特迷人,让婚礼呈现浪漫的气氛,也能给宾客留下美丽的回忆。结婚是人生大事,通常婚礼花束都比一般花束讲究精致,甚至要配合新娘的年龄、性别、肤色、发色、礼服款式、化妆色彩等不同的条件而设计。结婚纪念日的那天,夫妻若能以鲜花之花束互赠,定能勾起昔日的甜蜜回忆,增添夫妻感情。儿女降生是人生一大喜事,赠花、贺礼具有祝贺平安、幸运、喜悦的含义,花材的种类除了依照花语的含义外,宜可按生日花、十二星座、十二生肖幸运花相赠。买房是人一生中值得庆贺和炫耀的事情,常用盆栽植物作为贺礼,具有祝贺主人"飞黄腾达、金玉满堂"之意。中国人一向以红色代表喜庆,因此花材颜色应以红色系列为主,黄色系可作为陪衬,纯白色绝对避免,因中国人在新居落成最喜红色讨吉利,纯白色视为忌讳,赠花时必须特别注意这些礼节。探望病人时,为表达对病人的美好祝愿,一般会送鲜花。送鲜花前,最好打听一下,该病人及病房是否允许送鲜花。送给病人的鲜花不宜选择清一色的白花和黄花,也不要送盆花,而以象征青春永驻的紫罗兰、象征安慰的深红色的天竺葵、睡莲等为宜。香味很浓的花对手术病人不利,易引起咳嗽;颜色太浓艳的花会刺激病人的神经,激发烦躁情绪。

📖 阅读材料:给病人送花要讲究科学

在医院病房中,大量鲜花除了能让病人感到赏心悦目之外,还会成为污染源,不利于病人的健康。大量鲜花的花粉很容易成为过敏源,导致病人身体不适,尤其是对支气管哮喘病人,不适宜的鲜花甚至会加重他们的病情。此外,散落在病房的花粉和鲜花中潜藏的各种小虫子会影响医生打针、化验的效果。专家建议,送病人鲜花要讲究科学,提倡用观叶为主的水培植物来替代大束鲜花,如富贵竹、红掌、文竹等,它们既能使病人心情愉快,又能较多地释放氧气,为病人营造一个清新的病房环境。

由于不同的国家、不同的民族往往会赋予鲜花不同的含义,送花要根据民族、地域、风情、习俗、目的的不同而有所区别,注意从鲜花的颜色、数目和品种三个方面加以考虑。比如中国人喜欢菊花,而在西方,黄菊代表死亡,只能在丧葬活动中使用。中国人赞赏荷花"出淤泥而不染"的性格,并喜欢它,但在日本,荷花却表示死亡。在广东、海南、港澳地区,金桔、桃花表示"吉""红火"的意思,而梅花、茉莉和牡丹花却表示"霉运""没利""失业"的意思。另外,不同的习俗对于花的色彩也有不同的理解。比如在我国的一些传统年节或喜庆日子里,送的花篮或花束色彩要鲜艳、热烈,忌送整束白色系列的花。在我国广东、香港等地,由于方言的关系,送花时尽量避免送以下花:剑兰(见难)、茉莉(没利)。在国际交际场合,忌用菊花、杜鹃花、石竹花以及黄色的花献给客人已成惯例。

总之,在赠送鲜花时,要把握好送花的技巧,掌握好各种花语,注意花的各种禁忌,这样才能"以花传情",使鲜花在人们的交际往来中开得更加艳丽动人。

第四节 交谊舞会礼仪

目前世界上流行的交谊舞,起源于欧美国家。但在我国,交谊舞文化却有着极为悠久的历史。如在内蒙古乌拉特中后联合旗东地里哈日峰顶巨石上,有一幅岩画,画面上一男(右)一女(左),面部相对,连臂而舞。这是世界上最早的交谊舞形象的记录。从汉代到魏晋期间,为了活跃气氛、联络感情和增进友谊,中国官宦和贵族宴会盛行一种交谊性的邀请舞,名叫"以舞相属"。古代士大夫之间心存歧见,往往会在这样的交际舞中互示爱憎。

现代交谊舞既体现着人们的活力、青春和朝气,又是一种很好的社交方式,能起到促进友谊和联络感情的积极作用。交谊舞也像其他社交活动一样,存在着自己的规则。

参加舞会前,应洗一次澡,做好个人卫生,特别要注意口腔卫生。男士应该梳理好头发,剃去胡须;女士则应当在做好发型的同时,进行认真的化妆,妆可以化得浓烈一些。着装要干净、整齐、美观、大方,男士可以穿西装,女士宜穿裙装。有条件的女士,可以穿格调高雅的礼服,但是不能让自己穿得过于暴露,为了保险起见,还应该在下身穿上底裤,以防走光。一般情况下,不宜穿牛仔裤、T恤、军服、工作服,不允许戴帽子、墨镜,或者穿拖鞋、凉鞋、旅游鞋。

无论是参加朋友的私人舞会,还是正式的大型舞会,遵守时间是首要的礼仪,要准时到达。按惯例,舞会上的第一支舞曲、结束曲,一般讲究由结伴而来的一对男女共舞。从第二支曲子,需要交换舞伴,以扩大自己的交际面。哪怕你再喜欢一个舞伴,在正规的社交场合也不能整场只和一个舞伴共舞。

参加交谊舞会,不能只图跳舞尽兴,而忘却了本应进行的交际活动。在舞会上结交新朋友,通常有三种方法:一是主动把自己介绍给对方,二是请主人或其他与双方熟悉的人士代为介绍,三是通过邀请舞伴的方式直接或间接地认识对方。在舞会上结识新朋友之后,一般不宜长时间深谈,可在此后的适当时间,主动联络对方,以便进一步推进双方关系。需要注意的是,不要在舞会上为了结交新朋友,而对旧交不屑一顾。碰上了老朋友、老关系,除了要争取邀请对方或其同伴共舞一曲之外,还要尽量抽时间找对方叙叙旧。

在舞会上,自选舞伴之时,以下八类对象是理智的选择:1. 年龄相仿之人。年龄相仿的话,一般是容易进行合作的。2. 身高相当之人。如果双方身高差距过大,未免会令人感到尴尬难堪。3. 气质相同之人。邀气质、秉性相近的人一同共舞,往往容易互生好感,和睦相处。4. 舞技相近之人。在舞场,"舞艺"相近者相得益彰,有助于更好地发挥技艺。5. 少人邀请之人。邀请较少有人邀请之人,既是对其表示的一种重视,又不易遭到回绝。6. 未带舞伴之人。邀请未带舞伴的人共舞,成功机会往往是较大的。7. 希望结识之人。想结识某人的话，不妨找机会邀对方或是同伴共舞一曲，以舞为"桥"，接近对方。8. 打算联络之人。在舞会上碰上久未谋面的旧交，最好请其或其同伴跳一支曲子，以便有所联络。

在舞会上，男士邀请女士跳舞时，应稳步走到女士面前，立正并向她欠身致礼，可以说："能否冒昧请您跳支舞？"待对方同意后，陪伴进舞池。如对方不同意，不能勉强。如果其亲属在旁，男士还应先向其亲属致意。邀请跳舞时，可能会产生误会，比如一位男士在邀请一位女士跳舞时，旁边的一位女士误认为是在请她，从座位上起身。这时，应将错就错，同这位女士跳上一曲。对于男士的邀请，女士一般都应该友好地点一下头，欣然接受邀请。若已经答应了他人的邀请，则应对再邀者说明："对不起，已经有位先生邀请了我，等下一曲，好吗？"当下一支舞曲开始后，那位邀请者若再次邀请，如果确无特殊情况，不可再次拒绝。女士如果实在不愿意同某人共舞，可婉言辞谢，常见的托词有"我累了，想单独休息一会儿""我不熟悉这首舞曲"等，千万不要使用"我不认识你""我不跟你跳，我有伴了""请别来烦我"等生硬无礼的语言，这既伤害他人，又有损自己的形象。已经拒绝了他人之邀，如一支舞曲未了，就不应再接受其他男士的邀请，否则，会被看作是对前一位邀请者的无礼。一般来说，跳舞都是男士主动邀请女士，但并不排除女士邀请男士的形式。当女士主动邀请男士跳舞时，男士即使不会跳舞，也不可以拒绝女士。

正常情况下，两位女士可以同舞，两位男士则不能同舞。前者意味着她们在现场没有舞伴，而后者则意味着他们不愿意向在场的女士邀请跳舞，这是对女士的不尊重。所以，只有两位女士在舞池内起舞时，两位男士才能以同舞的方式追随到她们身边，与她们共舞，然后分别组成新的两对舞伴。

跳舞要注意舞姿，男士用右手扶着女士的腰部时，正确的手势是手掌心向下，用右手拇指背面将女士后侧腰轻轻挽住，而不是用右手整个手掌心紧贴女方后腰部。女士的左手手指部分只需轻轻落在男士的右肩头即可，而不应该满把地贴在男士的右肩或是勾住对方的脖颈。男士上身往前倾，与对方头、胸靠得很近，或是紧盯着对方的脸，是不礼貌的。女士伴舞，可面带微笑，但也不可紧盯对方的脸，更不可有乱送秋波等挑逗性举动。不论自己与一起跳舞的舞伴是何种关系，两个人在一起合作跳舞时，除必要的以手相互持握外，身体的其他部位都要保持一拳左右的间隔。男士不能借机对女士又拉、又抱，女士则不宜主动贴向男士。双方都不应当在跳舞时贴面、贴胸、贴腹,有意粘在一起。即使是恋人之间,在舞会上也要检点,用双手套住对方的脖子和圈住对方的腰胯,紧紧贴着跳舞是有伤大雅的。

跳舞过程中男女双方可进行适当交谈,交谈内容以轻松话题为宜,如"我很喜欢这支乐曲""你的舞姿很优美"等,显得彬彬有礼,还可以谈谈如舞厅装饰的艺术效果、舞曲的旋律、歌手的演唱等。至于如工作、经济效益、复杂的人际关系等沉重话题,应尽量避免,以免影响舞蹈的情趣和舞会的效果。交谈应简短,并选择舞曲较为轻柔时进行,声音不可过高。舞曲激昂处要避免交谈,否则可能会出现不自觉地加大音量或者因为听不清楚而将耳朵贴到对方的嘴边等一些不文雅的举止。

在跳舞时,应注意不要踩踏舞伴或碰撞舞伴,若因自己的不慎踩踏、碰撞了舞伴,均应当主动向其道歉。要注意与其他的跳舞之人保持适当的距离,以防相互影响。万一不慎碰撞或踩踏了别人,应当自觉地向对方道歉。若系他人不慎,因此向自己道歉,则须大度地向对方表示"没关系"。

舞会中的休息时间,应尽量去洗手间整理一下衣服,因为动作较大很有可能把衣服弄脏或者弄褶皱。为了保持清新的口气,舞会中途也有必要去咀嚼个口香糖。当一曲舞毕,男方应向女方致谢,并陪送女方回原来休息之处,向其周围亲属点头致意后再离去。

朋友的私人舞会最好坚持到舞会结束后再离去,这是对朋友的支持。至于其他的舞会,只要不是只跳了一支曲子显得应酬的色彩过浓就可以了。舞会结束后,男士应将结伴而来的女伴送回家。

第五节　高尔夫球场礼仪

当今世界,特别是西方社会流行的高雅体育运动高尔夫,与中国《丸经》记载的球戏"捶丸"有很多的相似。更值得一提的是,高尔夫文化与我们注重礼仪、讲求诚信的传统礼仪文化有着相同的价值理念。发掘我国古代礼仪文化,对我们今天更好地引入高尔夫运动,提高高尔夫礼仪水平有着重要意义。

📖阅读材料:中国古代体育运动与礼仪

中国上古时代的体育活动就已经非常丰富,当今最引人注目的足球运动就是由中国人发明的蹴鞠演变而来的。在距今2300多年前或更早的一段历史时期,在齐国故都临淄城蹴鞠活动就已广泛开展。当时,人们推崇谦谦君子的温文尔雅,鄙薄孔武之士的争强好胜。在这种社会文化背景下,蹴鞠是一种娱乐性的体育活动,而非竞技性体育运动。在春秋时代,我国民间就开始流行一种称为"乡射礼"的射箭比赛。这是一种寓教于乐的运动,深受知识界和大众的欢迎。到了明代,先是传入朝鲜半岛,后来又传入日本。日本人、韩国人认为它含有深刻哲理,在健身的同时,可以涵养德性,称之为"弓道"。中国古代的射礼深刻地体现了中国特有的人文精神和民族传统,强调体能和心智的和谐发展,追求形神兼备、内外双修的君子风范,是一种非常高雅的体育运动。

一、高尔夫文化

"礼仪、自律、诚信、公平、友谊"的高尔夫精神是高尔夫参与者的价值准则、行为规范，是高尔夫文化最本质的东西。

我国古代儒家教育推崇的君子文化与高尔夫的绅士文化不谋而合。在古代社会中，君子相当于当今社会的各种模范与先进人物。君子本义为身居高位的人，经过"孔孟荀"的转化和发展，成为一种道德思想意义上的人格称谓。作为君子，首先必须有崇高的道德修养，如在人际关系上，要做到"严于律己，宽以待人""己所不欲，勿施于人"。如今，参与高尔夫运动的人都是社会精英，他们在高尔夫运动中不仅锻炼了身体，而且提高了自己的道德素养。这正是这项运动的魅力所在。

与许多运动不同的是，高尔夫比赛大部分是在没有裁判的监督下进行。这项运动依赖个人的诚实来表现对其他球员的尊重和对规则的遵守。对于诚信的认识，我们的古人早有深刻见解。古语说："诚者，事之终始。"又说："精诚所至，金石为开。"这些话，突出地强调了"诚"在人际交往中的巨大作用。

我国古代"乡射礼"是一种非常正规的竞技运动，有长度固定的射道、严格的赛规，这在《仪礼·乡射礼》中有详细记载。但是，评价一名射手，不仅要看他能否命中靶心，而且要看他形体是否合于音乐节奏，此外，还要求他处处礼让竞争对手，正确对待失败等。总之，要求他的身心与体魄和谐、健康地发展。这些与高尔夫运动的精神不谋而合。

二、高尔夫球手礼仪

打高尔夫球、练高尔夫球现在已成为了一种较时尚的社交活动，很多大企业都在组织集体学高尔夫，因为在练球和打球的几个小时里，可以谈天说地增进感情，可以呼吸新鲜的空气，可以远眺绿色的草坪，有益身心健康。因为高尔夫球场为承受高压的商人们提供了一个轻松的交流环境，在现代商业交往中，很多商业的谈判、前期接触及保持客户关系都是在高尔夫球场进行，而不是在足球场、网球场上进行。

高尔夫被称为"绅士运动"，是一项十分重传统、讲文明的运动，高尔夫礼仪作为高尔夫球运动最重要的组成部分，是区别于其他运动项目的特点之一。球场上的礼仪和行为是检验一个人的情绪、思想状态、性格、修养的最好时刻。这时，公司和个人形象是通过对高尔夫礼仪的遵循和球艺来表现的。

着装有讲究。打高尔夫球对着装有特别的规定，这是长期历史发展沿袭下来的高尔夫文化的一部分。不适合打高尔夫的服饰有无领T恤、吊带背心、低胸露背装、牛仔衣裤（或用牛仔布做的其他衣饰）、连衣裙、透明装、普通凉鞋、高跟鞋等。

不要迟到。守时是高尔夫球手最重要的第一课,开打前 30 分钟应到达球场,喜欢迟到的人一般都不会受到球友的欢迎。

注意你的手机。一路讲电话的人很容易引起别人的反感。从高尔夫规则上来说是应该在上场前关掉电话的,如果实在需要电话的话,需要确认它是不是处在震动的状态,讲话的时候尽量小声,避免影响别人。

注意安全。不要对着有人的地方击球或练习空挥杆,因为击出的球或无意间打起的石块、树枝和草皮有可能打中他人。注意不要在有人走过身旁的时候挥杆,同时也不要在别人挥杆时从其身旁走过。

保持安静。打球时球员需要全神贯注,任何响动都有可能影响击球的质量。所以,在球场上讲话时必须压低嗓音,切忌在球场上跑动。

控制打球速度。如果球员在两次击球之间等待时间过长,会变得不耐烦,而且还会失去击球的动力。所以为了大家的利益,打球时不要延误时间。

不要让球击中前一组球员。在紧随前一组球员的同时,又要注意不要离得太近,以至球打中前面的球员。所以,一定要在前一组所有球员都离开击球距离范围之后再开始打。

请求先行通过。向前一组球员请求先行通过是打球中最难实行也是最容易引起争议的状况之一。难以实行是因为这通常等于在暗示前一组他们延误了打球时间,即便是事实也会引起对方的不悦。所以如果打算请求先行通过,就应该寻找合适的时机,十分有礼貌地提出来。

让准备好的球员先打。如果不是参加比赛或其他正式场合,平常打球每次击球时,同组球友之间可以让准备好的球员先打。也就是说,即使同组某位球员的球不是离洞最远的一个,只要他已经做好击球准备,就可以首先击球。前提是与同组球员事先达成共识,说明本场球将打"Ready Golf",这样同伴就不会认为你不懂规则,相反还会感到你的绅士风度。

如何驾驶高尔夫球车。驾驶机动球车时应保持匀速行驶,以避免由于加速发出较大的噪音。行车时应时刻关注周围的打球者,一旦发现有人正准备击球,就必须停下来,等到他击球之后再发动球车继续行驶。在任何球场、任何情况下,球车都严禁开上果岭和发球区,否则将对球场造成严重损害。通常球场上都会有标示牌指示球车行驶及停放的区域,球员应严格遵照执行。

三、观看高尔夫球赛礼仪

在高尔夫球赛场上,享受快乐时光、和朋友谈笑风生是允许的,但必须确保是在合适的时间和地点。当在听力所及范围内有选手出现时,必须低声耳语或保持安静。当在视力所及范围内有选手出现时,必须保持静止站立。当从一洞走向另一洞时,须随时留意周围状况,以免影响到相邻球洞的选手。

为确保选手正常比赛,高尔夫赛场上严禁使用手机。如果必须携带手机进入赛场,请确保其处于关机或无声状态。假如必须使用手机,请走到远离赛场和选手的地点,违者将被驱逐出比赛场地。

无论你与某位选手多么熟悉,也不要在赛场上与他搭话,让他集中精力专注于比赛,同时还要为其他观众着想。

最好不要在选手打完比赛离开 18 洞果岭时索要签名,特别是在他成绩不理想的时候。通常比赛期间选手在交完记分卡、稍事休息后会重新回到练习场。最好的时机是在他们练完球之后,最糟糕的索要签名时间是在比赛进行当中,选手完成一洞后、穿过人群走向下一洞时。要知道此时选手的全部注意力都放在如何打球上,况且假如延误打球时间选手还有可能受罚。

第六节 人际交往的空间距离

"草色遥看近却无"才"最是一年春好处",韩愈的小诗告诉人们距离产生美。因为有距离,才会有"迢迢牵牛星,皎皎河汉女"七七相会的快乐;因为有距离,才会有"遥知兄弟登高处,遍插茱萸少一人"那浓浓的乡情。"但愿人长久,千里共婵娟"吟出的是苏轼对亲人团聚的期盼,"临行密密缝,意恐迟迟归"道出的是母亲对儿子离开的不舍。距离是"君住长江头,妾住长江尾"的相思相忆,距离是"莫愁前路无知己,天下谁人不识君"的相安互慰。下面,我们探讨的是人际交往中的距离。每个人在自己的周围会有一个自己把握的自我空间,它就像一个无形的"气泡"一样,为自己"割据"了一定的"领域"。而当这个自我空间被人触犯时,就不再产生美,而会让人感到不舒服、不安全,甚至恼怒起来。

一、常见的社交距离

在社会交往中,根据活动的对象和目的,选择和保持合适的距离是极为重要的。一般来说，交际中的空间距离可以分以下四种。

亲密距离。0～0.5米为亲密距离。这是恋人之间、夫妻之间、父母子女之间以及至爱亲朋之间的交往距离。亲密距离又可分为近位和远位两种。近位亲密距离在0～15厘米。这是一个"亲密无间"的距离空间。在这个空间里，人们可以彼此肌肤相触，能直接感受到对方的体温和气息。恋人之间极希望处于这样的空间，在这样的空间里，双方都会感到幸福和快慰。远位亲密距离在15～50厘米。在这个空间里，人们可以谈论私事，说悄悄话。在公众场合，只有至爱亲朋才能进入亲密距离这一空间。在大庭广众面前，除了客观上十分拥挤的场合以外，一般异性之间是绝不应进入这一空间的，否则就是对对方的不尊重。即使因拥挤而被迫进入这一空间，也应尽量避免身体的任何部位触及对方，更不能将目光死盯在对方的身上。

社交距离。0.5～1.5米为社交距离。在这一距离，双方都把手伸直，还有可能相互触及。由于这一距离有较大开放性，亲密朋友、熟人可随意进入这一区域。

礼仪距离。1.5～3米为礼仪距离，人们在这一距离时可以打招呼，如"刘总，好久不见"。这是商业活动、国事活动等正式社交场合所采用的距离。采用这一距离主要在于体现交往的正式性和庄重性。在一些领导人、企业老板的办公室里，其办公桌的宽度在2米以上，设计这一宽度目的之一就在于领导者与下属谈话时可显示出距离与威严。

公共距离。3米之外为公共距离。处于这一距离的双方只需要点头致意即可，如果大声喊话，是有失礼仪的。

通常人亲密则相互之间具有较近的人际距离，人疏远则相互之间具有较远的人际距离；人际距离传达的意义也具有文化特色，受环境的限制，有的民族喜欢双方保持近距离，而有的民族则与之相反；通常陌生人之间的空间距离会较大，但在特定情况下则不一样，如在拥挤的公共汽车上，或拥挤的电梯上，人们由于距离太近，会产生紧张感，会避免面对面或目光接触。

二、影响社交距离的因素

民族。民族传统文化不同，人们交往的空间意识也会有差异。例如，相比较而言，在相同关系中，日本人要求空间距离不要太大，而中国人则希望交往距离不要太小。同样是欧洲，丹麦、挪威等国人们要求人际接触的距离应该稍大一些，而其他许多欧洲国家的人则要求这种距离应当稍小一些。同是美洲，北美洲人要求人际接触的距离应该大一些，而南美洲人则认为这种距离应该小一些。

性别。性别不同，对交往的空间需要也不同。男性之间的空间距离需求比女性之间的空间距离需求要大一点。当女性与陌生男性相遇时，要求空间距离必须大一些。女性最讨厌陌生人特别是陌生男人坐在自己的身边，常把他们视为有意识的"侵犯者"。

地位。社会地位较高的人总是有意识地与普通百姓保持较大的社交距离，以保证自己获得足够的权威感，也让对方感受到不可轻易接近和神秘感。因此，与领导、上级初识，我们不妨主动离他们稍微远一点，不要"冒犯"他们的威严与神秘。相反地，如果我们与下属、雇员等打交道时，应该主动离他们近一点，如果让他们体会受到尊重的感觉，那么他们也一定会倍加尊重我们。

性格。性格也对交往空间有影响。性格外向、开朗的人容易突破空间界限,对对方的主动"侵入"也不会太反感;性格内向、孤僻的人则总是严守交往界限,绝不主动缩小空间。当然,有时性格内向的人也往往会产生希望别人能主动靠近他们的愿望,特别是希望他们所喜欢的人能主动靠近他们。

年龄。年纪较大的人与年纪较小的人相处,双方都会有缩小空间距离的愿望和要求。同龄人之间则有一种要求扩大交往距离的潜在冲动。当我们与老师、家长、领导、长辈相处时,特别是我们希望得到他们的指教、帮助时,为了表达我们的诚恳与迫切,我们最好站在他们的旁边,而且距离应当近一些。而当我们与同龄人,特别是初次相交的同龄人之间洽谈生意、交流信息时,我们应距他们远一些,否则可能引起对方的反感与不快。

情绪。人的情绪也许是影响交往空间距离的最大且最易变化的因素。在人的情绪处于极度兴奋或极度压抑等状态时,可能会完全忽略上面所讲的各种因素,采取一种不合常规的空间距离与人交往。

思考与演练

1. 鞠躬礼、拥抱礼、吻手礼分别是在什么情况下使用的礼节,具体是如何做的?
2. 请你调查一下通用称谓的使用频率和环境,并分组进行总结;你在一周内使用了哪些称谓,请详细地记录下来并进行分类。
3. 请你说出我国十大传统名花的象征意义。
4. 随着现代工作生活节奏的加快,人们更加注重体育运动。不仅观看欣赏各种体育比赛,而且还投身于丰富多彩的体育运动之中。除高尔夫球外,还有不少属于讲文明、重礼貌的运动,请你举例说明。
5. 在网络上查询并收集有关我国国家领导人近年来在涉外场合所收到与送出的礼品,请你以"国礼"为题,写一篇300字以上的文章。
6. 小张、小李、小王三人在一起聚餐,三人同时聊到了礼品馈赠这一话题。原来,小张所在公司的一位也门同事要回国了,临行前小张要为他选择一份礼品,因为这位也门同事像大哥一样给他很多业务上的指导和帮助;小李所在的某女子形体训练中心成立5周年,为了回馈几十名老客户几年来的支持与信赖,公司将为这些美丽的女士送上一份精美的礼品,并责成小李来完成礼品选择的任务;小王的恩师即将迎来她的七十大寿,小王要为恩师送上一件礼品以表达自己的感激之情。面对此种情况,你认为他们应分别选择什么礼物?并请说明理由。
7. 自我介绍游戏。第一位介绍自己的特征信息,包括祖籍、生日、兴趣、性格、格言。第二位介绍时,采用"我是×××(即第一位介绍者)后面(或左/右面)的×××,×××是……(复述前一位介绍),我是……"第三位介绍同上:先复述前面同学(第一、第二位)的个人信息,然后再介绍自己"我是……"其余同学同上:先详细介绍前两位同学信息再介绍自己;或者除了详细介绍前两位同学信息外,另外再简介其他同学信息,之后介绍自己。观察:谁的表述最打动你?哪几个方面打动你?

8. 以小组为单位,模拟进行一项活动,场景、情节、对白等由小组自行设计,要求在整个活动过程中体现出日常交际交往礼仪规范。模拟训练场景如下:

场景一:假如我是一个被邀请去贵公司作讲座的教授,你是来接我的办公室主任,在你的公司你怎么把我与你们的董事长、总经理作介绍?

场景二:假如你是一个到总公司去开会的海尔集团某分公司的部门经理(女性),在与海尔总公司的副总(男性)见面的时候,请问该怎样握手?

场景三:四通公司采购科的张科长到联想集团参观,准备采购部分新产品,秘书引领他来到产品开发部,请问秘书怎样为他和产品开发部李经理作介绍,他们之间怎样递接名片。

场景四:小李在一次舞会上准备邀请一位同行的女士共舞,当他走到这位女士的身边时,突然发现这位女士的丈夫也在旁边。一时之间,小李突然犹豫了,他该怎么做呢?

场景五:小吕因病住院,同事小王和另外三个同事前去探望。在病床前,面对着情绪比较低落的小吕,小王他们该如何安慰呢?

第七章　言语沟通礼仪

> 与人善言，暖于布帛；伤人以言，深于矛戟。
> ——《荀子·荣辱》

所谓人际沟通，就是指在社会活动中，人与人之间相互沟通信息，相互施加影响的过程，其目的是通过有效沟通，达成共识，协调和建立一定的人际关系。在社交场合，积极而有效的沟通，能为自己营造一个良好的人际关系，还能给个人的事业发展带来诸多好处。

第一节　谈吐礼仪

交谈是人们传递信息和情感、增进彼此了解和友谊的一种常见方式，但在交谈中，如何把话说好却不是件轻而易举的事。正如俗话所说："良言一句三冬暖，恶语伤人六月寒。"

一、交谈的基本要求

在交谈中，语言必须准确，否则不利于各方之间的沟通。普通话是我们的国语，也是全国通用的语言规范，但我国是一个多民族的国家，因为地域不同，所以地方方言也很多。很多人说话时，难免会带一些地方口音。在交谈中，消除语言障碍、保持准确发音是我们与人交流的第一步。在交谈中，我们还应注意措词的准确，避免引起歧义。因为中国的语言博大精深，同样的意思可以通过多种措词来表达，一个词也可能包含多种意思。此外，说明白、说清楚是有效交往的前提。口语的特点就是传播速度快，留在人们记忆中的时间比较短暂，容易模糊，这就要求我们在交谈时要力求表达简练、清晰。

提倡讲普通话，不要讲粗话脏话，尽量少讲或不讲方言土语。

礼貌用语能和谐、融洽人际关系，为之增加美的色彩。如果你有说脏话、粗话的毛病，一方面，要随时注意约束自己；另一方面，可请周围的人，特别是自己的亲人和好朋友提醒自己、监督自己。只要坚持不懈，坏习惯是可以改掉的。要克服个人情绪对自己的干扰。比如，高兴时用礼貌用语，不高兴时也要坚持；称呼他人，关系好时和有了矛盾时一个样，不要让不良情绪影响礼貌用语的使用。要家里和外面一个样，私下和公开场合一个样。不能在职场时对人彬彬有礼，回到家就满口粗话；也不能在公开场合谈话时有礼貌，私下交谈时则满嘴粗话。

在交谈中，多使用敬语、谦语和雅语，能体现出一个人的文化素养以及尊重他人的良好品德。称呼对方应多用敬语,如称呼对方为"您""先生""小姐"等;对自己可多用谦语,如称自己为"学生""晚辈"等。如在议论某人的长相时,可把"肥胖"改说成"丰满"或"福相","瘦"则用"苗条"或"清秀"代之。

📖 阅读材料:谈吐文雅的中国人

《荀子·大略》中载:"言语之美,穆穆皇皇。"就是说,对人说话要尊敬、和气,谈吐文雅。文明的语言是中华文明的重要组成部分。1595年,意大利人利玛窦曾到南京。在南京居住期间,利玛窦广交各界名流,留下了南京市民谈吐文雅的印象。古人使用谦称来称呼自己,如读书人自谦时,经常使用小生、晚学、晚生等词以表示自己是新学后进之辈。在谦称自己的同时,古人又以敬称来称呼对方。在中国历史上诸多的敬称词中,陛下、殿下、阁下、麾下、足下等词是使用最为普遍的。凡是说到与对方有关的行为、人物、事情、物品时,古人大都要使用尊敬、委婉的说法。如称别人的姓为"贵姓",别人年龄为"贵庚"(老人年龄说"高寿",女士年龄称"芳龄")。

常用的文雅用语还有:好久不见——久违,等候客人——恭候,未及欢迎——失迎,起身作别——告辞,看望别人——拜访,请等一等或不必再送行——留步,陪伴朋友——奉陪,中途告辞——失陪,请人原谅——包涵,请人批评——指教,求人解答——请教,盼人指点——赐教,请人受礼——笑纳,请人帮忙——劳驾,托人办事——拜托,请人给予方便——借光,责备自己礼貌不周——失敬,赞人见解——高见,把自己的诗文、书画等作品赠人——雅正,请人对自己的诗文、书画等作品加以修改——斧正。

要让自己的声音富有吸引力,展现出独特的个人魅力。无变化的声音是单调的,如同催眠曲,令人进入精神抑制状态,更达不到讲话的目的。因此,在与人交谈时,我们应根据谈话内容的变化,适当调整音调的高低,给人抑扬顿挫、高低变化的感受。谈话时,音量的控制也非常重要。太大的声音会让人反感,以为你在那里装腔作势;音量太小会使人听不清楚,以为你怯懦。一般来说,我们应根据听者距离的远近来调节自己的音量,达到最适合的状态。说话时一直保持同一种语速会使人产生听觉上的疲劳,打不起精神。因此,在与人交谈时,我们应把握说话的语速,不要太快或太慢,应追求一种有快有慢的音乐感。在主要的语句上放慢速度作强调,在一般的内容上稍微加快变化。

生动的语言最有活力,最有感染力。苍白无力、枯燥乏味的语言是令人生厌的,会令人昏昏欲睡。要使语言生动,首先要将之口语化,要多运用大众化的语言,不要满口文绉绉的书面语言。

📖 阅读材料:会话原则中的礼貌原则

1983年,英国学者利奇提出了礼貌原则,包括以下六项准则。

得体准则:减少表达有损他人的观点,尽量少让别人吃亏,多使别人得益。

慷慨准则:减少表达利己的观点,尽量少使自己得益,多让自己吃亏。

赞誉准则:减少表达对他人的贬损。尽量少贬低别人,多赞誉别人。

谦逊准则:减少对自己的表扬,尽量少赞誉自己,多贬低自己。

一致准则:减少自己与别人在观点上的不一致,尽量减少双方的分歧,增加一致性。

同情准则:减少自己和他人在感情上的对立,尽量减少双方的反感,增加双方的感情。

在礼貌原则中,说话人往往都尽量让自己多吃点儿亏,给别人多一些方便,使对方感受到尊重,并获得对方对自己的好感,这样才能更顺利地交流。

二、交谈话题的选择

合适的谈话内容有利于彼此间思想感情的交流与沟通,可使双方增长知识,精神生活更加丰富。有人在社交场合常常苦于无话可说,不知同对方聊点什么,这实在遗憾。寻找话题可从以下几个方面着手。

从社会热门话题中寻找,人们普遍关心的新闻、趣事最有吸引力。

从双方的爱好中寻找,共同的志趣可使谈话趣味横生。

从双方的工作内容角度寻找,相同的职业容易引起共鸣,不同的职业更具有新奇感与吸引力,同时因为自己有亲身体验,也更有话说。

从双方的经历中寻找,经历是学问,亲身经历过的人和事往往会给你留下极深的印象,这种交流最易敞开心扉,最易见到真情。

从双方的发展方向角度寻找,人人都关心自己的未来,前途与命运是大家永远关心的话题。人生若没有前进的方向,生活便失去了动力。因此,这类话题最易触动对方那根最敏感的神经。

从对方的优点和喜讯中寻找,这能使对方感到自豪、愉快。

从家庭生活中寻找,谈家庭生活并不一定就是俗气。家庭是社会的基本单位,家庭生活的完美和谐是每个人的理想。这类话题不必做准备,随时都可谈论,思维敏捷的人可以从中发现许多人生的哲理。

从子女教育问题中寻找。孩子是父母生活的希望,孩子的教育牵动着所有家长的心。怜子、爱子、望子成龙是家长的共同心理。谈及孩子,即使是性格内向的人,也会眉飞色舞、滔滔不绝。

平时参加交谈,可以随时注意人们的话题,哪些吸引人而哪些不吸引人,以便自觉地练习讲一些能引起别人兴趣的事情,避免引起不良效果的话题。哪些话题应该避免呢?从自身来说,首先应该避免不完全了解的事情。一知半解、似懂非懂、糊里糊涂地说一遍,不仅不会给别人带来什么益处,反而给人留下虚浮的坏印象。若有人就此发问,回答不出,则更为尴尬。其次要避免不感兴趣的话题,试想连自己对所谈的都不感兴趣,怎么能期望对方随之兴奋起来呢?

三、说与听的礼节

不论交谈的主题与自己是否有关,自己是否有兴趣,都应热情投入,积极合作。万一交谈中出现冷场,应设法打破僵局。常用的解决方法是转移旧话题,引出新话题。一般情况下,男士不要加入女士圈内的议论。谈话内容一般不要涉及疾病、死亡等不愉快的话题,不能谈论朋友的身体特征,不能嘲笑其他人的糗事,带有违背社会伦理、黄色淫秽、政治错误色彩的话题,也不适合交谈。

说话要看对象,因人而异。因此,表达者要了解听话对象的性别、年龄、文化教养、个人经历、职业特点,甚至包括气质禀性、心理特征、兴趣爱好、语言习惯等。说话还要看场合,不可说些与特定场合不协调的话。比如庄严的场合口语表达也要庄重,轻松的场合口语表达也要轻快,悲伤的场合口语表达要略带忧伤。

谈话者要善于"察言观色",交谈尽可能选择在对方心境愉快的时候,切不可选择对方懊恼、悲切的时候。在良好的心境下,主体对一切都感兴趣,容易沟通;相反,在不好的心境下,主体对一切都感到枯燥无味,难以沟通。

交谈时,目光应专注,或注视对方,或凝神思考,从而和谐地与交谈进程相配合,目光接触对方脸部的时间宜占全部谈话时间的30%~60%。如果是多人交谈,就应该不时地用目光与众人交流,以表示彼此是平等的。为表达敬人之意,切勿在交谈时将双手置于脑后,或是高架"二郎腿",甚至剪指甲、挖耳朵等。交谈时应尽量避免打哈欠,如果实在忍不住,也应侧头掩口,并向他人致歉。尤其应当注意的是,不要在交谈时以手指指人,因为这种动作有轻蔑之意。

在社交场合说长道短,揭人隐私,必定会惹人反感,让人"敬而远之"。自己讲话的时候,要给别人发表意见的机会,不要以自我为中心,旁若无人,借题发挥,炫耀自己,大搞一言堂。交谈中自吹自擂、说个没完、无事不晓、语言刻薄、逢人诉苦、不言不语都是不受欢迎的。不要好为人师,总想显得知道的比对方多,比对方技高一筹。面对初相识的陌生人,可以进行简单的交谈,切忌坐着闭口不语,一脸肃穆的表情。耳语是被视为不信任在场人士所采取的防范措施,在大庭广众之下与同伴耳语是很不礼貌的事。在公共场合交谈时,应讲中文、讲普通话,无外宾在场,最好慎用外语;否则,会有卖弄之嫌。

谈话时与对方离得过远,会使对方误认为你不愿意向他表示友好和亲近;如果离对方太近,稍有不慎就会把唾沫溅在对方的脸上,这是令人讨厌的。从礼仪的角度来讲,一般保持一两个人的距离最为适合。

他人讲话时,出于尊重的需要,一般不要插嘴。要发表个人意见或进行补充,最好等对方把话讲完。如确需插话,应先致歉,征得对方同意后再说。不能接过话题后,就滔滔不绝。插话结束时,要立刻告诉对方"请继续讲"。

交谈中,双方难免会发生争辩。在原则问题上必须针锋相对,寸土必争。但在具体方式上则要注意策略,求大同,存小异,避免双方发生冲突。如果对方的谈话没有违反伦理道德、辱及国格人格等原则问题,就没有必要当面加以否定。不同国家、不同地区、不同文化背景的人考虑同一问题,得出的结论未必一致。

在人际交往中,多听少说,善于倾听别人讲话是一种高雅的素养。大多数人都乐于滔滔不绝地表白自己,而忽略了别人,有效的倾听者应该能够克制自己,多听别人说,而自己少说。在别人说话时,尽量耐心听,等别人说完了自己再说,避免打断说话者。在倾听时,目光要注视对方,不要左顾右盼,应尽量避免伸懒腰、看表、心不在焉地翻阅文件、乱写乱画等动作,这样会使说话者认为你对他讲的话题不感兴趣,也会使你的精力不集中。有效的倾听者会对所听到的信息感兴趣,会通过动作和表情把他的兴趣表现出来。在倾听时进行提问,可以使自己更准确地理解内容,还会增强交流者双方的互动。用自己的话重复所听的内容,既可以使自己的注意力集中于交流内容上,也可以检验自己对所听内容理解的准确性。

第二节 赞美技巧与幽默禁忌

在社交场合,赞美和幽默是人际关系的润滑剂,可以使人际关系更为和谐,缩短人们之间的心理距离,增强彼此的亲近感。

一、赞美的技巧

美国心理学家威廉·詹姆斯有句名言:"人类本性上最深的企图之一是渴望得到赏识,并以得到赏识为满足。"马克·吐温则说:"我能为一句赞美之词而不吃东西。"确实,渴望得到赞美是每个人内心深处的一种基本需求,人人都喜欢听他人对自己肯定、承认和赞扬的话。赞美之词犹如照耀人们心灵的阳光,让人感觉温暖而惬意,但如何适时、适当地赞美别人,却不是一件易事,一定要掌握一些赞美的技巧。

📖阅读材料:小李的新发型

小李剪了一个新发型,她把一头蓄了几年的披肩长发剪成了齐耳短发,同事们都齐声称赞她的短发清爽和简洁,小李在这一片赞美声中,对理发师的怨气一股脑儿全消了。小李说:"当时我剪完头发,觉得一点都不像我理想中的模样,气得我当时就想跟他吵一场,找他理论,怎么给我做成了这样的发型?这不愉快的心情带到了今天上班,甚至有一个客户来找我,我当时还有些气在心里,平时对客户很有礼貌的,今天不知怎么就看那个客户不顺眼!差点跟他发火,今天听了这些话,怎么不知不觉气就消了,心里也觉得顺畅了,看客户也觉得顺眼了,真希望你们天天说让我开心的话!"

赞美要发自内心。有很多人在赞扬别人时会感到羞涩,不好意思开口。其实,这没什么难为情的,只要真心表示自己的敬意就行,而那些平凡朴素的语言往往比华丽的辞藻更能打动人心。

赞美要适度。赞美并非溜须拍马,要真诚地赞美而不是谄媚地恭维,要注意分寸,掌握好"度"的问题。赞美过了头,不仅会让对方无所适从,还会引起在场的其他人的反感。只有态度真诚,赞美才能显得自然,别人才会对我们的赞美感兴趣,我们才能获得理想的效果。

赞美要因人而异。俗话说:"对症下药,量体裁衣。"恭维也要"因人而异"。在爱漂亮的女孩面前,赞美她的打扮。在上班族面前,赞美对方的工作绩效。对于男人,最好从工作下手,称赞他的能力。年轻人自以为前途无量,如果举出几点证明他的前途不可限量,他一定十分高兴;如果称赞他父母如何了不起,他未必高兴。对于文人,你如果说他学有根底,笔下生花,思想深邃,宁静淡泊,他一定喜不自胜。现实生活中,还有不少有识之士喜欢"直言不讳",你越是指出他的不足,他越喜欢你,而你越恭维他,他却越讨厌你。同这类人交往时,恭维是需要慎之又慎的。

赞美要"雪中送炭"。生活中,最需要赞美的不是那些早已功成名就的人,而是那些因被埋没而产生自卑感或身处逆境的人。他们平时很难听到一句赞美的话语,一旦被人当众真诚地赞美,便有可能振作精神,大展宏图。因此,最有实效的赞美不是"锦上添花",而是"雪中送炭"。

赞美要翔实具体。在日常交往中,我们经常听到这样的赞美词:"你这个人真好""你这篇文章写得真好"等。究竟好在哪些方面,好到什么程度,好的原因又何在,不得而知。赞美要热情具体,缺乏热诚的空洞的称赞并不能使对方高兴。赞美用语愈翔实具体,说明你对对方愈了解,对他的长处和成绩愈看重。要让对方感到你的真挚、亲切和可信。

间接赞美他人。间接赞美他人有以下几种方式。一是借第三者的话来赞美对方。在一般人的观念中,"第三者"所说的话大多比较公正、实在。因此,聪明的赞美方式是以"第三者"的口吻来赞美,如此更能赢得被赞美者的好感和信任。比如说:"怪不得小张说您买了辆好车,刚开始还不相信,这回一见可真让我信服了。"这比说"您的车真好"这句话更有说服力。二是以"公众"的语气赞美。比如,某公司的魏经理的一篇文章在某报上发表,小柳不失时机夸赞:"魏经理,大家都在学习您的报道呢!我们都认为您报道的角度独到,大家都要向您请教呢!"魏经理听后很高兴。三是当事人不在场时,背地说些赞扬他的话。一般情况下,背后赞美的话语都能传达到本人。据国外心理学家调查,背后赞美的作用绝不比当面赞扬差。四是通过赞美与当事人有密切联系的人、事、物,来折射对其的赞美之意。比如说对方是位异性,为了避免误会与多心,你不便直接赞美对方。这时,你不如赞美他(她)的家人和孩子,而你会发现这比赞美他(她)本人还要令他(她)高兴。

二、幽默的禁忌

在交际场合,幽默的语言极易迅速打开交际局面,使气氛轻松、活跃、融洽。在出现意见有分歧的难堪场面时,幽默便可成为紧张情境中的缓冲剂,使朋友、同事摆脱窘境或消除敌意。幽默还可用来含蓄地拒绝对方的要求,或进行一种善意的批评。幽默甚至可以当成还击他人的有力武器。因此,平时应多积攒一些妙趣横生的幽默故事。当然,在使用幽默时，有一些禁忌一定要引起注意。

一忌取笑他人。人性中有一种弱点，即大都不愿被人当作取笑的对象，尤其是有心理和生理缺陷的人在这方面特别敏感。如果你能主动把自己作为笑的对象，那么就能避免暴露上述弱点，成功的玩笑经常是自嘲的。说笑话时，真正安全和适宜的话题还是你自己。不少人认为话题还可以扩展到自己的配偶、父母或孩子身上，但切记别走得太远。

二忌怕被人取笑。那些真正爱开玩笑、善于开玩笑的人，不怕别人开自己玩笑，双向互动可以形成良性循环，有益身心。爱开玩笑的人士是团队的活宝。同样地，经常成为玩笑对象的人，也是团队的活宝，更是欢乐的源泉。

三忌不看对象。玩笑要求根据什么对象，说什么品位、类型的幽默话。某一玩笑话，对某些对象讲可能效果很好，但对另一些对象讲效果不一定会好。某天公司聚餐，小王到另一桌去祝酒，见那个桌上女孩子比较多，就对桌上一位男同事小李说："很荣幸我一下就找到你，哪里女孩子多，哪里就可以找到阁下。"大家哈哈一笑。等到席散，小李很严肃地对小王说："你怎么把我往死里整，我是那种好色之徒吗？"那些爱开玩笑、善于开玩笑的人，也是善于察言观色的人，能够清楚地了解哪些人、哪些事可以开玩笑，玩笑开到哪种程度，拿捏得非常准确，这样的人很受欢迎。

四忌不合时宜。有道是："出门观天色，进门看脸色。"玩笑也要特别注意适合时宜。比如在人们心情不佳、极度悲伤或肝火正旺时，不带任何同情心的幽默话或笑话，只能给人以强人欢笑和幸灾乐祸的感觉。另外，玩笑要有一种气氛，或者叫语境。没有那种气氛，哪怕再有趣的话也笑不起来；有了那种气氛，哪怕很平常的话也挺逗的。气氛就是双方情感渠道通畅的结果，是心有灵犀，一点就通，一旦不通，幽默可能变成别扭，造成伤害。因此，如果对象比较陌生，还没有到心有灵犀一点通的程度时，就要努力创造融洽的气氛。

五忌虚无缥缈。有真实性才更有挑逗性。假如你的听众不是街上行路匆匆的过客，笑话的组织显得非常重要。最好的组织方式是真实材料加上幻想成分，也就是说，笑话要以第一手知识或经验为基础，这样易于引发听众的共鸣。

六忌"黄、黑"幽默。带有污辱性的笑话、与种族和宗教信仰相关的笑话，都应尽量避免使用。涉及性生活的笑话也容易遭人反感。恩格斯曾经说过，幽默是智慧、道德上的优越感的表现。正常的幽默应该是格调高雅、言行文明、态度乐观、精神健康的。那些以低级趣味为满足的"黄色幽默"和以玩世不恭的态度，轻慢人生、嘲笑时世、挖苦他人的"黑色幽默"，都是幽默的副产品，是幽默语言中不可取的。

幽默有一种不可或缺的因素，那就是善意或者宽容，如果没有宽广的胸怀，任何方法也不能解救他。方法不过有利于表达人的胸怀、人的情绪，如果没有宽厚、善良的胸怀，再好的方法也不能立竿见影地制造出一种宽广的胸怀来。心胸博大了，幽默方法自然也容易掌握。幽默不是要打击谁、报复谁、讽刺谁，它顶多是善意的提醒和规劝。幽默应该是宽厚、温和的，而不是尖酸、刻薄的。社交中，幽默让人觉得亲切温暖，而讽刺则可能让人生气、愤怒，要把握好二者的区别。

第三节 演讲礼仪

常规意义上的演讲,又叫演说或讲演。它是当众所进行的一种正式而庄严的讲话,旨在向听众就某一事件、某一问题发表个人见解,或是论证某种观点。同样都是运用语言进行交流,演讲与交谈大有不同。交谈的主要特征是谈话双方需要双向沟通,双向交流;而演讲的主要特征则是演讲者在演讲时完全可以单向思维、单独表达,而不受外界的任何影响。但是,这并不意味着演讲可以不讲规则、随意表述。

一、演讲的礼仪

(一) 精彩亮相

演讲前,一定要精心修饰仪表,细心选择服饰。演讲者的服饰应以整洁、朴实、大方为原则。男士的服装一般以西装、中山装、青年装为宜。女士不宜穿戴过于奇异精细、光彩夺目的服饰,服装过于艳丽,容易分散听众的注意力。另外,进行重要演讲前,应进行充分的休息,以保证自己在演讲时精神焕发,神采奕奕。

万事开头难,一次演讲如果不能拥有出色的开场白,就可能意味着失败。演讲的开端,最忌讳陈词滥调、平淡无奇,所以在开始时,一定要安排好开场白,以求先声夺人。演讲的开场白并没有固定模式,可以灵活运用以下形式进行。

提纲式开场白。演讲开始前,可以先把自己要讲的问题扼要地介绍一下,使听众有个整体的认识,然后顺藤摸瓜,脉络清楚,一气呵成。

向听众提问式开场白。在演讲开头向听众提几个问题,让听众与你进入一个共同的思维空间进行思考。如果演讲人的问题提得好,听众自然会格外留神,等待富有见解的答案。

即兴发挥式开场白。演讲者可根据会场气氛,拟一段即兴开头,这可以把演讲者与听众一开始就紧紧地联系起来,使听众在感情上产生共鸣。

引起听众好奇式开场白。即把一些与演讲内容有关的罕见的问题先提出来,使听众产生一种非听下去不可的兴趣。如果有一个与演讲内容有关的有趣的故事,也可用它作为开头。

(二) 有礼有节

几位演讲者同时进入会场,不可在门口推托谦让,而应以原有的顺序进入会场。坐下前,如有人陪同,要等陪同人指示座位,并应与其他演讲者同时落座,先人而坐有失礼节。在主持人介绍后,演讲者向主持人颔首微笑致意,然后稳健地走到讲坛前,自然地面对听众站好,向听众行举手礼、注目礼或微微鞠一躬,而后以亲切的目光环视听众,以示招呼,并借以镇场。

演讲中对听众的称呼有"泛称"和"类称"两种。"泛称"是具有较大的广泛性,能普遍使用的称呼,如"同志们""同胞们""朋友们"等;"类称"是指具体适用于某一类别的称呼,如"领导们""同学们""战友们"等。使用"泛称"还是"类称",应灵活掌握。

演讲时,演讲者的站位不但要考虑演讲时活动的方便,更要考虑听众观察演讲者的方便。要讲究站立的姿势,站姿得当,会显得英俊干练,生气勃勃,给人美感。目光要散到全场,落到每位听众的脸上,听众仿佛觉得光顾到他。

(三) 修饰语言

演讲的语言,应当生动、形象、风趣、幽默。为避免演讲枯燥乏味,演讲者一定要做到使演讲深入浅出,坚持理论联系实际,善于采用现实生活中的生动事例对深奥的理论进行形象的诠释。要么动辄名词术语,要么条条框框,纵使有满腹经纶,也难以为自己的演讲找到听众。可以多举案例,多打比方,但不应庸俗无聊,格调低下。演讲中,要注意克服以下不美的演讲语言:无意义的杂音、鼻音,语调矫揉造作,过多方言、外来语,不堪入耳的粗语,习惯赘语如"这就是说""反正"等,夸大其辞的语言,吞吞吐吐的语言。

演讲者的音量大小要根据会场的大小和人员的多少而定,既不要过高,也不要过低。过高易失去自然和亲切感,过低会使会场出现不应有的紊乱。与此同时,演讲者还应控制自己演讲的节奏与声调,力求使之悦耳动听,抑扬顿挫。

进行演讲时,高明的演讲者往往都善于声情并茂,以适当的表情、神态、语调、动作与演讲的内容相互配合。但应当注意的是,演讲时表情、神态、动作过度夸张,与面无表情、神态漠然、动作呆板一样,都是不适当的。

(四) 善始善终

一场优秀的演讲,不仅要有良好的开端,而且要有一个好的结局。任何演讲,都忌讳耗时过长,一般的演讲应控制在一刻钟之内,最长也不宜超过一小时。结束演讲时,不但时间上要限制,而且内容上也忌讳反复铺陈、说来道去。在演讲结束之际,高明的演讲者往往要留下一定空间,使听众意犹未尽、回味无穷。

演讲者演讲完毕走下讲坛时,应向听众点头示意或稍鞠一躬,然后含笑退场。退回座位时,不要过于激动、匆忙,或洋洋得意,或羞怯、忸怩。如果掌声经久不休,演讲者应再次上台表示谢意。演讲全部结束后,演讲者可能由主持人陪同先行退场。听众出于礼貌,或站起身来,或热情鼓掌,这时演讲者同样也要热情回报,或鼓掌或招手以致意,直至走出会场。

二、礼仪性演讲

在现实生活中,我们每个人都可能被要求做一些礼仪性的演讲。要巧妙、有效地从事这些演讲,演讲者除了熟谙于演讲的一般理论或技巧外,还应了解有关这些特殊境遇下的演讲的技艺。

(一) 欢迎词、欢送词

欢迎词是指客人光临时,主人为表示热烈的欢迎,在座谈会、宴会、酒会等场合发表的热情友好的讲话。欢送词是行政机关、企事业单位、社会团体或个人在公共场合欢送友好团体回归或亲友出行时的致辞。欢迎词和欢送词一样，口语性也是它们的一个显著特点。遣词造句也应注意使用生活化的语言，使送别既富有情趣又自然得体。致欢迎词时，首先要对到来者表示出自己衷心欢迎的态度；致欢送词时，依依惜别之情要溢于言表，当然格调也不可过于低沉，尤其是公共事务的交往更应把握好分别时所用言辞的分寸。

（二）开幕词、闭幕词

开幕词是在一些大型会议开始时由会议主持人或主要领导人所作的开宗明义的讲话，具有宣告性、提示性和指导性。闭幕词是一些大型会议结束时由有关领导人或德高望重者向会议所作的讲话，具有总结性、评估性和号召性。开幕词的特点：1. 简明性。开幕词要简洁明了、短小精悍，最忌长篇累牍、言不及义，多使用祈使句，表示祝贺和希望。2. 口语化。它的语言应该通俗、明快、上口。闭幕词的特点：1. 总结性。闭幕词是在会议活动的闭幕式上使用的文种，要对会议内容、会议精神和进程进行简要的总结并作出恰当评价，肯定会议的重要成果，强调会议的主要意义和深远影响。2. 概括性。闭幕词应对会议进展情况、完成的议题、取得的成果、提出的会议精神及会议意义等进行高度的语言概括。因此，闭幕词的篇幅一般都短小精悍，语言简洁明快。3. 号召性。为激励参加会议的全体成员为实现会议提出的各项任务而奋斗，增强与会人员贯彻会议精神的决心和信心，闭幕词的行文要充满热情，语言要坚定有力，富有号召性和鼓动性。4. 口语化。闭幕词要适合口头表达，写作时语言要求通俗易懂、生动活泼。

（三）祝贺词、答谢词

在社交活动中，不要轻易地放过每一个可以向自己的交往对象表示好感、敬意与尊重的时机。同事立功、受奖、晋职、晋级，协作单位成立、开业、周年庆典等，都可以致辞祝贺。准备贺词，要以"恭喜"为首要内容。在贺词的字里行间，要自始至终充满热烈、喜悦、愉快、激动的气息，要使自己所讲的话中满怀着热情。在人与人之间的交往中，对自己肯定最大的恐怕就要算是他人对自己所表达的感谢之意了。获得奖励、被授予荣誉称号、本单位举行庆典、事业上取得了重大成就的时刻，都应当向来宾或在场者致辞答谢。在致答谢词时，叙事要清楚，对他人的感激要不厌其烦地一一说清楚，道明白。最后，别忘了找出一些自己的不足，以及今后努力的方向，借以请求各位继续关照自己。

📖 阅读材料：刘烨的获奖感言

刘烨曾摘得第13届金鸡奖最佳男主角奖，他上台领奖时非常激动，对主持人倪萍连说："倪萍姐，我很想大喊几声，手舞足蹈一番，但我现在嗓子不争气，扁桃体发炎，无法完成我现在情绪的表达。在我还在中央戏剧学院念书的时候，就被提名过金鸡奖，可那次没得，很沮丧。那时候，我的老师们对我说刘烨你一定还会有机会！所以那时候我准备的获奖感言没有扔掉（笑着掏出发言稿）。感谢各位评委把这个奖颁给我，我会更加努力，就像《那人那山那狗》里面的话：这条路还长着呢！我再次感谢各位评委把这个奖颁给我，谢谢大家！"一旁倪萍则打趣道："刘烨真会过日子，发言稿都留了好几年，谁嫁给他谁有福气。"

上面，我们扼要介绍了几种常见的礼仪性演讲。当然，类似的演讲在生活中还很多，我们这里只是聊举数端而已。总之，在运用演讲的一般理论和技巧时，要认清自己演讲境遇的基本要求,并选择适合于该演讲境遇的内容和方法。

思考与演练

1. 你的一位朋友患了重病,你得知后立即赶去看望。你本不想提及朋友的病,但他却主动提起,此时你应选什么话题来回避朋友的话题并给他以安慰?

2. 谈话的技巧具有极强的可操作性,而且需要针对不同的人与事来加以灵活地运用。例如,当有一位朋友不邀而至,贸然闯进了您的写字间,而您实在难用很长的时间与之周旋时,如果直接告之对方"来的不是时候",或对之爱答不理,都很可能得罪人。又如,一位来企业参观的外商,若突然向您问起了我方的产量、产值一类原本不宜问到的问题,告之以"无可奉告"固然能行,却也有可能使对方无地自容。在上面两种情况下,应怎么说才合适?

3. 在如下场景下,你会怎么说?请你分别准备一份演讲材料。(注:具体情景由自己设计)

(1) 欢迎一批新员工的加入,该怎么说?

(2) 欢送某位同事离职,该怎么说?

(3) 祝贺某位同事晋级,该怎么说?

(4) 你获得了单位的某项荣誉,上台领奖时该怎么说?

(5) 为公司的新产品准备一段解说词。

4. 1975年卓别林以85岁高龄被伊丽莎白女王封为爵士之尊荣。女王对兴奋的卓别林说:"我观赏过许多你的电影,你是一位难得的好演员。"事后,卓别林却没有显得特别高兴,反而觉得有点遗憾。这是为什么?

5. 一般情况下,人们谈话时表达意思需要直白晓畅、准确清晰,即所谓明话明说。但有时候说话人出于某种原因,有些话不便明说、不能明说、不想明说,而采取"言在此,意在彼"的表达方法,这就要求倾听者能够听出说话人的话外之意。

(1) 在一次宴会上,一位女士坐在爱迪生身边,询问了一个问题。她无比惊奇地说:"先生,这个事令人惊叹,你居然发明了一种会说话的机器!"爱迪生说:"其实,会说话的机器是上帝早就用亚当的肋骨在伊甸园制造出来的,我发明的只是一种可以在合适的时候关掉的说话机器而已。"爱迪生的言外之意是什么?

(2) 有一回,马克·吐温向邻居借阅一本书,邻居说:"可以,可以。但我定了一条规则:从我的图书室借去的图书必须当场阅读。"一星期后,这位邻居向马克·吐温借割草机,马克·吐温笑着说:"当然可以,毫无问题。不过我定了一条规则:从我家借去的割草机只能在我的草地上使用。"马克·吐温的言外之意是什么?

(3) 袁世凯死去,有人为他写了一副挽联:"袁世凯千古;中国人民万岁。"有人说"袁世凯"三字怎么和"中国人民"四字相对,不合对联要求。写联人的言外之意是什么?

第八章　职场形象礼仪

> 冠必正，纽必结，袜与履，俱紧切。
> ——《弟子规》

作为一个社会人，其仪表、仪态、举止不仅代表个人形象，同时也是组织形象的组成部分。只要出现在工作场合，一个人的个人形象就会出现在他人的眼里，并会给他人留下深刻的印象，进而直接关系到他职场活动的成败。研究表明，一个具有良好形象的人，通常会给别人带来聪明、快乐、有才能、尽职尽责和诚信等联想，能引致他人的积极评价，从而有助于其得到升职和加薪的机会。

第一节　个人形象美概述

大家都知道"以貌取人"是一种偏见，也都认为"人不可貌相"，但实际上，人们还是在不知不觉中受着它的影响。据传为晚清名臣曾国藩所著的奇书《冰鉴》，书中就谈及面相观气说，总结出了解读体貌特征、肢体语言等个人形象符号，来对他人内在修养与能力进行判断、鉴别的一整套经验。因此，每个人都必须时时刻刻注意维护自身形象。

一、形象美的内涵

所谓形象，按《现代汉语词典》的解释是"能引起人的思想或感情活动的具体形状或姿态"。就人类社会来讲，一个人、一个家庭、一个组织、一个地区、一个民族、一个国家，都有其自身独有的形象。所以，形象可以分为国家形象、民族形象、城市形象、企业形象、个人形象等。随着物质生活的提高，人们越来越意识到，日常生活中的待人接物、衣着打扮、言谈举止是如此重要，因为人们往往根据你在社交场合的为人处世来判断你的人品，评价你的修养程度。

个人形象不是一个简单的穿衣、外表、长相、发型、化妆的组合概念，而是一个综合的全面素质、一个外表与内在结合的、在流动中留下的印象，主要包括仪容、仪表、仪态以及通过这些外在状态表现出来的个人气质、修养和风度，具体如表8-1所示。仪容，就是人的容貌、面容的总称，主要包括发型、面容及人体未被服饰遮掩的肌肤（如手部、颈部）等部分。仪表，就是人的外表，包括容貌、姿态、风度、服饰等。仪态，是指在交往活动中的举止所表现出的姿态和风度。仪容、仪表是构成个人形象的静态要素，而仪态是构成个人形象的动态要素。三者词义有差别，但通常人们对仪表的理解不仅涵盖了仪容、仪态，还包括与之相对应的思想、文化素质，如"仪表堂堂""风度翩翩"，这是指外在美和内在美的和谐统一。

表 8-1　人的形象构成

	三级形象	精神形象
		智力形象
		语言形象
		知识形象
	二级形象	心理形象
		本能形象
	一级形象	行为形象
		动作形象
		外饰形象
		自然体形象

二、对形象美的认识

真正意义上的形象美,应当是自然美、修饰美、内在美的高度统一,不能忽略其中任何一方面。在这三者之间,内在美是最高境界,自然美是人们的心愿,而修饰美则是礼仪关注的重点。

自然美。自然美主要指容貌、肤色、身体曲线等。这些非常表面的特质,甚至不用亲眼见到本人,只需凭着照片便可评断"美""丑"。东方人在面部审美中追求一个非常重要的标准,即符合"三庭五眼"。从发际线到眉间连线,眉间到鼻翼下缘,鼻翼下缘到下巴尖,上、中、下恰好各占1/3,谓之"三庭"。而"五眼"是指眼角外侧到同侧发际边缘,刚好一个眼睛的长度,两个眼睛之间也是一个眼睛的长度,另一侧到发际边缘也是一个眼睛的长度,这就是"五眼"。"三庭五眼"是人的脸长与脸宽的一般标准比例,不符合此比例就会与理想的脸型产生距离。皮肤在人体表面,直接影响人的容貌。由于人种不同,皮肤所呈现的色泽也不同。但无论哪种肤色的皮肤,只要呈现健康的色泽,红润、细腻,都是皮肤健美、有生命活力的表现。《诗经》中写道:"窈窕淑女,君子好逑。"可见,那个时代的人,就懂得欣赏形体美了。形体美既能表现出一个人形体的比例线条和匀称和谐,又能体现出一个人的青春活力和动人魅力。

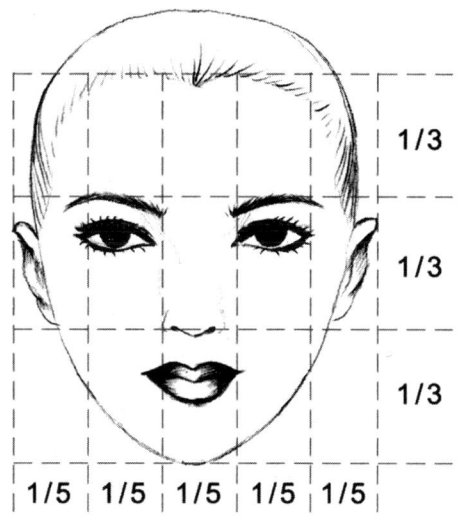

修饰美。修饰美是一种创造之美。一个人的长相是天生的,天生丽质不是每个人都能拥有的,我们无法选择及改变自己相貌的丑陋或不足,但却可以通过化妆、服饰、外形设计等后天的努力去修饰,减弱或掩饰,展现出自己美的一面。修饰的目的不是把自己打扮得花枝招展,而是塑造一副淡雅清秀、健康自然、鲜明和谐、富有个性的形象,使自己焕发青春的光彩,增强自信心,在工作和学习中精力充沛,在社交活动中增加魅力。塑造和保持一个完美的外观形象,就要掌握形象设计的艺术。同时,要不断学习,善于学习,多加注意出现在影视报纸杂志中的政治家、企业家、影视演员和社会名流等的仪容修饰、服饰搭配及行为举止,这样才能逐步提高艺术修养和审美品位。那些社交技巧高超的人,常能超越先天外表限制,散发出内在的风华。

内在美。莎士比亚说过,玫瑰是美的,更美的是它包含的香味。内在美是核心,它是借助形体将人的思想、气质、情操、风度等深层次与本质的东西表现出来的美。良好的外在形象固然重要,可以直接影响到别人的好感与评价,但自身的内在美也不容忽视。美丽的容貌会因思想的贫乏而变得空洞,而内涵深厚、思想丰富则会使平凡的容貌变得光彩夺目。内在美的一个重要特征是人格魅力。所谓人格魅力,简单地说就是三个字:真、善、美,而它的最高标准就是这三者的完美结合。真,就是真诚、真实、不虚伪;善,就是充满爱心,平等待人。人格魅力最主要体现在"真"和"善"中,而"美"就是"真"和"善"所表现出的外在形式。美,就是注意保护自己的个人形象,不让它轻易受到损害。内在美的另一重要特征是知性魅力,即学识和才华,是一个人博学多知、善于思考、观念新颖、思路清晰、见解独特、风趣幽默等综合素质的体现。气质是指一个人内在修养透出来的一种魅力,无时无刻不体现在一个人的形象礼仪的展示中。

阅读材料:孟子的四心四端说

恻隐之心,人皆有之;羞恶之心,人皆有之;恭敬之心,人皆有之;是非之心,人皆有之。恻隐之心,仁也;羞恶之心,义也;恭敬之心,礼也;是非之心,智也。仁义礼智,非由外铄我也,我固有之也,弗思耳矣。故曰:"求则得之,舍则失之。"

资料来源:《孟子·告子上》

所以谓人皆有不忍人之心者,今人乍见孺子将入于井,皆有怵惕恻隐之心——非所以内交于孺子之父母也,非所以要誉于乡党朋友也,非恶其声而然也。由是观之,无恻隐之心,非人也;无羞恶之心,非人也;无辞让之心,非人也;无是非之心,非人也。恻隐之心,仁之端也;羞恶之心,义之端也;辞让之心,礼之端也;是非之心,智之端也。人之有四端也,犹其有四体也。

资料来源:《孟子·公孙丑上》

穿西装、打领带等礼仪的表象可以很快学起来,而一个人的学养、风度、人文情怀、从容的内心、丰富的见识带来的谦逊态度……这些可不是一朝一夕能够学到的,而这些修养和内涵才是礼仪的真正价值,是无法包装的心灵魅力。

三、塑造良好的职业形象

所谓职业形象,就是指人们对某种职业的承担者的所有行为和表现的总体印象和评价,其本质上也是一种角色形象,是一个人在一生中扮演的几个最重要的角色之一。塑造良好的职业形象应考虑到符合自己的职业气质、个人年龄、办公环境、工作特点与行业要求等因素,做到既尊重他人又展现自我,具体可以分成以下几点。

符合职业身份。在人们的心目中,很多职位已经被贴上了行业标签,形成了一种思维定式。比如教师、警察、律师、医生等,一提及这些行业,脑海里就会自然地浮现出某些固定的形像。因此,从事这类职业的人,要突出"专业性"。

符合企业形象。一般来说,企业或者公司为了反映良好的公司形象,通常都会要求员工注意自己的仪表。一般观点认为,没有一个良好的仪表,就没有一个良好的工作态度。

在塑造职业形象上,一定要考虑到与企业的整体风格相一致,做到"入乡随俗"。

符合个性特征。职业形象也应突出自己的个性,根据个人的性格特点选择适合自己的风格,展现出属于自己独特的个人魅力。

📖 阅读材料:电视出镜企业家的礼仪形象

事实上,我们已经进入一个被广告与公关统治的时代,企业领导者需要展示自己的个人形象。社会上越有成就、越有名望的人,越有机会在媒体上亮相。无论是代表个人还是代表他们的企业和机构,每一次出现在媒体上,他们就如同被放在放大镜下,让全中国亿万观众细心地检查。

某地方台在一次晚间的摇奖节目中,当主持人宣布"请特邀嘉宾、××企业的老总为我们开奖"时,一位40多岁的男人冲上舞台。他身穿黑色衬衣,打着让人眼花缭乱的、五颜六色的大花领带,穿着一件黑色大皮夹克,如同刚出油锅的黑亮的头发向一边倒去,脸上的皮肤如同高低不平的丘陵。他接过话筒,一张口,黑黄牙齿全部暴露无遗。企业老总的这种形象,立刻被全国几亿人看到,这对企业是一种什么样的影响呢?

一家公司的董事长有一回要接受电视台的采访。为了慎重起见,事前这位董事长特意向自己特聘的个人形象顾问咨询,有无特别需要注意的事项。对方仅仅向他提了一项建议:换一个较为儒雅而精神的发型,并且一定要剃去鬓角。对方的理由是发型对一个人的上镜效果至关重要。果不其然,改换了发型之后的董事长在电视上亮相时,形象确实焕然一新。他的发型使他显得精明强干,他的谈吐使他显得深刻稳健。二者相辅相成,取得了良好的收视效果。

英美电视媒体专家研究发现,观众的注意力大约能维持25秒钟。企业领袖和成功人士在电视上亮相,在25秒内必须抓住观众的注意力,在短时间内提供非同一般的内容。在25秒内,成功地营销自己,是一切走向电视的人们最大的挑战。

企业必须重视塑造员工的职业化形象,主要措施有以下两条。

一是普及美学知识,提高审美能力。"爱美之心,人皆有之",现代企业的员工大都具有强烈的爱美心理,特别对服饰、发型和言谈举止之美有着热烈的追求。但由于审美修养的程度不同,审美趣味时常表现出一定的弹性与盲目性。这就需要通过审美教育,增强其主体性审美意识。较为实际而有效的方法是在职工中组织美学讲座或阅读美学书籍,普及一些有关色彩美、服饰美、仪表美、风度美、语言美和劳动美等方面的基本知识,以期促使广大员工自觉地按照美的规律来不断地完善自己。要提高员工的审美能力,还要培养他们多方面的艺术修养。企业应根据青年人的特点与喜好,经常组织一些看画展、听音乐、看电影、练书法等高雅而健康的娱乐活动,这对培养其积极的审美理想和鉴赏能力颇为有益。要引导员工在平常生活中,注意多观察周围的世界,在观察中要善于用眼、用心、用脑去观察,使审美能力在生活的点点滴滴中逐步提高起来。

二是推广美容知识,组织形体训练。有些人只想美,但对怎样才算美并不十分清楚,这是缺乏美容知识与技巧所致。企业可以举办美容培训班,让员工学习美容的专业知识。企业员工的行为美在很大程度上表现在姿态美方面,姿态一般是站态、坐态与步态的综合,它反映一个人的性格气质、心理状态和文化修养等。企业可以组织员工进行形体训练,让员工知道如何运用技巧性动作来形成自己的仪态。

第二节　职场人士仪容礼仪

"涂脂抹粉"爱漂亮、喜欢化妆并不是我们现代人的专利,也不是女人的专利。古人非常注重自己的仪表,无论男女,在外出或会见宾客时,常常需要花很长的时间打扮自己。化妆的历史至少可以追溯至距今2300多年前的春秋战国时期,《礼记》记载那时的女子"以丹注面",就是用红颜色涂在脸上当胭脂。《战国策》中说:"士为知己者死,女为悦己者容。"可见在古人眼中,仪容修饰是件非常重要的事。

一、仪容礼仪概述

仪容是指一个人的容貌,包括发式、面容、脸色等状态。它反映了一个人的精神面貌、朝气与活力,是传达给接触对象感官的最直接、最生动的第一信息。

一个人的仪容,大体上受到两大因素的左右。其一,是本人的先天条件。一个人相貌如何,通常主要受制于血缘遗传。不管一个人是"天生丽质难自弃",还是长得丑陋不堪,实际上一降生到人世便已"命中注定如此",其后的发展变化往往不会与之相去甚远。其二,是本人的修饰维护。每个人的先天条件固然头等重要,但这并非意味着一个在仪容方面先天条件优越的人,便可以过分地自恃其长,而不去进行任何后天的修饰或维护。事实上,修饰与维护对于仪容的优劣而言往往起着一定的作用。在任何情况下,一个正常人倘若不注意对本人的仪容进行合乎常规的修饰与维护,往往在他人的心目中也难有良好的个人形象可言。所以,我们在平时必须时刻不忘对自己的仪容进行必要的修饰和整理,做到"内正其心,外正其容"。

二、美发礼仪

发型是一个人文化修养、社会地位、精神状态的集中反映。美发一般是指对人们的头发所进行的护理与修饰,其目的在于使之更加美观大方,并且适合自身的特点(表8-2)。

表 8-2 职业人员发型选择标准

职业人员	发型特点
文艺工作者	发型要求新颖多样,既要适应演出的需要,又要在社会活动中给人以优美的形象,发型突出个性,富有艺术气息
运动员	一般适合留短发,线条简单流畅,波纹平淡自然,造型优美生动,发式持久、梳理方便,运动时头发不披散以免影响视线,梳洗后仍然保持原样。这种发型对露天操作的工人、农民也较为适宜
护士	发型既要简洁又要美观,戴帽时头发不外露,干净利落,显得文静大方、和蔼可亲
商业服务人员	发型可以优美活泼,显得热情生动
旅游服务人员	发型应以整洁美观为主,既有我国民族特点,又有时代气息,给人以健康明朗、文明礼貌的良好印象
教师和公务员	发型要求线条简单、波纹平淡自然,造型优美大方,显得朴实端庄

头发不但会随时产生各种分泌物,还会不断地吸附灰尘,并且使之与分泌物或汗液混杂在一起,甚至产生不雅的气味。因此保持头发干净、清洁。头发虽需勤洗,但也不能每天数次,以1~2天洗一次为宜。头皮屑多大大影响了个人形象,要特别注意清理肩上散落的头皮屑。梳理头发是一种私人性质的活动。他人所了解的,应当是其结果,而不是它的过程。若是在外人面前梳理自己的头发,使残发、发屑纷纷飘落的情景尽落他人的眼底,是极不雅观的。在工作场合,切忌披头散发,不要让刘海遮住眼睛,最好用发胶稍微将

其固定一下；面对客户时，切忌用手玩弄发丝，这样会给人留下不稳重的印象。

三、面部修饰礼仪

化妆是一种通过对美容用品的使用，来修饰自己的仪容，美化自我形象的行为。对一般人来讲，化妆的最实际的目的，是对自己容貌上的某些缺陷加以弥补，以期扬长避短，使自己更加美丽。经过化妆之后，人们大都可以拥有良好的自我感觉，身心愉快、精神振奋，从而缓解来自外界的种种压力，还可在人际交往中表现得更为自尊自信、更为潇洒自如、更为光彩夺目。

在当今职场中，女性化妆是一个基本的礼貌。进行化妆时，应认真遵守以下礼仪规范。

注意面部的清洁卫生。这是面部美容的关键，是化妆礼仪的基本要求（表 8-3）。不管长相多好，若满脸污垢，那必然会破坏一个人的美感。

表 8-3　面部卫生

	卫生要点
面部	面部清洁的标准是无灰尘、无污垢、无汗渍、无分泌物、无其他不洁之物
眼部	要及时除去自己眼角不断出现的分泌物，即"眼屎"。注意"眼屎"并非只产生在睡眠以后，而是随时都可能会出现。哪怕它只是在眼角或睫毛上残留一点点，都会给人以又懒又脏的感觉
耳部	洗脸时一定要清洗耳朵后面和耳郭中间，要经常清除耳孔里面的分泌物和落入其中的灰尘
鼻部	要去除鼻涕和鼻屎，经常检查一下自己的鼻毛是否过长。过长的鼻毛非常有碍观瞻，可以用小剪刀剪短，不要用手拔。切勿当众用手去擤鼻涕，更不要用力吸入腹中。需去除鼻涕宜在无人在场时进行，以手帕或纸巾进行辅助
口腔	不能使口部外边有食物残渣，口腔里面有食物残渣。每天刷三次牙，每次刷牙宜在餐后三分钟内进行，每次刷牙的时间不应少于三分钟。刷牙时要顺着牙缝刷，上边的牙往下刷，下边的牙往上刷，牙齿的各部位都必须刷到。在与人交往前，不要吃生蒜、生葱、洋葱等容易产生异味的食品，必要时可含一点茶叶或嚼口香糖，以去除异味。如果牙齿变黑或变黄，要及时去口腔医院洗牙
胡须	除了具有特殊的宗教信仰与风俗习惯，以及职业要求之外，在正式场合，男士是不宜蓄留胡须的，这既是为了清洁，也是对交往对象的一种尊重

化妆的浓淡要视场合而定。不同场合化不同的妆容，是得体形象的定位与诠释。职场女性在工作岗位上应当化淡妆，目的在于不过分地突出职场女性的性别特征。如果一位职场女性在工作场合妆化得过于浓艳，往往会给人过分招摇和粗俗的感觉。

不要当众进行化妆。在工作岗位上，当众化妆是很不庄重的，并且还会给人对待工作不认真的感觉。女士要化妆或补妆，最好去专门的化妆间或卫生间。特别需要提到的一点是，职场女士们更不要当着一般异性的面，为自己化妆或补妆。

不要使化妆妨碍于人。有的女士喜欢使用大量浓香型的香水和香粉，把自己搞得香气四溢,令人窒息。这种"过量"的化妆,就是对他人的妨碍。

不要使妆面出现残缺。化妆要有始有终,努力维护妆面的完整性。要是妆面深浅不一、残缺不堪,必然会给他人留下十分不好的印象。用餐之后、饮水之后、休息之后、出汗之后、沐浴之后,一定要及时地为自己补妆。

不要借用他人的化妆品。借用他人化妆品不卫生,故应避免。

不要与他人探讨化妆问题。每个人的审美观未必一样,所以不值得在这方面替别人忧心忡忡,更不要评价、议论他人化妆的得失。

四、手部与腿部礼仪

手是一个人的第二张脸,也是人们在工作场合中动作比较多的部位,所以手部的整洁很重要。勤洗双手,保持手部的洁净是最基本的礼貌。如果手部有过于另类的文刺图案,会降低其在别人心目中的印象分值。要经常修剪和洗刷指甲,不让污垢残存,不要留长指甲、涂染过于突兀的指甲油。在工作场合,修剪指甲是不文明、不雅观的举止。

阅读材料:看指甲选人

某餐厅新招一批服务员。面试时,经理特意观察了每位应聘者的手指,然后决定了这些人的去留。面试结束,有服务员向经理询问去留这些人的依据。经理笑着答道:"很简单,依据各人的指甲而定。长指甲的走人,修剪干净的留下!"经理见问者还是一脸的疑惑,又作了进一步的解释:"指甲修剪干净的,说明他平时就讲究卫生,同时也说明其平时就很勤快。而讲究卫生与做事勤快不正是餐厅服务员的基本素质吗?我当然要聘用。至于长指甲的,一般有两种人:一种是懒得剪的,标志是指甲缝里常常塞满了污渍,这种既懒惰又不讲卫生的人我自然不能用;还有一种是故意留的,指甲虽长,但绝对干净,可是我也不能用,因为这种人往往将太多的时间花在了清洁指甲之类的芝麻小事上,做起事来就不会太专心,当然更谈不上敬业了。"问者恍然大悟。

腿部在近距离之内为他人所注目,因此腿部的修饰必不可少。在工作场合不允许光着脚穿着鞋子,而且使脚部过于暴露的鞋子(如拖鞋、凉鞋)也不能穿。要注意保持脚部的卫生,保证脚无味。脚趾甲要勤于修剪,最好每周修剪一次。趾部通常不应露出鞋外。女士在工作场合穿裙子时,不允许光着大腿不穿袜子。男子成年后,一般腿部的汗毛都很重,所以在正式场合不允许穿短裤或卷起裤管。

四、香水礼仪

可可·香奈儿说过,不用香水的女人没有未来。香水能够赋予女人不同的味道与魅力,也许在不经意间的一抹香气,就让你的魅力指数直线上升。那么,香水喷在哪些部位才正确呢?

耳后。擦香水通常最普遍的地方就是这个部位,体温高又不受紫外线的影响。

后颈部。如果是长发,可以用头发盖住避免紫外线的照射。但是属于皮肤较敏感的部位,须视个人的状况而定,慎重使用。

头发。在发梢抹上香水,只要轻轻摆头,就洋溢着迷人香气。但是与人聚餐时,这里最好不要擦香水。

手肘内侧。手肘内侧属于体温高的部位,只要移动手肘就会散发出芬芳的香气。

腰部。参加聚餐时香水擦在腰部以下的部位,比擦在露出来的肌肤上更能使香味随着肢体摆动而摇曳生香。

指尖。指尖很容易沾上各种味道,希望在这个地方沾上香水成为你的习惯。

裙摆。只要你摆动裙子,香味就会轻柔地扩散,给人留下美好的印象。

使用香水如同妆容,要注意分清楚场合。工作时间或者面试时,只可以涂抹淡香香水,否则刺鼻的浓香会让人觉得与这个场合格格不入。

第三节　职场人士服饰礼仪

中国素有"衣冠王国"之称,传统服饰文化是中华文化的重要组成部分,它承载着悠久的历史,传播着中华深层的文化信息。早在原始社会、石器时代,我们的祖先就发明了骨锥和骨针,懂得了缝纫的原理,创造了原始服装,揭开了人类服装史的序幕。我国又是世界上最早发明纺织和丝绸的国家,还开辟了丝绸之路,成批的中国丝绸伴随着优秀的中国文化,传遍世界各地。我国又是个多民族国家,几千年来,各族人民相互学习,共同创造出了许多精美绝伦的服饰,如秦汉儒雅的袍服、魏晋飘逸的衫子、唐朝华美的襦裙、明代端庄的补服和清朝线条流动的旗袍等。这些异彩纷呈而又具有东方神韵的瑰宝,给中华民族文化增添了灿烂的光辉。中国服饰还深远地影响了日本、韩国、朝鲜、越南等周边国家。其中,日本的和服有汉服中的深衣款式的影子,韩国的韩袍也有汉服中的襦裙款式的影子。

一、服饰礼仪概述

服饰礼仪,就是人们在服装、配件及饰品方面应当了解与遵守的惯例。服饰礼仪的主要作用是为人们的装扮提供一个可参照的标尺。它告诉人们,在各种各样的具体情况下,应当怎样打扮,不应当怎样打扮;针对每一个人,什么样的装扮才是美的,什么样的装扮是不美的。与此同时,服饰礼仪又时时刻刻在提醒人们,每个人的穿着打扮绝非一己之私事,而是与对他人的尊重与否密切地联系在一起的。服饰反映了一个人的文化素质高低,审美情趣雅俗。具体来说,它既要自然得体、协调、大方,又要遵守某种约定俗成的规范或原则。

📖 阅读材料:右衽与左衽

我国古代中原民族(即后来的汉族)服装的衣襟不分男女都是左襟压右襟,称为右衽。与之相反,我国古代某些少数民族的服装却是前襟向左掩,异于中原一带的右衽。因此,左衽用以指受外族的统治。所以孔子说:"管仲相桓公,霸诸侯,一匡天下,民到于今受其赐,微管仲,吾其被发左衽矣。"我国现代服饰则是"男右衽、女左衽",这实际上是欧洲国家的风俗习惯。美国人玛里琳·霍恩在其所著《服饰:人的第二皮肤》一书中提供了一种解释:"男子上衣纽扣总是钉在右侧门襟上,而女人上衣的扣子则钉在左侧。对于这种习惯有如下解释:男人用他的左手扣解纽扣,可以腾出右手继续把握工具或刀剑来工作或战斗,而女人则习惯于左手抱孩子,可以用右手扣解纽扣。"近现代,中国引进并普及西式服装后,接受了欧洲国家的这种习惯。

资料来源:张建宏据有关资料整理

(一) TPO 原则

"TPO 原则"是国际上公认的衣着标准,T、P、O 分别是英语中 Time、Place、Object(另外有一种说法是 Occasion,即场合)三个单词的首字母缩写,"T"代表时间、季节、时令、时代,"P"代表地点、场合、职位,"O"代表目的、对象。它要求人们的着装要与时间、季节相吻合,符合时令;要与所处场合环境,与不同国家、区域、民族的不同习俗相吻合,符合着装人的身份;要根据不同的交往目的、交往对象选择服饰,给人留下良好的印象。

在工作场合,职场人士的服饰所透露的主要是与职务、公务相关的信息。工作场合的着装要能够营造一种严肃、紧张的气氛,服饰打扮的基本要求是要整洁、大方、高雅,不需过分引人注目,因而,不宜穿着时装和便装。在这种场合下,服装要求款式简单、颜色单一,且比较保守,女性着装忌性感,即"短""露""透""紧"。在工作场合,衣着暴露者会被贴上"不可靠,不稳重,不懂规矩,随便"的泛道德化的标签,从而降低对其工作能力的评价。甚至有可能使得异性同事为了避嫌,敬而远之,疏远了与异性同事之间的生物距离,同时招惹来的可能是一些不怀好意的异性同事。

(二) 其他原则

衣着搭配应达到四层境界:第一层是整洁,第二层是和谐,第三层是美感,第四层是个性。

整洁原则。整齐干净是服饰打扮的首要原则，着装整洁可以让人有"纯净、美好、信任、安全、舒适"等审美享受，可以给被欣赏者带来很多关于人品和形象上的正面评价。服饰不能沾有污渍，不能有绽线的地方，更不能有破洞，扣子等配件应齐全，衣领和袖口处尤其要注意整洁。

和谐原则。选择服装时，首先要与自身体型相协调。服饰能遮盖体型的某些不足，借助于服饰能创造出一种美妙身材的错觉。此外，服饰还要与年龄、肤色、职业相配。

美感原则。服饰的美是款式美、质料美和色彩美三者完美统一的体现，形、质、色三者相互衬托、相互依存，构成了服饰美统一的整体。在生活中，色彩美是最先引人注目的。单一的色彩无所谓美、丑。只有两种色彩组合在一起的时候，才会出现好与不好的效果。所以，服饰的色彩搭配很重要。

个性原则。经典很重要，时髦也很重要，但切记的一点是匠心独具的别致。由于年龄、性格、职业、文化素养等不同，每个人自然就会有不同的气质。服饰选择既要符合个人气质，同时还要通过服饰更表现个性气质，让服装尽显自己的个性风采。

二、职场人士服饰礼仪

职业是人们为自己选择服饰时不能遗忘的重要一点。身为职业人士，在工作岗位上的穿着打扮是否得体，往往是有无敬业精神的具体体现。更重要的是，这往往还是一个企业、一个组织的信息窗口，因为与之交往的企业或其他组织人士可以通过员工的着装水平去窥探企业或组织的面貌和实力。不同的职业有不同的着装要求。比如银行、金融、证券行业的工作人员，服装应以中性为主，体现自己的亲和力，体现沟通和服务的渴望，款式要简洁，颜色最好以纯色为主，太过花哨的服装会影响其他人的情绪、判断力和办公效率；这样的服装对于调节自我状态也十分有好处，能给自己以冷静、有分寸感的心理暗示。而从事广告业的工作人员，对服装的要求不是很严格，随意性很大，穿着可以很本色，张扬自己的个性和创造力，对于颜色也没有什么固定的要求，同色系、不同色系均可，可以很正式，也可以很自由。有时由于职业的因素，使人们不得不放弃许多个人的兴趣。职业着装礼仪主要体现在女士套裙礼仪、男士西装礼仪、制服礼仪以及与之相关的配饰礼仪三方面。

(一) 女士套裙及相关配饰礼仪

职业女性应遵循"职业第一，美丽第二"的原则。所有适合职业女士穿着的裙式服装中，套裙是首选。工作场合穿的套裙，要讲究朴素而简洁，可以不带任何图案。一些以圆点、条纹图案为主的套裙，也可以穿着，但不能用花卉、宠物、人物等符号为主体图案。套裙上不要添加过多的点缀，否则会显得杂乱而小气。

套裙的上衣和裙子的长短没有明确的规定，一般认为裙短不雅，裙长无神。最理想的裙长，是裙子的下摆恰好抵达小腿肚子最丰满的地方。套裙中的超短裙，裙长应以不短于膝盖以上15厘米为限。

穿套裙的时候一定要穿衬裙。特别是穿丝、棉、麻等薄型面料或浅色面料的套裙时，假如不穿衬裙，就很有可能使内衣"活灵活现"。忌在工作场合不加掩饰随意地整理内衣，女性如感到内衣穿着不舒适，应就近寻找卫生间，在卫生间内得体处理。忌内衣外泄及疏忽个人服饰卫生,女性在与人交往中,随时要注意自己的内衣是否外泄,并应有良好的卫生习惯,每日要换洗内衣。

天天穿着沉闷的职业装真是让人难以提起精神。如何让死板的职业装焕发时尚魔力？佩戴丝巾是最简单而又优雅的方式。丝巾的系法很多,下面介绍一种。

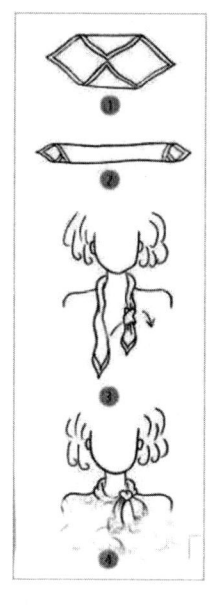
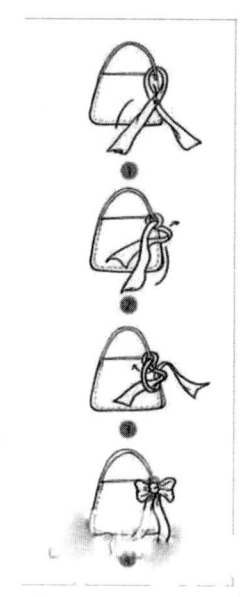

在着套裙的情况下,职场女性一般要穿高跟或半高跟的皮鞋,但鞋跟不宜过高、过细。黑色皮鞋是搭配套裙的正宗颜色,其他颜色的皮鞋应当与套裙的颜色一致。穿凉拖鞋表达放松的心情和度假的状态,这在职场中并不合适。不要穿彩色或图案过于醒目的袜子,它会让人感到轻佻、缺乏稳重感,应当在单色、肉色、黑色、浅灰色、浅棕色等几种常规颜色中选择。有的袜子是需要和其他服饰配套穿的,如黑色网眼丝袜与黑色网眼面纱、黑色网眼长筒手套一同使用,是典型的社交晚装搭配。袜子的长度一定要高于裙子的下部边缘,且留有较大余地,也就是忌讳袜口外露,否则就会出现"三截腿"现象,也就是说,裙子一段,袜子一段,腿肚子一段。这样的穿着会使腿看起来又粗又短,极为不雅。不要穿跳丝、有洞的袜子,因为袜子的残破比服装更引人注目。

职场女性穿套裙时,佩饰要以少为宜,一般不应超过三种,且每种也不宜多于两件。适合我们日常佩戴的首饰基本上是两件套或三件套,常见的两件套组合有戒指配项链、耳环配项链、手镯或手链配耳环、戒指配耳环等,得体的三件套组合则有戒指、耳环配手镯,戒指、耳环配胸针,戒指、项链配耳环,耳环、项链配手镯,耳环、项链配手链等。佩戴戒指可标明你的婚姻状况,一般来说,戴在食指上表示求婚,戴在中指上表示已在恋爱中,戴在无名指上则表示已婚,戴在小指上则表示自己是一个独身主义者。

职场女性在佩戴首饰时,必须兼顾自己的职业形象,以不妨碍工作为原则。避免佩戴太漂亮或会闪光的饰品,太长的项链、耳环也是不适合的,另外太高档的戒指更是不宜出现在工作场所。当然,如果你的饰品在工作时会发出声音,为了不影响别人的工作情绪,也应该立即取下。

作为职业女性,在通常情况下,随身携带的包内应必备下列物品:化妆品,如化妆盒或口红、眉笔、镜子、梳子等;办公用品,如纸、笔、名片夹、记事本、通讯录等;个人卫生用品,如纸巾等;钱包及备用物品,如备用丝袜等。虽不必一一具备,但应基本包括。当然,放时要分门别类,以方便取拿,总不能因为寻找一张名片而找遍整个包袋,这样的确有损形象。

(二)男士西装及相关配饰礼仪

职场男性一般都着西装。在搭配上,全身着装的颜色应当限制在三种以内;否则,繁杂的颜色会给人留下不好的印象,有失庄重。黑色、深蓝色、深灰色、黑灰色的西装最能显示专业气度与权威感,适合大企业、大公司、大的政府机关和事业单位的文化氛围与穿着要求。尤其是在参加正式会议或首次与重要客户见面时,黑色、深蓝色、深灰色、黑灰色的西装会为你塑造出干练的形象。西装袖口的商标牌一定要拆掉,否则会成为别人的笑柄。

一般来讲,穿的西服合体看起来才顺眼。而一件西服是否合体,首先要看领子。西服的领应紧贴衬衣领并低于衬衫1～2厘米,四周荡开是犯忌的。西服衣长应与手的虎口平,袖长和手腕平,并要使衬衫袖口略长于西服袖口1～2厘米。胸围以穿一件羊毛衫感到松为宜,不宜过于肥大,以保持其特有的挺括潇洒的风格。

着西装时,内衣不要穿太多,春秋季节只配一件衬衣最好,冬季衬衣里面也不要穿棉毛衫,可在衬衣外面穿一件羊毛衫,因为穿得过分臃肿就会破坏西装的整体线条美。

着西裤时,要与上装互相协调,以构成和谐的整体。裤长以裤脚接触脚背最为适宜。穿西裤时,注意扣子要扣好,拉锁要拉严。

对于男士来说,领带是唯一引人注目而可以频繁变化且不至于过分张扬的东西,因此,领带有"西服的灵魂"之称。男士一般在正式或半正式场合都应系扎领带。领带的扎法也很有讲究,方法有很多种,下图是领带的一种系法。领带系好后,不能过长或过短,其规范的长度应当是站立时其下端触及腰带为好。

目前国际上流行的西服是单排扣,双排扣西服更加正规和拘谨。一般来说,双排扣西装应把扣子都扣好。单排扣西装:一粒扣的,系上显得端庄,敞开比较潇洒;两粒扣的,只系上面一粒显得洋气,只系下面一粒显得流气,都不系、敞开显得帅气,全扣上则显得土气;三粒扣的,系上面两粒或只系中间一粒或全不扣都是可以的。

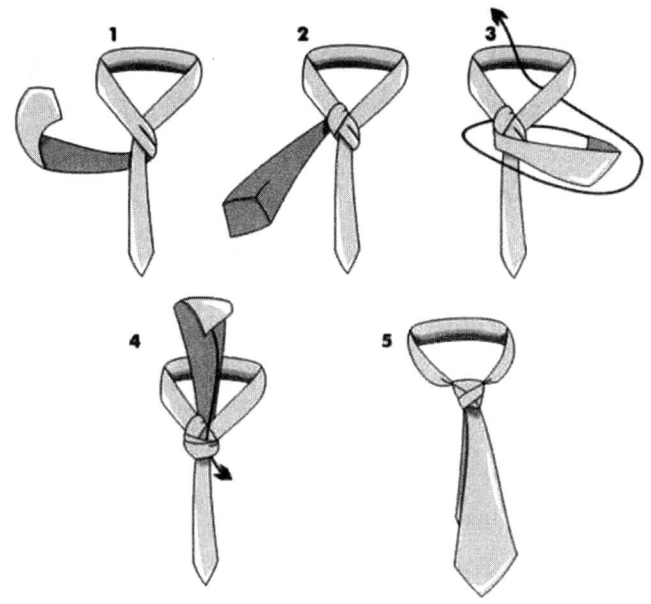

西服衣袋的功能各异。上衣两侧的衣袋只作装饰用,不宜装东西。西服左胸口是专放装饰用手帕的。票夹、笔记本、笔等物可置上衣内侧口袋。西裤的左右插袋及后袋,同样不宜放太多东西,以使臀围合适,裤型美观。

皮鞋在男士的整体着装中占重要地位,它不仅能映衬出服装的整体美,更重要的是它还能增加人体本身的挺拔俊美。在西服与鞋袜的搭配上,一般要配以皮鞋,杜绝出现运动鞋、凉鞋或者布鞋。皮鞋要每天保持光亮整洁。在选择袜子的时候,要注意其颜色必须保持和西装的整体颜色相协调。如果是穿深色的皮鞋,袜子的颜色也应该以深色为主,白色袜子是不宜穿的,同时避免出现比较花哨的图案。

鞋子、腰带和公文包的颜色应当保持协调一致。如果三者的颜色都为黑色,会彰显出职场男性的高贵品位和职业形象。

一般情况下,男士不需要佩戴首饰,一只手表、一枚结婚或订婚戒指就足够了。今天,手表的计时功能已经被手机取代,但手表仍然是职场人士不可或缺的配饰,因为它是隐喻个人时间观念,以及代表个人社会身份与地位的象征符号。工作场合,最好戴机械表,不宜带潜水表、太空表。已婚男人带一枚婚戒,表明了对家庭的责任感。

职业男性应携带至少一支钢笔,可放在公文包里,也可放在西装上衣内侧的口袋里,但绝不能插在西装上衣外侧的口袋里。

(三)制服及相关配饰礼仪

对于一些服务性企业来说,制服既是劳动保护用品,更是企业特性的需要。它方便客人识别,也是企业档次、经营者品位的体现,它可以加深员工对企业经营意图的理解。在工作场合,穿着职业服装不仅是对服务对象的尊重,同时也使着装者有一种职业的自豪感、责任感,是敬业、乐业在服饰上的具体表现。

一般来说,服务性企业员工身着制服,应合乎如下要求。1. 整齐。制服必须合身,注意四长(袖至手腕、衣至虎口、裤至脚面、裙至膝盖)、四围(领口以能插入一指大小为宜,上

衣的胸围、腰围及裤裙的臀围以配穿一套羊毛衣裤的松紧为宜）；内衣不能外露、外透，不挽袖卷裤，不漏扣、掉扣，领带、领结、飘带与衬衫领口的吻合要紧凑且不系歪，工号与标志牌要佩戴在左胸的正上方，有的岗位还要戴好帽子与手套。2. 清洁。衣裤无污垢、油渍、异味，领口与袖口尤其要保持干净，皮鞋保持光洁。3. 挺括。服装穿前烫平，穿后挂好，做到上衣平整、裤线笔挺。4. 美观大方。制服不论是西装、套装（裙）还是旗袍、连衣裙，款式应大方、高雅，线条自然流畅，便于员工接待服务。另外，鞋、袜是服装的一部分。员工不得光脚，不宜穿胶鞋、凉鞋。女士宜穿浅色袜子，不穿黑色丝袜，夏日应穿长筒丝袜，着黑色皮鞋或黑色布鞋。男士宜穿深色袜子，着黑色皮鞋或黑色布鞋。饰品佩戴应遵循行业与企业的规定，比如旅游行业，一般只允许员工佩戴一枚结婚或订婚戒指和一只手表。

对于企业来说，制服的设计应配合企业经营环境，突出企业的主题和特色。但这种特色设计一定要恰如其分，不可过于夸张。不要使员工感到自己像杂耍演员，为不得不穿制服上岗而苦恼，而应使员工穿上制服后为自己的与众不同而骄傲。为使员工按要求着制服上岗，工作场地应尽量保持相应的室温，否则就会出现员工不正规地减装或加装现象。

第四节　职场人士仪态礼仪

　　中国人自古以来就很重视体态，强调一个人要站有站相、坐有坐相、走有走相，正所谓"站如松，坐如钟，卧如弓"。就坐相而言，古代又有"危坐""端坐""斜坐""跪坐"和"盘坐"之分，分别用于不同的社会联结关系和语言环境。现代人自然不必一味模仿古人、拘泥于旧习，但还是要讲究体态礼仪。这些虽属小节，然而毕竟是人的思想感情和文化修养的外观，人们可以通过这些姿势来表现个人的风雅，也常常通过观察别人的无声静姿去衡量对方的文明价值，甚至据此会在与对方开口交谈之前就形成极为肯定和极为否定的印象。美国心理学家艾伯特·梅瑞宾认为，一条信息的表达＝7％的语言＋38％的声音＋55％的人体动作。美国心理学家艾德华·霍尔则十分肯定地说,无声语言所显示的意义要比有声语言多得多。可见,在社会交往过程中,体态语具有相当重要的意义。

📖阅读材料:周总理的仪态美

周恩来总理早在南开中学求学时就注重自身修养的修炼,努力做到仪态美。他在半个多世纪的革命生涯中,形成了独特的"周恩来风格体态语",在举手投足间,他都向人展现出一个彬彬有礼、温文尔雅、和蔼可亲的东方美男子形象。一位欧洲女作家这样评论周总理:他的眼睛是他身上最惊人的特点,总是闪着光并迅速移动,人人都发现它是不可抗拒的。周总理在演讲时,步履矫健,昂首挺胸,神色自然,仪态万方,周身洋溢着自信与激情。他时而平静、时而激动、时而温和、时而愤怒,而这一切都是那样得体和恰如其分。独具魅力的体态语,帮助周恩来把自己塑造成为一位受到普遍欢迎的交谈伙伴、一位杰出的演说家、一位老练的谈判高手、一位劝说行家这四种角色集于一身的出色形象。

一、表情

表情通常主要是一个人的面部表情,包括眼神、笑容及面部肌肉的综合运动,等等。从本质上讲,每个人的表情是其内心思想、情感的最真实、最自然的流露。人们通过表情来表达自己的情感、态度,也通过表情理解和判断他人的情感和态度。面部表情中,最重要的是微笑和目光。

(一) 微笑

笑有很多种,轻笑、微笑、狂笑、奸笑、羞怯的笑、爽朗的笑、开怀大笑、尴尬的笑、嘲笑、苦笑……几种笑容中,微笑是最为人们所欣赏和接受的笑的形式。达·芬奇的杰作《蒙娜丽莎》之所以成为久负盛名的传世佳作,就在于作者成功地刻画了主人公充满魅力的微笑。

"人无笑脸莫开店",微笑是无价的"商品",蕴藏着巨大的魅力,国内外很多企业都非常重视微笑服务。日本的旅游饭店要求服务人员一进饭店就像演员进入剧场一样,"笑迎八方客",把微笑作为"通向五大洲宾客心灵的护照"。美国一家百货商店的人事经理这样说,她宁愿雇佣一个只是小学毕业却有愉快笑容的女孩,也不愿雇佣一个神情忧郁、板着面孔的哲学博士。

有些人天生就是一副笑脸,但更多的人却没有这样一副笑脸,那该怎么办？学会微笑！微笑的训练方法如表8-4所示。

表8-4 微笑训练方法

	训练要求
对镜训练法	端坐镜前,衣装整洁,以轻松愉快的心情,调整呼吸自然顺畅；静心3秒钟,开始微笑；双唇轻闭,使嘴角微微翘起,面部肌肉舒展开来,同时注意眼神的配合,使之达到眉目舒展的微笑面容。如此反复多次。自我对镜微笑训练时间长度随意。为了使效果明显,可放背景音乐(较欢快的节奏)
情绪诱导法	情绪诱导就是设法寻求外界物的诱导、刺激,以求引起情绪的愉悦和兴奋,从而唤起微笑的方法。诸如,打开你喜欢的书页、翻看使你高兴的照片、画册,回想过去幸福生活的片断,放送你喜欢的、容易使自己快乐的乐曲等,以期在欣赏和回忆中引发快乐和微笑。有条件的话,最好用摄像机摄录下来
强迫微笑法	强迫自己微笑,如果你是单独一个人,强迫你自己吹口哨,或哼一首歌,表现出你似乎已经很快乐。因为行为和感觉是并肩而行的,如果我们不愉快的话,要获得愉快的主动方式是愉快地坐起来,而且言行都好像已经愉快起来
含箸法	这是日本式训练法。道具是选用一根洁净、光滑的圆柱形筷子(不宜用一次性的简易木筷,以防拉破嘴唇),横放在嘴中,用牙轻轻咬住(含住),以观察微笑状态

面对他人微笑时,需注意以下几点。1. 在与对方目光接触的同时,在开口说话之前,首先献上一个微笑。这样,就创造了一个友好热情的气氛和情境,肯定会赢得对方满意的回报。2. 启动微笑时,要目视,启动与收拢都必须做到自然,切忌突然启动和突然收拢。3. 微笑时,显露出6~8颗上牙是最美的,但不要急于把6~8颗牙都露出来,牙齿微露也可以表示开朗真诚。4. 微笑要神态自若,双唇轻合,目光有神,自然大方。5. 微笑的最佳时间长度,以不超过7秒钟为宜,时间过长会给人以傻笑的感觉。6. 微笑要适度。虽然微笑是人们交往中最有吸引力、最有价值的面部表情,但也不能随心所欲,随便乱笑,想怎么笑就怎么笑,不加节制。不要笑过头了,嘴咧得太大,给人一种傻乎乎的感觉。7. 不要出现皮笑肉不

笑的现象。克服这种现象的最有效办法就是态度的真诚。8. 微笑要发自内心。要做到这一点,首先要有爱岗敬业的思想,因为有了对工作的热爱,就有了做好工作的主动性和责任感;其次要加强文化知识的学习,文化水平的提高有助于思维的扩展。

需要特别指出的是,管理者脸上的微笑是职场管理者所不可缺少的。管理者对员工主动的微笑意味着其平易近人的管理风格。过于严峻的管理者常使员工"不寒而栗",永远不可能被下属当知己看待,员工也因此不可能在工作中投以全部的热情、精力与智慧。管理者的微笑具有非同一般的鼓动力,它是对员工劳动的认可和赞赏,也是一种勉励。员工受到鼓舞,便能给宾客以感情化的服务。管理者的微笑又是在向员工展示其理解、宽容和感激的内心世界。员工的工作时常很"机械",易引起心理疲劳和生理疲劳;员工在形形色色的宾客面前,难免会受到一些委屈,但他们必须忍气吞声。每当这个时候,他们看到管理者亲切会心的微笑,身体的疲乏和内心的怨气就可以缓解,并可增强勇气和自信心。

📖阅读材料:影响微笑的因素与促进微笑的方法

据东方驿站酒店管理有限公司的调查显示,影响员工微笑的十种因素是:1. 个人情绪(如家庭不和睦、失恋等);2. 工作环境不轻松、职工男女比例不协调;3. 薪酬与自身能力的比例不协调;4. 没有完善的激励、福利机制(做多做少一个样);5. 严肃而令人讨厌的领导(如不会笑的领导);6. 公司对员工许下的承诺没有兑现;7. 人际关系(如同事与同事、上下级员工的关系矛盾);8. 没有相应的团队活动(如聚会、竞赛);9. 人的性格及心理素质;10. 对企业的发展和前途没有信心。

根据以上分析,东方驿站酒店管理有限公司认为可采取以下措施促进员工微笑:1. 为员工创造一个温暖、和谐、向上的工作环境;2. 注重培养员工"敬业乐业"的精神,一个人如果不热爱这份工作,对客人没有爱心,是很难笑出来的,强装笑脸更不会持久;3. 定期给予员工物质奖励(如加薪、提成);4. 肯定员工的工作成绩,提供良好的晋升和培训机会;5. 通过举办相应的团队活动(如竞赛、聚会、化装舞会),改善员工与员工之间、上级与下级之间的关系;6. 定期给员工精神奖励,评选在服务中表现突出的员工(如"微笑大使"评选、"沟通大使"评选等);7. 树立良好的企业文化,定期公布企业的发展战略及前景。8. 改善办公环境(如播放轻松的音乐、室内装饰些漫画等相应能诱发"笑"的艺术品);9. 在员工宿舍、员工更衣室、办公室等员工每天都会出入的地方挂一面镜子,镜子上贴个笑脸,并标六个字"今天我笑了吗";10. 晨会时,大家讲些有趣的事和富有哲理的笑话,好的开始是成功的一半;11. 让"最佳笑星"指导帮助冷脸员工,让他们早日脱离冷脸行列。

(二) 目光

眼睛被誉为"心灵的窗口",我国古代《诗经》里就有"巧笑倩兮,美目盼兮"的诗句。孟子云:"存乎人者,莫良于眸子。眸子不能掩其恶。胸中正,则眸子瞭焉;胸中不正,则眸子眊焉。"从眼睛里流露出真心是理所当然的,眼神的千变万化表露着人们丰富多彩的内心世界。目光被认为是表达情感信息的重要方式,比如彼此相爱的人和仇人的目光是完全不同的,前者含情脉脉,后者则怒目而视。

在工作场合中,注视别人可以有多种方式的选择。表8-5是最常见的注视方式。

表 8-5　常见注视方式

	注视方式
直视	即直接地注视对方,表示认真、尊重,适用于各种情况。若直视他人双眼,称为对视。对视表明自己大方、坦诚,或者是关注对方
凝视	是直视的一种特殊情况,即全神贯注地进行注视,多用于表示专注、恭敬
盯视	即目不转睛、长时间地凝视他人某一部位,表示出神或挑衅,不宜多用
虚视	相对于凝视而言的一种直视,指的是目光游离,眼神不集中,多表示胆怯、疑虑、走神、疲乏,或是失意、无聊
扫视	即视线游离,注视时上下左右反复打量,表示好奇、吃惊,不可多用,尤其对异性禁用
睨视	即斜着眼球注视,多表示怀疑、轻视,一般忌用,尤其是初次交往
眯视	眯着眼睛注视,表示惊奇、看不清楚。因神态不大好看,所以不宜采用
环视	有节奏地注视不同的人员或事物,表示认真、重视,适用于同时与多人打交道,表示自己"一视同仁"
他视	即与某人交往时不注视对方,反而望着别处,表示胆怯、害羞、心虚、反感、心不在焉,不宜用于社交场合
无视	也叫闭视,指人在交往中闭上双眼不看对方,表示疲惫、反感、生气、无聊或者没有兴趣

人们在工作交往中联系业务、洽谈公事以及外事谈判时,目光所及区域在额头至两眼之间,这种注视给人一种郑重、严肃的感觉。在一般交谈的情况下,相互注视约占31%,单向注视约占69%,每次注视的平均时间约为3秒,但相互注视约为1秒。长时间的注视会引起生理上和情绪上的紧张,对此人们通常会很快做出回避行为,以减少紧张。面对上司和贵宾时,站立或就座应选择较低之处,自下而上地仰视对方,往往会赢得对方的好感。当对方缄默不语时,不要看着对方,以免加剧因无话题本来就显得冷漠、不安的尴尬局面。当对方说了错话或显得拘谨时,不要马上转移自己的视线,否则,对方会误认为是对他的讽刺和嘲笑。目光、视线、眼神都是时刻变化的,要善于读懂对方的眼语。瞪大双眼,表示愤怒、惊愕;睁圆双眼,表示疑惑、不满。眼皮眨动一般每分钟5~8次,过快表示活跃、思索,过慢则表示轻蔑、厌恶。有时,眨眼还可以表示调皮和不解。眼球反复转动,表示在动心思;悄然挤动,表示向人暗示。

因为民族、文化的差异,目光的礼节会有所不同。比如美国人使用目光相互打量的次数多于大多数亚洲人,如果一个美国人同一个中国人交谈,美国人可能会误认为中国人紧张,缺乏自信或失礼,而中国人会感到美国人目光有些放肆。这正是因为中国人使用目光的次数少于美国人。同时,美国人习惯在正式谈话时看着对方的眼睛,如果看别处就是一种失礼的行为。

二、举止礼仪

举止指的是人们的肢体动作。在心理学上,人的举止动作称为"形体语言",它被认为能够同样真实、准确地反映人的心理活动。

在工作场合,正确站姿的基本要求是身体挺直,但不能僵硬,而是要自然、放松,从整体上给人以端正、庄重的感觉;不可以靠着墙或门框站着,这样容易让人觉得散漫、懒惰,甚至不正派。职场男性的步态应当大方、稳重,职场女性的步态应当自然、轻盈。遇到紧急情况时可以加快步伐,但不要慌慌张张地奔跑。一般选择右侧前行,不走中间。切忌走"外八字"或者"内八字"。工作场合的坐姿要求端庄而优美,给人以文雅、稳重、自然大方的美感。落座时要轻稳,女士若着裙装,应用手先轻拢裙摆,而后入座。落座后,身体应当和桌子保持一拳左右的距离,坐满椅子的 2/3,男性双腿可以分开约一拳的距离,女性腿要并拢,特别是在穿短裙时更要注意,也可以双腿斜向一方,双脚交叉,双膝靠拢。起立时,右脚向后收半步而后起立。在工作场合,取低处物品时,不要弯上身翘屁股,应是右脚前行半步,屈左膝随势蹲下,手拾物品,上身呈自然前倾状态。

上下车的姿势要十分讲究,特别是女性。开门后侧着身体进入,而不是头先钻进去;下车时脚先着地,头部自然伸出,起身立稳后再离开。女士上车时应先一条腿伸进去,然后进另一条腿,同时收拾好自己的衣裙;下车时,将双腿同时踏到地上,然后伸出头,挺直全身并整理好服饰后再离开。

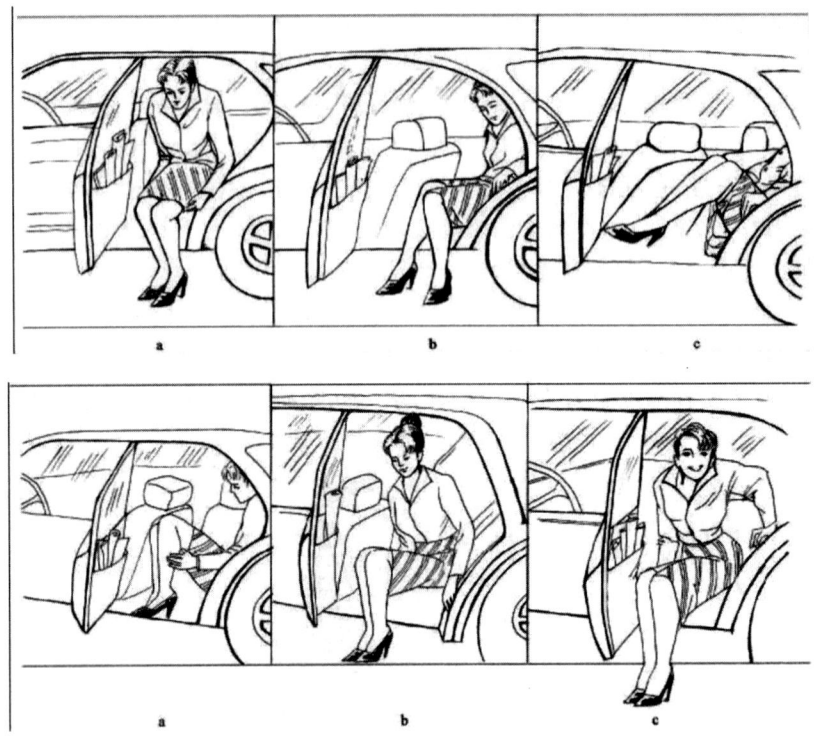

手势助说话,可以加重语气,增强感染力,但要切记手势不宜过多,动作不宜过大,不要"指手画脚"和"手舞足蹈"。手势的美在于静中有动,动静交替,恰当搭配。在各种场合都应避免一些不卫生、不稳重、易于误解、失敬于人的手势,如当众搔头皮、掏耳朵、抠鼻孔、剔牙等。有些手势在使用时应注意区域和各国不同习惯,不可以乱用,因为各地习俗迥异,相同的手势表达的意思不仅有所不同,而且有的大相径庭。比如表示事情顺利时,有些人爱用右手的拇指和食指做成一个圈,其余三个手指伸出,表示"OK",一切顺利,在美国、英国可以这样示意;而"OK"手势在日本表示钱,在法国南部地区则表示"零"或表示某件事情不值一提。

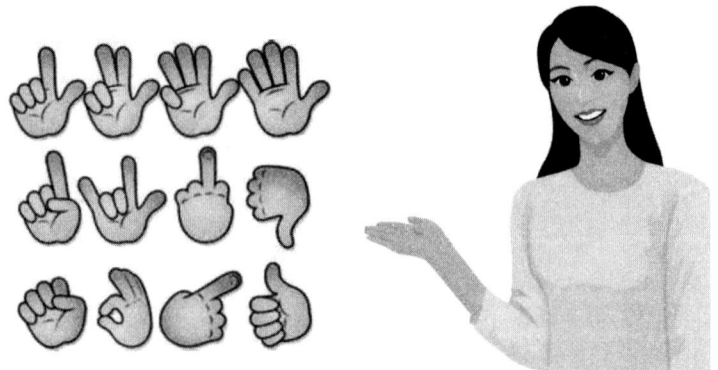

双手递物或接物体现出对对方的尊重,如果在特定场合下或东西太小不必用双手时,一般用右手递接物品。递笔、刀、剪之类尖利的物品时,注意将方便的一面递给别人,把尖

利的、难拿的一面留给自己。把现金赤裸裸地递给别人显得不够尊重,妥善的办法是把现金放入信封中,再把装有现金的信封双手递给对方。如果是递送文件,要将下面对着接物一方。在工作场合,会议或迎候嘉宾时多用到鼓掌。其做法是以右手掌心向下,有节奏地拍击掌心向上的左掌,必要时,应起身站立。但是,不允许"鼓倒掌"。夸奖他人时,竖起大拇指,指尖向上,指腹面向被称道者。表示"这边请"的意思时,应右手五指并拢、伸直,掌心向上,腕关节伸直,手掌与前臂成一直线,以右手掌尖微指被请之人,然后以之指明方向。在这里,掌心向上,是为了表示虚心和待人的敬意。

📖 阅读材料:个人举止是"说明书"

多年前,美籍华人 Mr. 罗来内地投资一个价值过百万的汽车尾气治理项目,当时共选择了两个城市:烟台和 A 市,而 Mr. 罗更青睐 A 市。为此,一行人先行到 A 市考察,受到了当地某企业的热情款待,但是交谈中该企业老板突然面向 Mr. 罗的夫人打了个喷嚏,夫人当场面带不快,结果他们没吃午饭就离开了 A 市。Mr. 罗在谈到原因时说:"我的汽车尾气项目就是为了改变城市的空气卫生,一个企业的负责人这么不注意卫生,岂能把这个项目做好?"而随后前往烟台市考察期间,他们受到了烟台市某企业热情有礼的招待,项目很快谈成。

有一次法国某企业老板与我方交流,我方一领导在交谈时一直只注视着中方的翻译,法国老板认为没有受到应有的尊重,最后决定以后不到中国投资了。一个礼仪上的缺失竟导致了一个潜在的国际投资的流产。

郭先生是一位外贸公司的总经理,一次,因为工作的需要而在国内设宴招待一位来自英国的生意伙伴。有意思的是,那一顿饭吃下来,令对方最为欣赏的倒不是郭先生专门为其准备的丰盛的菜肴,而是郭先生在陪同对方用餐时的一处细小的举止表现。用那位英国客人当时的原话来讲就是:"郭先生,您在用餐时一点儿响声都没有,使我感到您的确具有良好的教养,我们很愿意同您合作。"

思考与演练

1. 欣赏影片《风月俏佳人》《时尚女魔头》《公主日记》《窈窕淑女》等电影中的某一部,然后分组讨论:什么是形象?形象包括哪些方面?你的形象符合职场要求吗?如何塑造自己的职业形象?

2. 有人提出了"知识美容论"的观点,他们认为,掌握丰富的知识,深化自己的内涵,是一种深层次的化妆、生命的化妆,因为人的精神面貌的塑造,在很大程度上取决于其思想境界、道德情操和文化素养这些内在品质,这才是人生命美的常青树。比如,有的人尽管穿着高级的名牌衣服,但他的内在涵养不高,整体也显示不出美的效果;有的人礼仪语言的表达很动听,即使他着装很俭朴,但给人的感觉依然是美的。请你谈谈对这段话的理解。

3. 在礼仪、酒店、餐馆、娱乐、交通和银行等服务行业,普遍采用"咬筷子法"来练习"微笑服务",请你采取这种训练方法,带领大家一起进行微笑训练,体会微笑给人带来的快乐。

4."云想衣裳花想容",相对于偏于稳重单调的男士着装,女士们的着装则亮丽丰富得多,得体的穿着不仅可以显得更加美丽,还可以体现出一个现代文明人良好的修养和独到的品位。但无论男士还是女士,着装都必须符合"TPO原则",请你结合该原则,分析下面三个案例。

(1)一外商考察团来某企业考察投资事宜,企业领导高度重视,亲自挑选了庆典公司的几位漂亮女模特来做接待工作,并特别指示她们身着紧身上衣,黑色的皮裙,领导说这样才显得对外商的重视。但考察团上午见了面,还没有座谈,外商就找借口匆匆走了,工作人员被搞得一头雾水。

(2)小黄去一家外企进行最后一轮总经理助理的面试。为确保万无一失,这次她做了精心的打扮。一身前卫的衣服、时尚的手环、造型独特的戒指、亮闪闪的项链、新潮的耳坠,身上每一处都是焦点,简直是无与伦比、鹤立鸡群。况且她的对手只是一个相貌平平的女孩,学历也并不比她高,所以小黄觉得胜券在握。但结果却出乎意料,她并没有被这家外企所认可。

(3)国内一家效益很好的大型企业的王总经理经过多方努力,终于使德国一家著名的家电企业董事长同意与自己的企业进行合作谈判。谈判时,为了给对方留下精明强干、时尚新潮的好印象,王总上穿夹克衫,下穿牛仔裤,头戴棒球帽,足蹬旅游鞋。当他精神抖擞、兴高采烈地带着秘书出现在对方面前时,对方瞪着不解的眼睛看着他上下打量了半天。最终,这次合作没能成功。

5.我国有56个民族,不同民族基于生存环境、习俗文化等的差异,服饰的发展变化也不尽相同。请你通过网络,收集全国56个民族代表性服装服饰的图片,制作成PPT。

6. 设定不同的工作场所,让学生扮演各种不同的角色,进行符合角色特点的化妆与发型设计,并选择恰当的服装与配饰。参照下表,教师根据学生在项目中的表现给予评分。

评分表

	分值	评分要点
服饰	20	服饰干净、整洁,与环境相符,色彩、款式搭配合理
化妆	20	女生能根据不同的场合化妆,工作妆要求淡雅;男生要求面容洁净,神采奕奕
发型	20	男生头发干净、整洁,长短、发型符合礼仪要求;女生能根据自身体态选择适合自己的、与场合相吻合的发型
微笑	20	牙齿干净、整洁,微笑真诚、自然
整体	20	服装的搭配与面部妆容协调,有一定的美感

第九章　职业通用礼仪

> 君子敬而无失，与人恭而有礼，四海之内，皆兄弟也。
> ——《论语·颜渊》

　　所谓职业通用礼仪，是指人们在职业场所中应当遵循的一系列通用礼仪规范。在职场活动中，礼仪不仅是个人素质、素养的外在体现，更是企业形象的具体化展现。它既是人际交往的"润滑剂"，更是企业形象的"名片"。它已经成为提高个人素质与企业形象的必要条件，成为现代竞争的重要砝码。了解、掌握并恰当地应用职场礼仪，有助于维护和完善你作为一位职场人士的职业形象，会使你在工作中左右逢源，使你的事业蒸蒸日上，使你成长为一名职场达人。

第一节 求职与离职礼仪

在求职的过程中,求职礼仪成为了一个人道德修养的整体体现,它反映了一个人的内在品格及文化修养。当今职场,离职也常见,一个优雅的职业人士即使在离职时也应保持翩翩风度。

一、求职礼仪

求职过程中的一个最重要环节就是面试。求职面试的过程是一个展示自我的过程。虽然面试可能只是短短的几分钟,却要求求职者在这极短的时间内,最全面地呈现自己的优点。能否顺利地通过面试,除了精心准备好求职材料外,很大程度上就要看求职者是否掌握了求职面试的一些技巧与方法,是否遵守了相关礼仪。

(一)面试前礼仪

充分准备。首先要准备好自荐材料,这是毕业生与用人单位进行联系最简便、最直接的方式,是"敲门砖"。完整的自荐材料应包括求职信、简历、证明材料复印件(毕业生推荐表、学历证书、荣誉证书、社会实践经历证明材料、发表的文章、科技发明成果证等)。经常会有大学生抱着侥幸的心理去虚构实践经历、冒充学生干部、涂改成绩,甚至有的学生伪造证书等,但往往一经发现就会被一票否决。面试不仅是对能力的考验,更是对人品的检验,诚信是绝大多数用人单位特别看重的。在参加面试时,像自我介绍等一些问题一定会涉及,进行事先准备是非常必要的。为了避免因情绪紧张而影响自己的发挥,可以找好朋友扮演面试主试者的角色,在面试前进行模拟演练。

打理形象。"佛要金装，人要衣装。"应试当天的穿着打扮对被录取与否有着举足轻重的作用。虽说留下完美的第一印象未必会被录取，但若给人留下坏印象，极可能因此名落孙山。所以，随着面试日期的到来，应花费心思为自己塑造一个良好的外在形象。在面试出发前，也一定要留足时间对自己的仪容仪表再做一次检查。

提前到达。出发时间，一定要能保证提前半小时到达面试地点，一定不能迟到。如果没有正当理由而迟到，那么面试将很难有一个乐观的结果，这里的正当理由绝不是类似于堵车、生病了之类的琐事，对于一个连自己的时间都管理不好的人是很难指望他在工作岗位上会尽心尽责的。

📖 阅读材料：守时测试

有的用人单位特别留意应聘者参加应聘活动的守时情况。因为"守时"这一说小不小、说大不大的行为可以反映出一个人各方面的品质，如守时的人比较讲信用，工作有条理，能遵章守纪，对工作严肃认真，珍惜时间这一不可再生的财富，讲究工作效率等。而一个不守时的人，就可能是一个对什么事都不认真、马虎了事的人。因此，守时引起用人单位的重视就不足为奇了。在守时测试上，外企比我国企业更加重视。例如，你去外企参加面试时，要求9:00开始，你绝对不能9:05到，否则，你就失去了这次机会，即使你的其他素质再好也白搭。

考前静候。若到达面试地点时间尚早，可散散步，避免由于等候时间过长而心情焦躁。到离面试开始15分钟左右，到指定的休息或准备场所等候，可以询问一下工作人员是否需要签到，面试时间是否有变化……稍作休息，并根据情况演练一下面试中可能会出现的情境或问题。再次整理一下仪容仪表，如果面带倦容，可以去洗手间洗一下脸，在擦干脸庞后回到休息室。另外，男士应注意一下领带的松紧等细节，女士可以稍微补一下妆。

📖 阅读材料：扶扫把测试

香港"领带大王"曾宪梓在一次面试应聘员工时，有意将一把用于打扫房间的扫把斜斜地倒在办公室门口，在面试过程中，这把扫把时而被进进出出的人跨过，时而被进进出出的人扶起。结果是那些各方面条件适合并且主动将倒在地上的扫把扶起来的人被录用了，而条件再好，却不扶扫把的人未被录用。曾宪梓认为不扶扫把起来的人有两种情况：一是他不灵敏，对倒在地上的扫把，虽然自己看到了，不会跌倒，但是可能会碰倒其他人，说明这个人在为自己考虑的时候并不习惯为他人着想；二是他可能进来出去的时候都留意到了，也想到了会绊倒其他人的各种可能的后果，但他却没有去做，他不愿弯一弯腰将倒在地上的扫把扶起来，说明这个人很懒。事情虽然小，但揭示了一个人的内心本质。

（二）面试中礼仪

进入考场。进入应试场合时要沉着自然，不要紧张，因为实际上这时应试工作已静悄悄地展开。求职者应关掉手机，以免在应试期间"乱鸣"。如门关着，应先敲门，得到允许后再进去。开关门动作要轻，以从容、自然为好。关门时须面对房门，不能背对房门。见面时，要向招聘者主动打招呼，问好致意，称呼应亲切得体。在主试人没有请你坐下时，切勿急于落座。主试人请你坐下时，应道声"谢谢"。坐下后保持良好的体态，安心等待，不要"四处巡视",左顾右盼。

自我介绍。一段短短的自我介绍,其实是为后来的面谈做准备的,犹如商品广告,针对客户的需要,将自己最美好的一面毫无保留地展现出来,引起对方的兴趣。如果面试考官问:"谈谈你自己。"千万不要说:"简历里都有。"但是,对准备好的自我介绍内容切忌用背诵的方式读出来。对自我介绍的内容要非常熟练,在脱稿的基础上,像聊天一样随意地"说"出来。

从容应答。对主试人的问题要逐一回答,对方给你介绍情况时,要认真聆听,必要时可做些记录。为了表示你已听懂或很感兴趣,可以在适当的时候点头或穿插提问、应答。回答问题时,声音要适度,语速要适中,答话要精练、完整。要掌握语言技巧,不能用呆板的念稿子似的语调来回答问题,应吐字清晰,嗓音响亮悦耳、圆润柔和、富有情感。一般情况下,不要打断主试人的问话,不能抢问抢答,以免给人急躁、鲁莽、不礼貌的印象。对某句听不懂的问话,可要求主试人重复,当不能回答某一问题时,应如实告诉主试人,切勿含糊其辞、胡吹乱侃。并要注意礼貌用语和尊敬用语,不能忽视得体的称呼,这些都是沟通人际关系的信号和桥梁。

📖 阅读材料:虚设假象测试

小王高中毕业后到一家外资企业竞争职位,主持面试的是该企业的总经理克利逊先生。走进面试室时,克利逊经理站了起来,他一脸惊喜地拉住小王的手,向在座的其他几位老外嚷道:"先生们,我向你们介绍一下,这就是救我女儿的那个年轻人。"小王的心狂跳起来,还未容他说话,克利逊经理一把将他拉到身边的沙发上坐下,说道:"那次车祸,要不是你及时采取措施救我女儿,我女儿也许早已命归黄泉了。"小王听了莫名其妙,便老老实实地答道:"克利逊先生,我以前从未见过您,更没能救过您的女儿。"克利逊经理又一把拉住小王说:"你不要不好意思嘛,我记得你脸上的这颗痣,只不过当时只顾女儿没来得及请你留下姓名和地址。"小王站起来说道:"克利逊先生,我想您肯定搞错了,我真的没有救过您的女儿。"克利逊经理突然站起来,笑着对小王说:"年轻人,我很欣赏你的诚实,我决定破例录用你!"诚实帮助小王找到了一份理想的工作。假如小王贪图虚荣,自作聪明,顺杆子爬,那就完蛋了。

面露微笑。笑容是一种令人感觉愉快的面部表情,它可以缩短人与人之间的心理距离,为深入沟通与交往创造温馨和谐的氛围。在笑容中,微笑最自然大方,最真诚友善。面试时,不时面带微笑,不仅会增进你与面试官的沟通,还会百分之百地提高你的外部形象。当然,也不宜笑得太僵硬,一切都要顺其自然。

> 阅读材料:说话声音测试和眼神测试

说话声音测试。说话声音测试就是让前来应聘的人朗读、演讲、打电话,根据他们声音的大小、谈话时的风度气质、语言的运用能力等来决定录取与否。日本电产公司总经理永守重信认为,说话声音洪亮的人、自如表达自己思想的人、充满自信心的人,一定具有较强的工作能力。

眼神测试。日本中小企业的一些社长在招聘员工时,善于从应聘者的眼神中看出应聘者是否具有很好的记忆力、创造力、交际能力以及胜任工作的能力。他们认为,眼睛平视、充满自信、闪闪发光的人,能力较强;而眼睛向下看,或者东张西望、暗淡无光的人,必然缺乏自信,能力较差。

展示自己。在求职中,虽然求职者的专业技能是很重要的一个方面,但是不容忽视的另外一个方面就是求职者的工作能力。工作能力通常表现为沟通表达能力和组织协调能力。沉默是最大的失败;清楚、自信地侃侃而谈,善于表达自己、展示自己才是制胜的关键。所以在平时,性格内向的求职者要加强沟通与表达技巧方面的训练。

(三) 面试后礼仪

礼貌告别。面试结束后,不要骤然起身,匆忙离去。应该在听到面试考官讲"本次面试就到这里,谢谢"之类的结束语后,才可轻轻起身,目视考官,面带微笑,礼貌告别。步出房门时,要保持一如既往的优雅姿态,切不可一路小跑离开。在休息室或等候区内,不要急于与面试者谈论面试的过程和可能的结果。

表示感谢。离开公司时,应当礼貌地向提供过服务、帮助的前台接待员表示谢意。

等待结果。一般情况下,考官每天面试结束后就进行讨论和投票,然后送人事部门汇总,最后确定录用人选,可能要等3~5天。求职者在这段时间内一定要耐心等候消息,不要过早打听面试结果。

总结经验。应聘中不可能个个都是成功者,万一你在竞争中失败了,也不要气馁。这一次失败了,还有下一次,就业机会不止一个,关键是必须总结经验教训,找出失败的原因,并针对这些不足重新做准备,谋求"东山再起"。

二、离职礼仪

一个成熟的职场人士,即使在辞职之时,也要多考虑一下自己的离开对原公司可能造成的冲击,更应该考虑降低自己的辞职成本。纵使你对公司有强烈不满,离职也要低调,要给自己留有余地,不要和上司的关系弄僵。

(一) 辞职前

慎重对待辞职。辞职之前一定要想清楚辞职的目的,为什么要辞职。弄清楚自己的目的后,再比较一下"旧"公司与"新"公司哪个更能满足你的目的,然后再决定是否要主动辞职。有的人因为犯了错误，觉得无法在原公司再待下去，所以想赶紧走人了事。虽然这种办法能暂时摆脱困境，但对自己以后求职会有不良影响。最好的办法就是硬着头皮撑一段时间，等别人渐渐忘记自己的错误后再辞职。不要试图用辞职一事作为威胁，让上司提升你。大多数上司咽不下这一口气，即使暂时满足了你的要求，留下了你，对你也不会有太好的结果。

说明辞职原因。当你决定辞职，不仅对你自己有影响，对同事、对上司，甚至对部门都会有影响。所以，一旦决定了辞职，应当立即通知你的上司，最好的做法是首先递交给他一封礼貌委婉的辞呈，诚实地说明辞职的原因。理由要充分，让上司感到确实难以拒绝。有些人可能会选择欺骗，这种逃避的方法短期或许可以避免尴尬，可万一很快"穿帮"，被原公司发现真相，难保你的未来信誉不受影响。

不能说走就走。不要提了辞职就立刻走人，要按照当初入职时合同中所规定的离职提前通知期办理离职手续。即便合同中没有提到这一期限，也要留出两周以上的提前通知时间，以便公司能安排接替的人选。

站好最后一班岗。在提前通知期内，很多人都会进入一种"退出模式"——他们来上班的时间不如以前那么早了，在工作量减少的同时，闲谈的时间却比以往更多了。有些人甚至开始在工作时间经营自己的事业。如果你仍能百分之百地付出，直到离开公司的最后一天，你会得到上司的尊重。

做好工作交接。你不妨帮助公司寻找替代人选，因为对于这份工作所需要的技能，你本人是再清楚不过的了。确定离职后，要把所有手头工作交接妥当，以免到了新公司后还要被原公司的残余业务而拖累。在工作过渡期间，要积极伸出援手，为你的继任者提供必要的帮助，告诉他工作的诀窍，让其能够轻松地接手。

不要给公司大提建议。在你离开时，上司可能希望你能给公司提一些建议，这时应该把握好一个度，应该多赞美公司，并强调自身的不足和缺点。不要过多评价同事之间的矛盾，虽然你已经离开了，有些"实话"可能会招致别人对你的不满，这时再得罪自己的原同事实在是得不偿失。

清理你的电脑。要确保你离职后没留下任何私人信息。如果你以前是使用公司邮箱地址在网上注册的账号，将账号改为你的私人邮箱地址，并记牢，然后通知你一直联系的朋友，告知他们这一变更。如果你下载了私人使用的软件，将其删除，也要将你下载的所有即时通讯工具删除。

怀抱一颗感恩的心。个人职业经历的每一个阶段都离不开在工作单位的锻炼培养，个人所取得的成就与单位的培养密不可分。所以，无论如何，要感谢公司领导对你的栽培、同事对你的帮助。离职之际，不妨以电子邮件的方式给上司和同事发一封温馨的告别信。

好聚好散。在离开公司之时，应向与你一起工作过的同事道别，并提出与他们继续保持联系的希望，切记不要滔滔不绝地表达即将离职你是何等高兴。即使与上司之间存在一些矛盾，也不要表现出你对上司的个人怨恨，因为这可能被视为一种心胸狭窄的人身攻击。背景调查已经成为职场上的一项重要环节。你计划跳槽去的那家公司也许会找到你以前的上司或同事，通过他们了解你的工作表现和人际关系。

(二)辞职后

遵守职业道德。即使公司对你有所亏欠,也绝不把自己的客户关系全带走。任何带走的资料,要确认是否有知识产权问题。离开公司后,不要传播原来公司的秘密。这么做严重触犯了商业社会的行业规矩,西方社会极其厌恶这样的泄密者。不要积极挖原公司的人进新公司。

不诋毁原公司。离开公司后,不要说不利于原公司的话。不要在新的上司面前,一个劲地抱怨前任上司。再次遇到老同事时,不要吹嘘你的新工作,或者一个劲地鼓动他们也辞职。

保持一定的联系。离开公司后,不要把以前的领导、同事忘得一干二净。逢年过节,不妨打个电话、发个短信问候一下原公司的老同事、老领导,这应该是一件非常愉快的事情。很多辞职的员工在调离后,甚至成为了原来的上司和公司很好的朋友与客户。世界很小,没准哪一天你们也许又在同一家公司工作了呢。而且在新公司遇到什么疑问,也完全可以向原来的同事请教。要是原公司有什么需要你的时候,也同样尽力去做。如此一来,你的胸襟宽阔也就不言而喻了。

保护自己的合法权益。辞职之后,一定要注意保护自己的合法权益,必要的时候还可以寻求法律的帮助。

第二节 办公室与会议礼仪

对于职场人士来说,办公室是除了家之外的第二个重要固定生活空间,而开会是他们最为熟悉的一种工作方式。掌握并恰当地使用办公室与会场礼仪,不仅能创造和谐融洽的工作环境,也有利于提高工作效率,树立良好的企业形象。

一、办公室日常礼仪

办公环境。在办公室中,要保持你的工位整洁、美观大方,避免陈列过多的私人物品,千万不要把办公室装饰得像起居室一样。办公室的地面要常清扫,办公室的桌椅及其他办公设施都需要保持干净、整洁、井井有条。个人办公桌及文件柜至少一个月清理一次,无价值或价值不大的东西应一律丢弃。不可随地乱扔废纸等垃圾,要注意丢在垃圾桶里面。办公室的垃圾要及时去倒,时间长了就会有异味。窗户要经常打开换气,保持空气清新。

办公桌。从办公桌的状态可以看到当事人的状态,会整理自己桌面的人,工作起来肯定也是干净爽快。同时,保持办公桌的清洁也是一种礼貌。在办公桌上千万不要摆放过多、过于夸张的饰品,不要摆放化妆品、零食。桌面上只摆放目前正在进行的工作资料,而下班后要将工作资料收放在抽屉或文件柜中。

考勤。上班不迟到、不早退,是职业人员遵守工作制度的表现,是自尊自重的反映,更能赢得同事的认可与尊重。通常,迟到的人会找很多理由来说明,如堵车、闹铃没响、孩子生病、身体不舒服等。归根结底,最终极的原因只是没有提早出门。迟到是一种习惯、一种借口,并不是一种可以谅解的原因。所以,员工必须养成良好的作息习惯,宁可提前,也不赶晚。如果工作任务有连续性,下班前要做好工作任务交接。

言谈。进入办公室时,应主动向在场同事问早,下班时相互道别,途中偶遇时也要主动打招呼。"您好""早安""再会"之类的问候话不离口,可以帮助你融洽同事关系。在和他人进行电话沟通,或者是面对面沟通的时候,你的音量尽量要适当控制,两个人都能够听到就可以了,避免打扰他人工作。很多人都喜欢在办公室接听手机,其实这是非常不明智的,这不单会影响别人办公,也会不小心把自己的生活隐私暴露给工作中的对手。在办公室与同事进行适当的交流是可以的,但上班时间的闲聊必须掌握一定的分寸,切不可在办公室里制造流言蜚语或传播小道消息。另外,花太多的时间与同事聊天,会给人留下一种无所事事的印象,同时还会影响同事按时做好工作。

举止。女士不要在办公室里化妆、涂指甲,男士不能在办公室抽烟。不要在办公室里脱鞋,或者将脚伸到桌上。翻杂志、上网聊天,甚至听音乐、煲电话粥等会影响工作形象,也多少会影响他人的工作。办公室里有客来访,应站立起身,至少应该点头微笑致意一下。

就餐。在相对紧张、忙碌的办公环境里,补吃早饭、嚼东西都是忌讳。实在不能避免的情况下,拖延的时间不要太长。有强烈味道的食品,尽量不要带到办公室。就餐后迅速通风,以保持工作区域的空气流通。嘴里含有食物时,不要贸然讲话。他人嘴含食物时,最好等他咽完再对他讲话。

办公用品。要注意公私分明。抬头信纸、复印纸和其他办公用品是办公用的,不要贪图小便宜,挪为家用。不妨在自己的拎包里带些自己经常需要用到的小物件,不到万不得已,不要动公家的东西。

电脑。公司的电脑名义上给你使用,但说到底还是公司的,所以私人事情最好不要在公司电脑上来操作。不准在电脑里安装与工作无关的软件,不要在上班时间打游戏。使用公司电脑要爱护,注意定期清理擦拭,保持整洁。不要随意使用同事的电脑,这样不礼貌,而且容易产生工作嫌隙。除非你从事的是特别机密的工作,否则不要轻易在公司的电脑上设置开机密码。这样不利于工作交流,也让人觉得你防人之心太重。下班后记得把电脑关上。

复印机。如果与同事在使用时间上发生了冲突,一般来说,遵循先来后到的原则,但是如果你有一大摞文件需复印,而轮在你之后的同事想要复印的数量比较少时,应请他先用。如果你已花费了不少时间做准备工作或者已经复印了一半,那么就礼貌地请后来的同事等一会儿再来。在公司里一般不要复印私人的资料。使用完后,要将复印机设定在节能待机或关机状态。如果复印机纸用罄,谨记添加。如果碰到需要更换碳粉或处理卡纸等问题,不懂得怎样处理,就请别人来帮忙,千万不要悄悄走掉,把问题留给下一个同事。

请假休假。请假应该提早规划,使工作不至于因为你请假的缘故不能延续。休假是个人应享的权利,但个人的休假一定会影响到公司整体工作的进行。所以要提前准备,告知主管。

📖 阅读材料:女员工怀孕了,怎么办?

怀孕了却仍然在上班的女人,似乎天经地义应该得到照顾。然而,你真的能够这么理直气壮地接受这种准母亲所带来的优待吗?不是的。因为你还在上班,还在工作,那么就必须遵守一些礼节礼貌。

通知老板。你的老板应该是办公室第一个知道此事的人。在告诉老板你怀孕消息的同时,把你的打算一并告诉他,比如你预期什么时候回来上班,你是否除了国家规定的产假外还需要请假,一旦小孩出生你是否希望能够弹性上下班或者改上半天班,等等。记得要让老板坚信你会专心投入工作,并且让他觉得如果为你保留职位,你绝对不会违背承诺回来上班的时间,并且会努力工作。

注意工作态度。在谈公事时,就不要提你怀孕的种种情况与感受,这时你可能变得对工作厌倦,而成为世界上最依赖、最闲散的人。不要在办公室里到处跟人诉苦,说你又是哪里不舒服,又是哪里痛——从脚踝水肿到胃部胀气,从背痛到静脉曲张等所有的病痛,这些只需要你自己知道就好了。其他如体重增加了多少、超声波检查的结果等也是一样的,无需在办公室里谈论。这样办公室里的情绪便不会受到打扰,而你也能维持你的专业形象。

善后工作要做好。在开始休产假的时候,确定你手边的事情已经告一段落,你掌管的事情也都整理得井然有序,同时也向其他同事交代清楚。当你在家休产假时,千万不要一下子便没了任何消息,要主动与公司保持联系,随时掌握工作的最新情况,也可以指定员工时时向你简报公司近况,让自己保持在最佳状态。

资料来源:周思敏.你的礼仪价值百万.北京:中国纺织出版社,2009

会谈。我们经常看到,有人到办公室里找一位领导,或者找一位项目经办人,进门后领导或项目经办人坐在自己办公桌前,就让客人坐在他办公桌对面的椅子上。这里要注意:如果坐在对面的是自己的下级或晚辈,这种居高临下的不平等会谈,是可以接受的;但如果是朋友和同事坐在这个位置就不合适了,应该到办公室里并排的沙发上或者拉一把椅子,两个人面对面地坐下来,表示一种平等的关系。

二、会议礼仪

(一) 常规会议

排列主席台座次的惯例是:前排高于后排,中央高于两侧,左座高于右座。当领导同志人数为奇数时,1号领导居中,2号领导排在1号领导左边,3号领导排在1号右边,其他依次排列;当领导同志人数为偶数时,中线空出来,右边是1号位,左边是2号位,让2号人物始终保持在1号人物的左手边。中线的右边是1号人物,这不是以右为尊,而是以左为尊的一种特殊的表现形式。对上主席台的领导同志能否届时出席会议,在开会前务必逐一落实。如有临时变化,应及时调整座次、名签,防止主席台上出现领导空缺。还要注意认真填写名签,谨防错别字出现。内部小型会议上,往往只有一张长条形的会议桌。这种情况下,统揽全局的主要领导的座位在桌子离门远的那一个顶端,其他领导在接近主要领导的座位两侧分别就座。

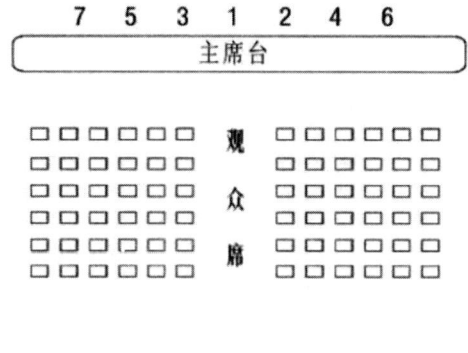

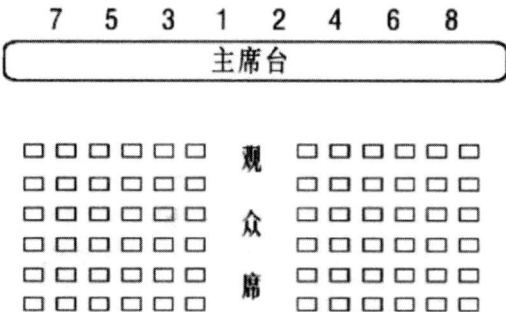

会议主席台领导一般应提前到达会场,在休息室等待开会;即将开会时,应井然有序地进入主席台就座;主持人介绍,与会者鼓掌欢迎时,应站立鼓掌还礼。主持人在主持过程中,要根据会议性质调节会议气氛,或庄重,或幽默,或沉稳,或活泼,切忌出现各种不雅

动作。会议发言者，走向主席台应步态自然，自信而有风度。如果是书面发言，要时常抬头环视一下会场，不要只是埋头苦读。发言完毕，应对听者表示谢意。如果有会议参加者对发言人提问，应礼貌作答，对不能回答的问题，应巧妙地回应，不能粗暴地拒绝。

参加会议应准时或提前进入会场，万一迟到，要轻轻寻找座位坐下。会议进行中，尽量不要随意讲话、走动。认真倾听，做好记录。手机应该关闭或调整到振动状态。特殊情况需提前退场，应向有关人员说明情况，离开会场时要轻手轻脚，不影响他人。听取他人发言，应专心听讲并做好会议记录。每当发言精彩或结束时，要鼓掌致意。切忌在会议中与人交头接耳、哈欠连天、昏昏欲睡。

阅读材料：开会宝典——《罗伯特议事规则》

《罗伯特议事规则》(Robert's Rules of Order)的诞生是一段值得言说的轶事。100多年前，年轻的美国陆军军官亨利·罗伯特受邀主持一个会议。不懂如何主持的他，见识了今天我们常见的失控场面：与会者们剑拔弩张，火药味十足，最后会议只能草草结束。这逼出了这位毕业于西点军校的军人的轴劲儿。他说："我一定要了解议事规则，否则绝不再参加任何会议。"几番钻研后，罗伯特在1876年写出了这部开会手册。如今，这部手册已经编到了第十多版，厚如砖块，公平、效率是其核心精神。不管是会议主席、秘书，还是与会者，都能从中找到各自的游戏规则。在西方国家，大到联合国、欧盟的决策，小到上市公司、民间团体，许多组织的开会规则都广泛援引于此。

（二）讨论会

讨论会参加者要遵守时间，不宜晚到；用语礼貌，热情开朗。讨论问题要预做准备，三思而后言，不能无的放矢、文不对题或条理不清，白白浪费大家宝贵的时间；也不能哗众取宠、故弄玄虚，使讲话内容过分出格；更不能旁若无人，"以我为中心"，对他人的发言充耳不闻，或与别人争论不休、面红耳赤。他人发言时，不能随便打断别人的话；别人发言过后，才可提出自己的见解。座谈中间，有事要离开应与旁边的人悄悄打个招呼，以不引起大家注意、不影响讨论的正常进行为原则。发言时，声音要洪亮适中，以参加人员均能听到为宜。

（三）表彰会

表彰会气氛要求热烈而且隆重，会场要呈现"表彰"气氛，对表彰者的迎送要周到、热情。会场可播放一些比较欢快的乐曲，特别是被表彰者走上主席台领奖时，更要播放一些诸如"运动员进行曲"之类的曲子。有关领导宣读祝词时，祝词不宜太长，除了表示祝贺外，主要表达向被表彰者学习的愿望。领导祝词完毕，应由被表彰的个人或集体的代表答词。答词也不宜太少，除表示感谢以外，也可适当表达自己进一步努力的打算。

第三节 电话与电子邮件礼仪

在现代职场，信息就是资源、财富，所以职场人士都不约而同地对信息重视有加。鸿雁传书、飞马送信,这些浪漫又辛苦的故事都已成"过眼云烟"。目前,多种多样的现代化通信工具层出不穷。它们的出现,为商务人士获取信息、传递信息、利用信息提供了越来越多的选择。其中,电话、电子邮件是最为重要的通信工具。对于这些通信工具,运用得体,它会带来成功;运用不得体,它又会成为人们交往中的绊脚石。

一、使用固定电话礼仪

时间适宜。打电话应尽量避开上午 8 点前、晚上 22 点以后及午休、吃饭等时间。通话的时间不宜过长,不可过久地占线,一般以 3 分钟左右为宜。假如通话时间较长,应事先征求一下对方意见,并在结束通话时略表歉意。如果在万不得已的情况下,在他人节假日、用餐、睡觉时打电话影响了他人,应该说明原因,并说声"对不起"。与国外客户通话,要事先了解一下时差,不要不明对方昼夜,造成骚扰。世界部分城市与北京时差如表 9-1 所示。

表 9-1 世界部分城市与北京时差

城市	时差	城市	时差	城市	时差
首尔	+1	迪拜	-4	纽约	-13
东京	+1	伦敦	-8	华盛顿	-13
新加坡	-0.5	莫斯科	-5	里约热内卢	-11
曼谷	-1	悉尼	+3	开罗	-6

及时接听。电话礼仪中有一个"铃响不过三"的原则,含义是铃响三次前后就应拿起话筒,如果铃响三遍后才作出反应,会使对方不安和不愉快。如果因工作繁忙等特殊原因,致使铃响了过久才接电话,须向发话人表示歉意。如果确实很忙,可向对方表示歉意,说:"对不起,请过 10 分钟再打过来,好吗?"不可接了电话就说"请稍等",然后撂下电话半天不理人家。

自报家门。一般来说,接电话方先自报家门,如单位名称、自己的姓名,然后确认对方。例如,"您好!这里是××公司营销部"。自报家门是一个与人方便、与己方便且节约时间、提高效率的好方式。这里要强调的是,电话的第一声很重要。当我们打电话给某单位,若一接通,就听到对方亲切、优美的招呼声,心情一定会很愉快,双方对话便能顺利地展开。

发挥声音的魅力。如果是面对面进行交流,可以充分利用肢体语言来进行表达,而电话只能通过声音来表达,所以要特别注意声调、语速,以及表达的准确度。在通话过程中,也要抱着"对方看着我"的心态去应对。事实上,人的面部表情会影响声音的变化,你的喜悦或烦躁仍会通过声音流露出来,当你带着微笑接听电话,对方听到你的声音时,就能感觉到你在微笑。日本的一些公司专门为电话接线生配备镜子,用来检查自己是否始终处于喜悦和微笑的状态,效果非常好。

认真接听。接听电话,要聚精会神,仔细聆听对方的讲话,并准确、及时作答,给对方积极的反馈。如果没有听清楚或意思未听明白,应该谦虚询问清楚。接听时,应该适当有所表示,如"是""对""我明白了"等,或用语气词"唔""嗯"等,让对方感到你是在认真听。边听电话边同身边的人谈话,是对对方的不尊重。如对方有重要事相告,要边听边记录下要点。因此,提倡接听电话用左手拿话筒,腾出右手以方便记录。当你接一个电话时,另一个电话也铃声响起,要告诉正在通话的人,有人正打进来,问他是否介意你先接那个电话。接着,迅速和第二个打来的人说完话,并向第一个通话者道歉。请记着用手捂着第一个电话的话筒。

友善地结束通话。电话交谈即将结束时,应谦恭地问一下对方:"请问您还有什么事情吗?"结束电话交谈时,通常由打电话的一方提出,然后彼此客气地道别。挂电话时,打出电话的人应等对方先挂断,等待2～3秒钟后,再自己轻轻地放下话筒,切忌挂机动作用力过大。如果对方还未挂断电话,听到毛毛躁躁的"咔嚓"一声,肯定会感到很不愉快的。如果对方是顾客、长辈或身份较高者,无论是谁打出电话,都应等对方先挂电话。如果是给顾客打电话,通完电话之后,业务人员一定要记住向顾客致谢,如说"感谢您用这么长时间听我介绍,希望能给您带来满意,谢谢,再见"。

二、使用手机礼仪

要放置到位。放手机的常规位置有:一是随身携带的公文包里,这种位置最正规;二是上衣的内袋里。手机暂时不使用时,不要握在手里,不要放在桌子上,特别是客户来访的时候,不要将手机对着客户摆放,可暂放在一些不起眼处。一些人经常把手机放在办公室桌上,如果暂时出办公室办事或者去卫生间,也许有好奇之人就会顺手翻看短信。如果上面有一些并不希望别人看到的短信,就可能引起麻烦。如果不幸被对方传播出去,后果就更严重。因此,手机不要随意乱放,手机内经不起推敲的短信也要及时删除。

要遵守公德。在工作岗位上,也应注意不使自己的手机使用有碍于工作,有碍于别人。尤其是在开会、会客、上课、谈判、签约以及出席重要的仪式、活动时,必须自觉地提前采取措施,令自己的手机禁声不响。

要保证畅通。使用手机的主要目的是为了保证自己与外界的联络畅通无阻,职场人士对这点不仅必须重视,而且还须为此采取一切行之有效的措施。告诉交往对象自己的手机号时,务必力求准确无误。若自己的手机号变动了,应及时通报给重要的交往对象。

要重视私密。通讯自由是受法律保护的。在通讯自由之中,秘密性,即通讯属于个人私事和个人秘密,是其重要内容之一。使用手机时,对此亦应予以重视。职场人士不应当随便打探他人的手机号码,更不应当不负责地将别人的手机号码转告他人。

要文明发短信。上班总是拿个手机不停地发信息,不仅会让老板和同事认为你工作时精力不集中、心不在焉,更会打扰对方工作。如果对方正在主持会议或者正在商谈重要事项,闲聊式的短信更会让对方心中不悦。不要制造无聊的、不健康的短信,收到无聊的、不健康的短信请立即删除,不要传播。特别是一些带有讽刺伟人、名人甚至是革命烈士的短信,更不应该转发。因为通过你转发的短信,意味着你赞同、至少不否认短信的内容,也同时反映了你的品味和水准。

要注意安全。使用手机时,对于有关的安全事项绝对不可马虎大意。在任何时候,都切忌在使用时有碍自己或他人的安全。按照常规,在驾驶车辆时,不宜忙里偷闲使用手机通话;乘坐飞机时,必须自觉地关闭随身携带的手机、呼机。在加油站或医院里停留期间,也不准开启手机。此外,在一切标有文字或图示禁用手机的地方,均须遵守规定。

三、使用电子邮件礼仪

传统书信的礼仪规则完全适用于现代网络世界的电子邮件,我们从电子邮件的字里行间同样可以看出一个人的礼仪水准。

在撰写电子邮件的内容时,应遵照普通信件或公文所用的格式和规则。邮件正文要简洁,不可长篇大论,以便收件人阅读。用语要礼貌,以示对收件人的尊重。如果你在发信时还另外加了"附件",一定要在信件内容里加以说明,以免对方不注意时没看到。

一封商务信函,从拟写、编改、打印、到最后邮寄出去会花很长时间,而一封电子邮件却可能在任何情形下即刻发送出去。因此,一定要谨慎对待表达了过多情感或表现出了强烈态度和感受的邮件,这类邮件会引起误解。千万不要在生气时发送邮件,而应该做个深呼吸或先把它放在一边,直到有时间冷静下来,问问自己,你会在公众场所中公开面对面地对他人讲这些话吗?如果答案是否定的,请再重读重写,或重新思考到底要不要发出这么一份讯息。千万不可以因为没看到对方的脸,就毫不客气地讲一些没有经大脑思考的话语。

在电子邮件的"主题"或"标题"一栏,一定要写清楚信件的主题或标题,多几个字没关系,以免什么都没写,对方会认为是恶意邮件在没被打开之前就删除了。

因为电子邮件跨地区甚至跨国都是在点击之间,所以在传送电子讯息之前,务必确认收信对象是否正确,以免造成不必要的困扰。此外,更要提防无意间泄露了商业机密、国家机密,而造成无可挽回的损失。

应当定期打开收件箱查看邮件,以免遗漏或耽误重要邮件的阅读和回复,一般应在收到邮件后的当天予以回复。如果涉及较难处理的问题,要先告诉对方你已收到邮件,来信处理后会及时给以正式回复。回复电子信件时,请适当附带上原文,这样别人知道你是为什么而回复的,这里要注意,不要把原文全部附带,而只需要附带上回复的那段。

注意别把私人邮件公开发布。对来信者而言,邮件内容是针对收信者所撰写的私人信函,不见得适合他人阅读。若要把他人的来函转送给第三者,要先征询来信者的同意。

最后需要特别提醒的是,电子邮件是职业信件的一种,而职业信件中是没有不严肃的内容的。小心写在 E-mail 里的每一个字、每一句话,因为现在法律规定 E-mail 也可以作为法律证据,是合法的。

第四节 办公室拜访与接待礼仪

拜访礼仪是决定拜访成功与否的决定性因素之一,是个人素养的集中体现,是所在单位形象的有效宣传。接待则是表达主人情谊,体现礼貌素养的重要方面。在接待中的礼仪表现,同样关系到员工自身与所在单位的形象。

一、拜访礼仪

在拜访之前,应对拜访对象与所在单位有所了解,做好相应的功课。应对自己的形象充分重视,整理妥当后再前往拜访。整洁干净的仪表不仅表达了对客户的敬意和自重,同时也表明自己对拜访的重视程度。

约定拜访时间是拜访的第一步。在与客户约定时间时,要以客户的时间为准,要在客户方便的时候进行拜访。尽量不要安排在对方业务繁忙的时间或生理倦怠期,如一般单位周一通常会比较忙,而周五一些人已经在为即将到来的周末做准备。拜访者应该按照约定时间如期而至,如果确有特殊原因致使拜访不能成行,应及早向客户致歉并说明原因,取得谅解,避免打乱客户的安排。

📖 阅读材料:商业拜访的魔鬼细节

两个人去正好。商业拜访时,人员的数量要有所控制。单人去不合适,很容易让对方认为你实力太小或是不够重视;若是去的人数超过三个以上也不合适,又不是上门砸场子,过多的人会给对方有压力感。一般来说,上门的人数最好控制在两人,或者与对方的出场人数相对应。另外,人员还得有所分工:有人负责主谈,有人负责副谈,切忌大家都抢着和对方老板说话。

别小看前台。前台人员有项工作就是替老板挡驾,有推销嫌疑的人等一概推掉。俗话说,"老大好见,小鬼难缠",许多上门拜访的人说话含糊不清,直接被前台接待认定是推销员,以老板不在家理由给打发了。一定要简明扼要地向前台工作人员说明来意,请其与老板确认或是直接带领进入老板办公室。与前台工作人员说话时,态度上要礼貌,语言要简单明了。失败率高达100%的一句话是,"我想找你们老板谈谈"——谁知道你是来追债还是干吗的?前台往往是一家公司的八卦中心。你的穿着打扮、言行举止若有不妥之处,会迅速变成笑话在公司里传播,并会传到老板耳朵里面去。若是前台去找老板请你稍等时,要注意自己的行为举止。有些公司在前台安装了摄像头,如果你这个时候开始抠鼻屎,老板也许在办公室里就可以直接看到——天哪,我真的要和这个人握手吗?

先去一趟厕所。若是没有前台,也别自己找到老板的办公室,而是一定要抓个路过的公司人员进行询问。问老板办公室在哪里是次要目的,关键是观察其员工的精神面貌,并通过其语言表达能力大概了解其职业素质。有一个非常管用的技巧:进入公司以后,先去洗手间。好处一是轻装上阵,有助于稳定情绪;好处二是通过洗手间的卫生状况,大概了解该公司的内部管理水平;好处三是在找厕所的过程中可以大概看到该公司的全貌,内部环境、员工面貌都能略窥一二。

资料来源:潘文富.商业拜访的魔鬼细节.商界(评论),2012(9)

拜访时,不管你遇到的是热情的还是冷漠的人,都需要有迅速拉近彼此距离的语言技巧。适当的寒暄往往是讨论正题时的前奏,它是人际交往的一种润滑剂。林语堂先生曾对拜访有过这样精彩的描述:拜访交谈分为四段:一是谈天气,评气候;二是叙往事,追旧谊;三是谈时事,发感慨;四是所奉托"小事"。如果你找到了与潜在客户的共同点,往往使谈话更加顺利、愉快。寻找共同点,首先要善于观察对方的服饰、谈吐、行为举止等方面,从中捕获信息。赞美也是陌生拜访中接近客户的一种方式(技巧),赞美最好从细微之处入手,可赞美客户的办公室布置、客户最得意的事、客户的兴趣爱好、客户喜爱的人或物……

📖 **阅读材料:霍伊拉的开场白**

霍伊拉先生被美国人誉为"销售大王"。一次,他听说梅依百货公司有一宗很大的广告生意,便决定将这笔生意揽到自己手中。为此,他开始想方设法了解该公司总经理的专长爱好。经过了解,他得知,这位总经理会驾驶飞机,并以此为乐趣。于是,霍伊拉在同总经理见面、互做介绍后,便不失时机地问道:"听说您会驾驶飞机,您是在哪儿学会的?"一句话,引起了总经理的兴致,他谈兴大发,兴致勃勃地谈起了他的飞机、他的学习驾驶经历。结果霍伊拉不仅得到了广告代理权,还荣幸地乘了一回总经理亲自开的专机。

适时请辞。除非有要事相商,拜访时间不宜过长,一般在15分钟至半小时即可,以免耽误对方的其他事情。如果客户执意挽留,比如请客人留下用餐,那么餐后不宜马上离开,应在饭后留一会再走。见客户有倦意或流露出"厌客"之意,应知趣,果断告辞。

二、接待礼仪

如果是接待有约而来的拜访,应提前告知单位前台,具体什么时间段会来什么样的客户,让前台提前预知,以便做好引导工作。

听到来访客人的敲门提示,应及时回应"请进"!客人进门后,要及时站立,起身微笑问询。问明情况后,要及时用手指向客人该坐的座位。对上级、长者来访,要起身上前迎候。如果自己有事暂不能接待来访者,要安排其他相关人员接待客人,不能让来访者坐冷板凳。

客人坐定后,要给客人倒茶水。端茶时,要从客人的右边过去,将茶放在客人的斜右侧,茶柄要朝向客人的右边。如上茶时,客人正在说话用手比划着,要先说声"对不起",以提醒客人,不要碰洒了茶水,然后再上茶。

来访者都是有事而来,因此要认真倾听来访者的叙述,尽量让来访者把话说完。对于单位的重要客人,要视情况请上级抽出时间来与客人沟通交流一下,让客人感觉我们很重视他这个客人和市场。正在接待来访者时,有电话打来或有新的来访者,应尽量让他人接待,以避免中断正在进行的接待。

对来访者的意见和观点不要轻率表态,应思考后再作答。对一时不能回答的问题,要向来访者说明拟处理的方法和程序,让来访者放心。对能够马上答复的或立即可办理的事,应当场答复,不要让来访者等待,或再次来访。对来访者的无理要求或错误意见,应有礼貌地拒绝,而不要刺激来访者,使其尴尬。

要结束接待,可以婉言提出借口,如"对不起,我要参加一个会,今天先谈到这儿,好吗"等,也可用起身的体态语言告诉对方本次接待就此结束。当客人起身告辞时,应与客人握手告别,同时选择最合适的言辞送别。如需送客人到门口,要目送客人,待客人移出视线后,方可结束回身。

客人离开,桌上的茶水等要清理干净。如客人有遗留物品,应及时通知客人回来取走;如客人已走,应交由办公室相关人员妥善保管,以备客人回来索取。

第五节 团队出访与接待礼仪

在当前经济环境下,各地区企业间的经贸往来日益紧密,商务考察成为企业经营活动中一项非常重要的商务活动。由此,考察团的出访与接待成为企业的一项日常礼仪工作。

一、团队出访礼仪

因学习先进企业或考察合作伙伴的需要,企业往往组成多人同行的考察团前往考察调研。考察团可透过企业参访,实地感受标杆企业的成长经历,学习经营之道,了解合作企业的实力与合作前景。

商务考察涉及面众多,各项具体活动的磋商要尽早进行,安排周全,并尽量提前落实。在磋商阶段,应尊重接待方的安排,"客随主便"。不要提出与考察访问的宗旨没有联系、没有考察价值,或对邀请者很困难,甚至与当地法律法规和风俗习惯相冲突的要求。企业领导对考察团要进行必要的控制,不能让他们经常出现,也不能以进行考察之名而游山玩水。出团企业向接待企业发出考察公函时,应告知考察目的、内容、时间、行程,还要附上出团人员的详细名单。考察活动一经双方确定,就不要轻易变动,这是对对方的尊重。

出团前,应事先对参观企业的历史、现状、发展前途,参观项目的主要特色、优点与不足等,尽可能多做一些了解,以便参观考察收到更好的效果。对参观企业出面接待人的姓名、职务甚至背景、主要程序、是否要讲话、习俗禁忌等,也做好相应的准备。视情况,可进一步了解对参观考察内容限制或传播的要求,人数、人员的要求,携带物品的要求,以免现场发生不愉快的事情。

要明确考察团内各成员的分工,各司其职,把领队、带路、接洽、应酬以及交通、膳宿、安全、保健等各个方面的具体工作,都落实到个人。在出访之前,还可结合每位参与者的个人所长,把提问、记录、录音、拍照、摄像等具体任务分配下去。各项礼仪应围绕团长进行,在不同场合,每个人要明确自己的位置及礼仪要求,认真准备和执行。

考察属正式访问活动,通常都要求着正装。如有必要,事先了解对着装的要求。有些参观考察项目对着装有特殊要求,特别是一些卫生等环境要求严格的地方,一般接待方会为参观者准备专门服装,参观者应服从着装要求,不要违反规定。考察时,参与者要集中注意力,最重要的是要看好、听好、问好、记好。接待方有可能会给考察团安排一些参观游览项目,请客人实地考察了解当地的风土人情,以增进相互了解。游览过程中,要注意掌握时间,队伍不要走散,人员不要走丢。

赠送礼品是一种对接待方表现友好和敬意的重要方式。赠送礼品通常由团体中的最高领导出面赠送,并注意从对方最高者开始逐级赠送。赠礼者要起立,将礼品友好地递交受礼人,并简要说明礼品品名及寓意。如打开展示,送礼人要对礼品的特点、含义等多加介绍,以表心意。赠礼也可采取转交的形式,赠礼人和受礼人不出面,事先商定委托双方代表,通常是双方的工作人员进行交接,再转送受礼人。重要的礼品赠送,有时举行专门的赠礼仪式,其程序要经过双方协商确定。

二、团队接待礼仪

接待工作是企业与客人接触的第一步,许多"第一印象"往往从中而得。认真按照礼仪规范行事,能为人们之间的顺利、友好往来获得一个良好的开端。

(一) 接待工作原则

对上级领导的视察、兄弟单位以及合作伙伴之间参观、学习及业务洽谈人员的来访,都要周到安排,热情接待。但对与企业无紧密联系又没有实质内容的来访,应婉言谢绝。接待工作一般由办公室统筹,根据来访目的和要求,按照"对口、对等接待"的原则,由办公室或企业内相应的部门和人员参与接待。对待一些重要的接待任务,应当分工不分家,共同努力做好接待工作。要合理使用接待经费,必要的不能省略,能节约的不要铺张,做到硬件不够软件补,全面提高服务质量,让客人有到家的感觉。

(二) 接待工作安排

办公室人员接到来访的函电时,应做好记录,及时报送分管领导。属于办公室接待范围的,及时报送办公室主任;属于其他部门接待范围的,及时转相应部门处理,并将有关信息通知来访者。做好来访单位有关信息及企业相关资料的搜集备用工作,制订接待方案报办公室主任审定。需要安排企业领导接待的,应将接待方案报有关企业领导审定。接待方案确定后,及时反馈来访单位。来宾可以对接待的具体环节性问题提出建议,但决定权通常由东道主所掌握。根据接待方案,协调相关职能部门,确定参与接待人员,落实好接待的各个环节。必要时,准备赠送纪念品。

(三) 接待前的准备工作

在迎宾工作中,接待人员要进行必要的先期准备,以求有备而行,有备无患。表 9-2 是一份来访代表团接待准备表。

表 9-2 来访代表团接待准备表

代表团信息	
代表团名称、团长、人数	
来访目的与要求	
前来的路线与交通工具	
抵离的具体时间与地点	
代表团成员信息						

姓名	身份	性别	年龄	宗教信仰	生活习惯	饮食爱好与禁忌

一定要详尽制定迎接客人的具体计划,具体见表 9-3,可使接待工作避免疏漏,减少波折,更好地、按部就班地顺利进行。

表 9-3　来访代表团接待方案明细

环节	细节
迎送	确定礼宾规格,确定迎送时间、地点、人员、程序、备齐接待物品
用车	除安排接、送来宾用车、陪车人员外,根据接待需要提供工作用车
会见、会谈	确定时间、地点、人员、座次、程序、场所布置
参观	根据工作需要和来宾要求安排相应的参观,安排好参观行程,通知相关人员做好接待和情况介绍工作
就餐	招待来宾一般按照标准安排工作餐。需要宴请的,应坚持"特色、精致、节省、热情"的原则,确定时间、地点、人员、座次、菜单,并严格控制陪餐人数
住宿	主动询问并根据来宾要求安排,房间分配要注意细节
票务	根据来宾要求,协助来宾办理订购(退)票
安全保卫	接待安排要考虑人身、财产和交通安全等因素。重要领导和客人来访,应通知保卫部门做好安全保卫工作
宣传	接待结束后,应撰写信息稿。重要接待活动,应通知宣传部门做好新闻宣传工作

有的时候,客人到访的具体时间受到客人健康状况、紧急事物缠身,或是天气变化、交通状况等的影响,难免会有较大的变动。因此,为了确保迎宾人员不至于在迎宾时"望穿秋水",务必要在对方正式启程前再次与对方确认一下抵达的具体时间是否正确无误。

(四)接待各环节的礼仪工作

迎宾。一般来说,迎宾人员的身份要与客人相当。但由于各种原因,如当事人临时身体不适或不在当地等,不能完全对等,遇此情况可灵活变通,由职位相当的人士或由副职出面。当事人因故不能出面时,应向对方做出解释。另外,迎宾人员最好与客人专业对口。对于不同客人,迎宾地点往往有所不同。迎宾的常规地点有交通工具停靠站(机场、码头、火车站等),客人临时住宿(宾馆),东道主的办公地点门外等。在确定迎宾地点时,还要考虑以下因素:双方的身份、双边的关系、自身的条件。客人到达时,迎宾人员不宜在门口或车站、机场等出口处停留寒暄,应立即引导客人进入门内、车内,或者边寒暄边引导;接到客人后立即离开,以免堵塞后面人。如要献花,时间应把握在客人与迎送的主领导人介绍、握手之后。

陪车。在对外接待中,最为常用的是双排五人座轿车。在有专职司机驾驶轿车的情况下,车上座次的尊卑自高而低依次应为:副驾驶后座,司机后座,后排中座,前排副驾驶座。如果所乘轿车的车主亲自驾驶轿车,车上其他的四个座位的座次,由尊而卑依次应为:副驾驶座,副驾驶后座,司机后座,后排中座。为宾客开启车门时,一手将车门打开70°,另一手手指并拢伸直,置于车门框上沿,两脚稍分开站立,上体微有前倾,两眼余光注视车的上沿,轻声提醒客人小心。替客人关上车门时,要先看清客人是否已经坐好,切忌过急关门。

住宿。住宿的安排,要根据客人的身份、人数、性别、年龄、身体状况、生活习惯和工作需要来酌情而定。选择宾馆,要根据接待经费预算、宾馆实际接待能力、口碑与服务质量、

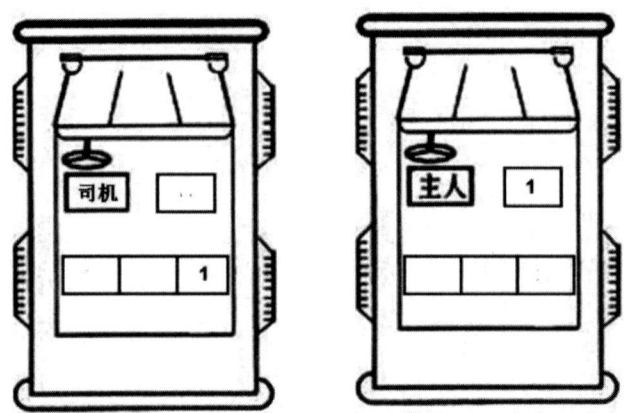

周边环境、交通状况、安全条件等因素来考虑。接待人员要让来宾产生"宾至如归"之感，体贴入微、善解人意，但要以不妨碍对方私生活为准，以不限制对方个人自由为限，以不影响对方休息为度。

会谈。接待方根据对口、对等原则，安排相应领导和部门负责人参加会见、座谈，我方主谈人的职位要与对方主谈人相同或相近，双方会谈人数应大体相等。举行会谈时，应使用长桌或椭圆形桌子，宾主应分坐于桌子两侧。若桌子横放，则面对正门的一方为上，应属于客方；背对正门的一方为下，应属于主方。若桌子竖放，则应以进门的方向为准，右侧为上，属于客方；左侧为下，属于主方。在进行会谈时，各方的主谈人员应在自己一方居中而坐。其余人员则依照职位的高低自近而远地分别在主谈人员的两侧就座。

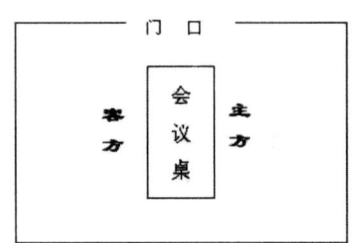

参观。很多企业在进行各种形式的经济合作之前，都要先参观一下拟合作的伙伴企业。参观游览项目的选择，要根据访问目的、性质，以及客人的意愿与兴趣及特点而定。项目确定之后，应向被接待单位交代清楚，并告知全体接待人员。来宾前往参观时，一般都安排身份相应的人员陪同。参观项目时,一般是边看边介绍,有保密的内容不要介绍。参观项目概况尽可能事先发给客人书面材料,以节约参观介绍时间,让客人尽可能多地实地参观。陪同人员要了解来宾要求,对来宾可能提出的各种问题有所准备,不要一问三不知。通常可以参观的地方都允许摄影。遇到不可以摄影的项目,应先向来宾说明,并在现场竖立说明标志。参观过程中,如是接待方提供摄像拍照器材,照片、视频应整理后及时传送给对方,也可以制成电子相册或刻成光盘寄给对方,给客人一个惊喜。

合影。宾主双方通常要合影留念,以示纪念。在合影时,宾主一般均应站立。必要时,可安排前排人员就座,后排人员梯级站立。但是,通常不宜要求合影的参加者蹲着参加拍照。合影时,若安排其参加者就座,应先期在座位上贴上便于辨认的名签。国内合影时的排位,一般讲究居前为上、居中为上和居左为上。在涉外场合合影时,应讲究以右为上。

旅游。对远道、首次来本地的贵宾,安排游览本地名胜也是人之常情。这种活动客人不可能主动提出,在本单位的制度允许之下,可以向客人建议,建议的同时提出行程、时间安排,征求意见。一般景点安排在于少而精,重在名气、特色、有意义。其中饮食安排,提倡尽可能安排本地的特色名吃。

纪念品。如果经费允许,可以人手一份纪念品,价值不一定高,但要有纪念意义。买纪念品时,认识但此次没来的客方其他重要人员,也应买上请他们捎回。

送客。中国有"迎三送七"之说,就是迎客人和送客人的礼节当中,送的礼节要更隆重一些。在来宾离去之际,出于礼貌,应陪着对方一同行走一段路程,或者特意前往来宾启程返还之处,与之告别。为来宾正式送行的常规地点,通常应当是来宾返还时的启程之处。在客人临上飞机、轮船或火车之前,送行人员应按一定顺序同客人一一握手话别。飞机起飞或轮船、火车开动之后,送行人员应向客人挥手致意,直至飞机、轮船或火车在视野里消失,送行人员方可离去。

第六节 商务谈判与签约礼仪

谈判是一种常见的商务活动。大至经济谈判,小至单位部门之间的事项磋商,通过对涉及切身权益分歧冲突的交涉和调和,达成某种协议。谈判往往是秘密进行,达成协议后通常举行签字仪式。

一、商务谈判礼仪

谈判是一个通过思想观点的讨论磋商,寻求解决途径和达成协议的过程,讲究的是理智、策略和利益,但这并非意味着它绝对不考虑人的思想与情感。事实上,在谈判中以礼待人,对于对手的思想与感情会产生一定的微妙影响。

重视第一印象。谈判之初,谈判双方接触的第一印象十分重要,心理学有所谓的"首因效应"或"三分钟效应"之说。如何把握好这关键的三分钟,给人留下良好的第一印象呢?谈判者的仪容仪表非常重要。参加谈判的人员应认真修饰个人仪容,女士化妆应当淡雅清新,自然大方。参加正式谈判时的着装一定要简约、庄重。得体的服饰反映出一个人良好的品德修养和精神风貌,由此产生"光环效应",从而让人对其产生信任感和亲切感。

讲究语言礼节。谈判之初可选择双方共同感兴趣的话题稍作寒暄,以沟通感情,创造温和气氛。谈判中应当尽量使用委婉语言,这样易于被对手接受。当对手陷入困境或有难办之处时,应向对手表示友好,可以暂时放下谈判问题闲聊一下,或开诚布公地问明对手的困难,设身处地地为对手着想,通过友好宽慰的语句营造和谐的谈判气氛。在提问时,应避免提敏感、棘手、令人尴尬的问题。非提不可的话,也要力求表述得委婉含蓄一些。在进行提问之前,还要务必先取得对手本人的同意。在谈判中,认真地倾听对手的发言,会使对手产生自尊与满足。

用好无声语言。谈判中,谈判者的手势要自然,不宜乱打手势,以免给人造成轻浮之感。切忌双臂在胸前交叉,那样显得十分傲慢无礼。谈判中,保持适度的目光交流,既是对言谈者的欣赏和鼓励,也是表示自己在充满兴趣地倾听,这无疑会加深对手对你的好感。谈判中,要细心观察对手的举止表情,并适当给予回应。这样既可了解对手意图,又可表现出尊重与礼貌。

注意文化差异。如果是涉外商务谈判,由于双方对对方文化不一定很了解,很多在本文化谈判中约定俗成的方面需要向对手解释,做说服工作。

保持平和心态。谈判往往是一种利益之争,因此谈判各方无不希望在谈判中最大限度地维护或者争取自身的利益。然而从本质上来讲,真正成功的谈判,应当以妥协,即有关各方的相互让步为其结局。在任何情况下,谈判者都应该待人谦和、彬彬有礼,对谈判对手友善相待。即使与对手存在严重的利益之争,也切莫对对手进行人身攻击、恶语相加、讽刺挖苦。

正确地处理双方关系。指望谈判对手对自己手下留情,甚至"里通外国",不是自欺欺人,便是白日做梦。大家朋友归朋友,谈判归谈判。在谈判之外,对手可以成为朋友。在谈判之中,朋友也会成为对手。二者不容混为一谈。

二、签字仪式礼仪

签字仪式,一般是指订立合同、协议的各方在合同、协议正式签署时所举行的正式仪式。举行签字仪式,不仅是对谈判成果的一种公开化、固定化,而且也是有关各方对自己履行合同、协议所做出的一种正式承诺。

(一)签字厅的布置

除了专用签字厅,也可以将会议厅、会客室按照签字厅的规范进行布置。正规的签字桌应该为长桌,上面铺有深绿色的台布。签字桌应面向房门,横放于室内。如果签署的是双边合同,桌子后面应摆放两把椅子;如果签署的是多边合同,可以为每位签字人摆一把椅子,也可以只摆放一把椅子,供签字人轮流就座。签署双边合同时,随行人员如果较多,可以在每位签字人的对面摆放椅子,供随行人员就座。签字厅内除了上述必要的签字用桌椅外,一般不摆放其他的陈设。签字桌上应事先放好待签的合同文本、签字笔、墨水、吸水纸等文具。在隆重的政府间或有政府代表参与的签字仪式,可悬挂双方国旗。一般情况下,企业间的签字仪式不悬挂国旗。

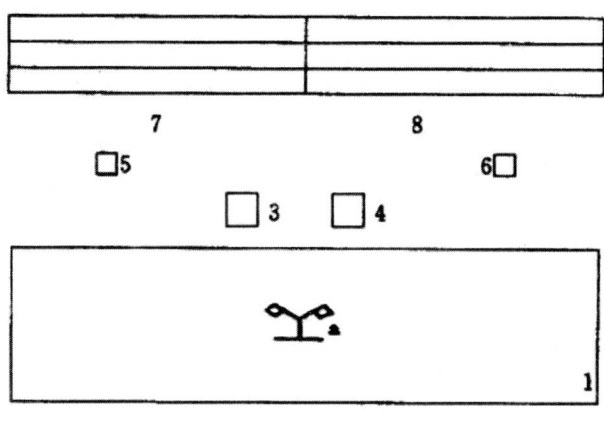

1 签字桌　　　　　5 客方助签人
2 双方国旗　　　　6 主方助签人
3 客方签字人　　　7 客方参加签字仪式人员
4 主方签字人　　　8 主方参加签字仪式人员

(二) 签约礼仪

签约仪式的主方应提供待签合同文本,稳妥起见,还可向各方提供一份副本。在准备时可以会同各方指定人员一起进行文本的校对、印刷和装订等准备工作。正式合同文本应该尽量精美,内页以高档的白纸印刷,规格一般为大八开,可以采用软木、真皮等作为文本封面。签字人视合同的性质由各方确定,一般由谈判代表出任签字人。

各方签字人的身份应大体相当。参加签字仪式的随行人员,一般由各方参加会谈的人员组成,人数也应大体相等。

签字仪式是非常正规而严肃的,因此,各方签约人员也应该格外重视自己的服饰礼仪。签字人、助签人以及各方随行人员都应该穿着正式商务套装。签字仪式上的礼宾人员可以穿自己的工作制服,女士可以穿西服套裙或者旗袍类的礼仪性服装。

签署双边合同时,主方签字人应坐在签字桌的左侧,客方签字人坐在签字桌的右侧。双方各自的助签人应站在己方签字人的外侧,以便在签字过程中随时对签字人提供帮助。双方其他随行人员可以按顺序在己方签字人的对面就座,或按照职务高低列成一排站在签字人的身后。排列时主方自右向左,客方自左向右,如果一行位置有限,可以继续排列站在第二行、第三行。

签署多边合作协议时,签字桌后面仅设一把座椅的情况居多。各方签字人可以依照事先约定的顺序,依次前去签约。各方的助签人应遵照"以右为尊"的惯例,站立于签字人的左侧。其他各方的随行人员应按照一定的顺序,面对签字桌站立或就座。

签字仪式按照预定的时间开始后,各方签字人员按顺序进入签字厅,按照座次礼仪在既定的位置上就座。签字时由助签人协助翻开文本,指明签字处。各方应首先在己方的文本上签字,再交由他方签字,交换的工作应由助签人来完成。在己方文本上签字时,应当使自己名列首位,这样在次序排列上可以使有关各方都有机会居于首位,以示各方平等。在礼仪上,这种做法被称为"轮换制"。如果签署的是多边合同,一般由主方代表先签字,然后依一定次序由各方代表签字。

签字完成后,助签人换回各自的文本,各方签字人相互握手,随行人员应起立鼓掌表示祝贺。有时签字人会交换各自刚刚使用的签字笔,作为纪念。此后,礼宾人员应端上香槟酒,大家共同举杯,相互祝愿,签字仪式在喜庆的氛围中圆满结束。

由于各国国情的差别,决定了签字仪式也不尽相同,没有一套固定的做法。中方人员在外国参加签字仪式,应尊重该国举行签字仪式的传统习惯。有的国家可能会准备两张签字桌,有的国家可能要求参加签字仪式的人员坐在签字人对面,对此不必在意。

思考与演练

1. 分组做接待访客的练习,要求具备以下环节:由公司接待人员接待,与上司核实客户信息,引领、引见访客,宾主双方介绍,握手,互换名片,奉上咖啡或饮料、茶等,宾主洽谈,送客。

2. 全班分成六个小组,各小组从"电脑的购销谈判""建筑工程的谈判""日用品的采购谈判"等三个主题中进行抽签,决定各个谈判项目的买卖双方,进行模拟谈判。

3. 下班时间已到,小朱准备下班,办公室环境如下:桌椅、电脑、传真、复印机、电话、花卉、纸篓、空调、报纸杂志、文件资料、水瓶、茶杯以及日历等。请演示一下小朱的下班过程。

4. 请你回答或演练下列有关求职面试的问题。

(1) 一位面试者的自我介绍:"您好,我叫王林,我的专业是商务英语。我今年刚从外语学院毕业,学历是本科,很高兴认识您。"假设你是主考官,你喜欢这种自我介绍方式吗?请你为自己设计一份1分钟的精彩的自我介绍,并在同学面前自信地进行练习。自我介绍可包括下列几方面的内容:姓名、籍贯、毕业学校、专业,在校期间的任职情况及获得荣誉情况,在校期间参加学校组织的各种文体活动、社会实践活动以及获奖情况,结束语。

(2) 大学毕业后,小明到某企业应聘办公室主任一职。面试后,他和其他竞争者候在外面等待消息。然而一批批的人进去出来,始终没有叫到他。很快一上午时间过去了,11点40分,其他面试者都走了,但是招聘方仍然没有通知他。一时沉不住气的他,冲进面试点骂了一句。当时招聘负责人看着他说:"小伙子,本来这个职位已经属于你了,但是因为你的这句脏话,你又丢掉了这个工作。"原来,招聘方早就属意小明,但是希望能考验一下他的耐性,结果因为他的失礼失掉了这次工作机会。小明当时应该如何做?

(3) 在一次人才洽谈会上,笔者与一位用人单位老总聊起人才招聘的事,该老总抱怨地说:"不是我眼界高,确实在众多的应聘者里很少有让我头一眼就觉得满意的。来应聘的大学生们好像没有礼貌的概念。有的一边说话,一边给女朋友发短信;有的与女友紧紧相偎;有的把头发染成红色;有的竟然口里含着口香糖和我说话。你看刚才那位,一坐下就跷起二郎腿前后摇摆,派头比我还大。"最后,他苦笑着说:"现在的大学生怎么啦?"请你对此事件发表一些看法。

(4) 要求学生结合所学专业的职业特点设计一份富有特色的简历,并为自己设计一个符合面试礼仪的形象。每 5 个学生为一组,进行模拟面试演练。面试的场景设置要尽量符合招聘的实际情景,比如座位的摆设等。教师设计一些小的"陷阱",以考验学生的综合素质。面试应答的题目从常用题中选取,每组需事先安排好每个同学的应答题目。除个人情况介绍外,尽量不要重复同样的题。要求每个学生认真对待,进入角色,切勿当成游戏,随便应付。一轮面试结束后,教师适当进行点评。

4. 下表左边是某人接电话的一些用语,你觉得这些用语妥当吗?如不妥,该怎么说呢?

	建议用词
喂	
你找谁	
你是谁	
有什么事	
你等一下,我要接个别的电话	
没这个人	
总机接错了!你重打吧	
我们不管这件事!你再重打吧	
知道了!知道了	
他很忙!你明天再打来	
讲话啊!你找他有什么事	
他在讲电话!你等一下再打来	
他不在!你等一下再打来	

第十章　职场人际交往技巧

> 君子尊贤而容众，嘉善而矜不能。
> 　　　　　　——《论语·子张》

所谓职场人际交往，是指在工作场合进行的人际交往活动。在现代职场，仅仅依靠埋头苦干、孤立独行是很难有大的发展机会的。掌握有效的职场交往技巧，对取得他人的认可、赢得他人的支持和配合、促进自我事业的发展至关重要。

第一节　同事间的相处之道

有道"同事三分亲",同事就是共同做事的人,工作接触最密切的人,换一种说法就是抬头不见低头见的人。所以,同事在一起,开开心心,其乐融融,办公室有像家一样的气氛,是非常愉悦的一件事。处理好同事关系,在礼仪方面应注意以下几点。

一、勿忘礼貌,尊重隐私

办公室同事间天天见面,相互之间很熟,但不能因此省略了一些基本礼节。适当的问候语不是听起来不自然或是很做作的语言,而是投入了自己的关心,是一种亲切的互动。进入他人办公室之前应该先敲门,得到允许后才进入。在办公室里与人相处要友善,说话态度要和气,要让人觉得有亲切感,不能用命令的口吻与别人说话。说话时,更不能用手指着对方,这样会让人觉得没有礼貌,让人有受到侮辱的感觉。不要翻动同事桌上的文件资料,还有电脑、传真机上与自己无关的任何资料。有任何资料需要移交给他人,一定要贴上小便签,写清时间、内容、签名,并且不忘谢谢。

由于受各种主、客观因素的影响,同事之间必然有亲疏之分。志趣、性格相投的同事之间自然会接触、交谈得多一些,而志趣、性格不那么相近的同事可能交谈会少一些。有时几个人正聊得开心,忽然看见一个平时交往较少的同事走近,应热情招呼他加入谈话。这时你们若突然停止不谈,可能会使同事生疑。办公室有三人或三人以上时,不要使用方言与其中的一个人聊天。哪怕你只是说一句话,都有可能会让在场的听不懂方言的人产生误会,误认为所说的内容和他有关系,而且是负面的内容。如果你的口才很好,也不需要凡事都和同事争个面红耳赤、你死我活,自己的辩才应运用到与客户谈判时。

每个人都有不愿意让别人知道的秘密，这与个人名誉密切相关。背后议论同事的隐私很可能会损坏同事的名誉，引起双方关系的紧张甚至恶化。有时，同事不留意把心中的秘密说漏了嘴，对此，也不要去追问，探个究竟。碰到陌生人找同事谈话，如有可能，最好避开。即使无法离开，也不要伸着耳朵去"偷听"。看到同事在写东西或阅读书信，也要"躲避"。需要从其身旁走过时，不要离得太近，更不能去"窥视"。代转给同事的信件，只要放在其桌子上或信箱里即可，不要过分留意写信人的地址，更不能察看信中的东西。不要随便翻动同事的东西，如果要在同事的私人办公区找东西，最好让其代找；因急事确实需要在同事处找某样东西，而同事又恰巧不在，不得已自行拿取的话，事后一定要向其说明情况，并表示歉意。

二、谦虚谨慎，懂得礼让

不同于以往的传统社会，现代的中国社会，人们也开始崇尚个性凸现、个性张扬，但你在同事面前最好不要张狂自负，不要处处炫耀自己的能耐，也不要去炫耀自己的财力，否则不仅引起同事的反感，还会招致嫉妒。尤其是初涉工作岗位的年轻人，更要注意谦虚谨慎，要致力于在工作中显露自己的才干，用实力去赢得别人由衷的认同。

取得成绩、奖励或受到领导肯定时，在同事面前要保持适当低调，尽量降低大家可能有的妒忌心理、抵触情绪。包括平时的着装打扮，也不应过分张扬、另类。否则，极易造成别人的反感，这也是很多矛盾的根源。

有一些人与同事的关系不好，是因为过于计较自己的利益，总去争求种种"好处"，时间长了难免会引起同事们的反感。如果对那些细小的、不大影响自己前程的好处多一些谦让，比如单位里分发有限的东西时少分一些、一些荣誉称号多让给即将退休的老同事、与其他人共同分享一笔奖金或是一项殊荣等，这种豁达的处世态度无疑会赢得人们的好感，也会增加你的人格魅力，会带来更多的"回报"。俗语所说的"吃小亏占大便宜"从一定程度上就说明了这个道理。

除非是涉及原则性的问题，对一些无关紧要的事不能抓住不放，而要大事化小、小事化了。不要将简单的问题复杂化，鸡毛蒜皮的小事也非得弄个水落石出，论出个是非，自己身心疲惫不说，连同事也得罪了。

三、把握距离，避免争吵

同事之间一方面是事业上的合作者，但同时也是竞争者。在利益面前，稍有不慎，就会让原本关系很好的双方都很尴尬。另外，我们每个人都是不可能选择同事的。同事之间，存在观念、文化、知识、性格等方面的差异是必然的，这无疑会影响到彼此的处世态度和交际方式。如果同事之间交往过近过密，有时相互间的个性差异会发生碰撞，反而可能损害彼此间的关系。所以，同事相处，既要密切配合，又要保持适当的距离。

男女关系永远都是敏感的，在办公室里尽可能对所有异性同事公平对待，至少也不要差别太大。如果和某位异性同事走得太近，其他的异性同事就会自动疏远你，而同性同事也有可能因妒忌而对你有意见，领导甚至会认为你"吃窝边草"而影响工作效率。总而言之，异性同事之间不要太过亲密，以避免不必要的烦恼。

同事之间可能有相互借钱、借物或馈赠礼品等物质上的往来，但切忌马虎，每一项都应记得清楚明白，即使是小的款项，也应记在备忘录上，以提醒自己及时归还，以免遗忘，引起误会。向同事借钱、借物应主动给对方打张借条，以增进同事对自己的信任。有时，出借者也可主动要求借入者打借条，这也并不过分，借入者应予以理解，如果所借钱物不能及时归还，应每隔一段时间向对方说明一下情况。

同事之间倘若发生矛盾，要忍一忍、让一让，相互克制，尽量避免发生正面冲突。因为同事之间争吵后仍要在一起共事，甚至要相互竞争。这种特别的交际关系使得同事间的交际情感裂缝比较难以弥合，情感创伤也较难以平复。

人都有遇到挫折的时候，当同事心情不好时，说话做事就要注意一点，大家毕竟都朝夕相处，能忍则忍，不必过于计较同事在非常情况下的态度。而双方关系不错，还应该主动表达关心，该安慰则安慰，能出主意则出主意，分担喜怒哀乐。我们也必须注意自己的态度，不要把生活中的情绪带到工作中来。一旦自己因情绪失控说了不好的话，第一时间向对方致歉并解释原因。

📖 阅读材料：办公室技能，一招鲜

身在职场，如果你拥有下面一些个性化技能，会使你成为一个广受欢迎的人。

文笔好。网友"Pauline"说："因为跟老板提到以前写过专栏，结果现在董事会报告、写开幕词、给老板女儿起名字、婚礼发言稿、老板儿子幼儿园毕业典礼家长代表致辞……都是我主笔。"点评：这年头不少人写个述职报告都要上网找枪手代劳，文笔好的人受老板青睐就不足为奇了。当然或许会因此滋生一些额外劳动，但老板们大多也相信，写得出好文章的员工会更有见解。

字写得好。网友"我有一杯白开水"说："我就不谦虚了，我字写得好，写个申请什么的，老板每次都要表扬的，然后就签字了。"点评：现在很多人一旦脱离了键盘，拿起笔时常常会对一些字产生"间歇性遗忘"，更何况还要写得一手好字。

电脑技术。网友"bleed"说："只要我在办公室，经理电脑坏了，总是第一个先找我，不去找IT部门。因为多半是些小问题，经理觉得找我更方便。如果真遇上什么技术难题，我也立马抓得到IT部的兄弟让经理享受head（首领）级别才有的VIP服务……至少现在阿拉经理基本离不开我了。"点评：电脑相当于老板们的左右手，而你在关键时候总能修复他们的左右手，这样的技能能不让你吃香吗？

小修小补。网友"猪弟"说："我什么都会修，所以办公室什么坏了都叫我修，不会就弄本说明书自己看着学，什么复印机、打印机、传真机、桌椅板凳、抽水马桶我都修过。"点评：这个才能倒真不多见，对办公室的硬件环境产生了良好的维护作用，心灵手巧的人总是受欢迎的。

"114"功能。网友"八面人"说："我这人学习能力还不错，积极工作之余还总能挤出时间观摩下电影，研究点心理，多上些网站。同事们对我的评价是'百事通'，其实是善于运用Google和百度功能，可以作为"114"使用。除了被问及工作，难免还要帮忙解决些杂事，如问路、点评餐馆等。忙是忙了点，可是同事们都会第一个想到我，受重视、人缘好就不用说了。"点评：这项技能不仅在职场上处处受欢迎，还能让情场颇为得意，就如一个调查对象所说："因此而小桃花不断，常有女孩子说爱戴自己。可惜，因为是爱戴，所以不是爱啊。"

资料来源：本报记者.办公室技能，一招鲜.上海壹周，2007（总364）

第二节 与领导交往的法则

下级对领导的礼仪，主要表现在感情上的高度尊重和组织上的服从，而不是表面的谦恭和服从。

一、学会尊重

一般来说，领导相对具有较强的能力、较高的声望，作为下级，首先应当尊重领导，切不可目无领导，应该服从领导安排，恪守本分，服从命令，支持领导的工作。对于领导安排的工作，不能过分计较干多干少。遵从领导就是维护团队，没有任何公司欢迎个人英雄主义。那种对领导的安排阳奉阴违，甚至有意抵制的做法，是任何公司都不允许的。

有些人对领导不满，虽不当面发泄，却在背后乱嘀咕，有意诋毁领导的名誉，揭领导的家底，殊不知"纸里藏不住火"，没有不透风的墙，被领导知道后果可想而知。

因为领导需要把握的是全局，所以不管自己和领导的个人关系怎样，对他的看法怎样，工作场合中，领导就是领导，要以实际行动维护领导的威信。如果和领导发生意见分歧，不能当面顶撞，而应从尊重领导、维护领导威信的角度出发，婉转地表示自己的意见、看法。领导也是人，难免失误。这时下级应注意体谅，不能得理不饶人。特别要注意的是，提建议和意见应选在私下里或以书面形式，切忌当众提出，给领导难堪。在外人面前，对领导更要注意以礼相待，绝不能嚣张放肆。如果遇到不关心下级、以权压人，甚至给人"穿小鞋"的领导，也不要消极怠工或压不住火而到处发泄，要冷静对待，使自己的言行更加有理、有节。

工作时遇到问题，不宜越过你的直接领导而去请示更高一层的领导，这是初入职场者容易忽视的一点。遇到问题，首先要向你的直接领导汇报，除非遇到特殊情况，否则不要轻易越级汇报工作。这样的举动，对你的直接领导来说，是一种不尊重。从高一级的领导的角度来看，你间接传达的是你的直接领导工作有"问题"，或者让人觉得你有特别的目的，这样的举动会给你的职场生涯带来许多麻烦。

要想有效地同领导打交道，考虑一下他的工作目标和他所承受的压力是非常重要的。如能把自己放在领导的一个伙伴的位置上设身处地想问题，那么他自然就会同你合作，直到达到你的目的。

当然，对领导的尊重并不等于唯命是从、唯唯诺诺，一味附和领导的看法，这样的下属领导并不欣赏。一个聪明的领导者，真正看中的是那种既懂得尊重自己，忠于职守，又有独立见解,自尊自重,不卑不亢的下属。

二、把握分寸

与领导相处,一定要把握分寸,分清场合。即便你跟你的领导私下关系不错,在工作中仍然要保持严肃的上下级关系,不要和其过于随便、亲近。例如,称呼上要称呼姓氏加职务;举止上要对领导表示出敬意,不要上下不分,比如不能在工作场合和领导勾肩搭背等;不能因为你与领导关系甚好,就可以有事没事地随意进入领导办公室闲聊。不维护领导的威信,在企业内部看来,是没有团队意识、合作精神的表现;在商务伙伴看来,不会维护自己企业利益,连领导都不懂得尊重的人,肯定不会懂得尊重商务伙伴。另外,上下级的关系首先是工作关系,对领导的私人要求则可酌情拒绝,不必担心拒绝领导会带来麻烦。

在向领导提出不同意见之前,应先向领导的秘书或其他知情人了解领导的情绪如何。如果他情绪欠佳,你最好免开尊口。领导忙得不可开交时不要去找他,快吃午饭时也不要进领导的办公室,因为他在这时事务尤其繁杂,情绪也容易烦躁。自己心情不好时去找领导,此时只会让领导也跟着你一起愤怒,因此自己首先要心平气和。

跟领导说话,要避免采用过分胆小、拘谨、谦恭、服从,甚至唯唯诺诺的态度讲话,改变诚惶诚恐的心理状态,而要活泼、大胆和自信。要尊重,要慎重,但不能一味附和。"抬轿子""吹喇叭"等,只能有损自己的人格,得不到重视与尊敬,倒很可能引起领导的反感和轻视。

每个人都有自己的缺点和隐私,只是缺点大小不同,或者隐私是否为人所知而已。和领导在一起久了,大家都熟悉了,难免会知道领导的一些隐私,或了解到领导的一些缺点。这些事情即使知道了,也不能作为同事间茶余饭后的谈资,四处扩散,这是对领导人格的起码尊重。领导也是人,所以私下难免会和他认为关系比较亲近的部属不经意透露一些单位尚未公布或者尚未正式形成决策的事情,"有幸"听到时,不应四处传播;否则,既不利于单位的安定团结,影响单位形象,又会影响单位的决策,甚至产生不良的社会影响。

三、善于汇报

关键处多向领导请示,征求他的意见和看法,是下级主动争取领导信任的好办法,也是下级做好工作的重要保证。

进领导办公室,一定要轻轻敲门,经允许后才能进门。即使门开着,走到门口的时候,也要用适当的方式,比如敲敲开着的门,或向领导打个招呼,提示一下有人进来了,这也给领导一个及时调整体态、心理的准备。在递送资料、文件时,要正面朝向领导,双手恭敬地递送,以便对方观看。

汇报时,站在领导办公桌前方1~1.5米处,不远不近,身体姿态要庄重、优雅。站着汇报时,应该身体直立,不可手舞足蹈或在领导面前走来走去说话;如果领导请你入座汇报,才可以坐着汇报工作,还要表示感谢。

汇报工作时,说话吐字要清晰,条理要清楚。不可东一句西一句,想到哪就说到哪,没有系统性。在多数情况下,领导有很多事情还需要处理,所以,汇报工作的时间控制在半个小时到一个小时最为合适。汇报结束时最好做个小结,重复一下要点。

汇报的事情不可投其所好,报喜不报忧,更不能歪曲或隐瞒事实真相;提供的情况一定要有理有据,准确、属实。在工作中,也许有投其所好、报喜不报忧的现象存在,但请记住:现在这个竞争激烈、快速发展的时代,并不是所有的领导都喜欢这种方式。

对于领导提出的问题,如果一时回答不上来,不可胡编乱造,应该用笔马上记下来,待事后再作补充汇报。

汇报结束,离开领导办公室时,要整理好自己汇报时用的材料,或在交流时喝茶水的用具,调整好座椅,说一声"谢谢"再离开。

第三节 领导对待下属的礼仪与智慧

要做一个成功的领导,不仅需要专业知识、领导能力,还需要掌握一些与下属相处的基本技巧与礼仪。只有这样,才可能成为受人喜爱的领导。

📖 阅读材料:女企业家的天然优势

《中国企业家》杂志通过多年的调查发现,中国女企业家同男企业家一样为"PL",即利润(Profit)与亏损(Loss)付出努力,但与此同时,她们比男企业家在另一个"PL",即人(People)与爱(Love)的层面上付出的心血更多。管理大师亨利·明茨伯格在《关于管理的十个冥想》一文中提到:"组织需要培育,需要照顾和关爱,需要持续稳定的关怀。关爱是一种更女性化的管理方式,虽然我看到很多优秀的男性CEO正在逐步采用这种方式。但是,女性还是有优势。"

女性更倾向的是一种更为民主的、参与式的领导风格,她们更善于倾听,能耐心听取不同见解,更能使团队成员团结协作、步调一致。

女性领导者具有广博的爱心,富有亲和力,待人柔和,善解人意,具有天生的同情心,她们能用女性的细腻和爱心经营企业,使企业更富人情味;她们考虑问题细致周到,更注重体察员工的心理需求,并能具体解决企业员工在工作和生活中的困难。这种"关爱人、体贴人"的情感暗含了现代管理科学理论中"以人为本"的思想,有效地增强了团队的凝聚力。

女性更善于合作,更擅长建立团队。中国女性喜欢"拉帮结派",组建自己非正式的"小圈子"。如果把这种行为用在"钩心斗角"方面是有害的,但一旦某位女性成为领导时,这种现象就会表现为她们更擅长建立团结协作的团队。

有研究表明,男性长于逻辑推理,注重事实数据。而女性则更多依赖直觉,更倚重人与人之间面对面的直接交流。这使得她们更善于处理各种人际关系,在沟通方面更有优势。她们运用语言词汇的能力明显强于男性,而且语气温柔委婉,往往能"以柔克刚",在处理顾客投诉、与客户交流方面优势明显。

女性领导者良好的气质品味,富于个性特征的仪容风度是增加女性领导魅力不可或缺的内容。随着人们对美的认识不断深化,对女性的魅力标准已由原来的单纯外表美转化为女性气质、品味、内涵、形象等方面的综合评定。女性领导应根据自己的工作环境、生活氛围、个人特点,不断加强自我修养,注重情趣培养、气质熏陶,使自己的内在气质和外在仪表都散发女性的芬芳,飞扬迷人的风采。

资料来源:张建宏据有关资料整理

一、培养自身的人格魅力

德国社会学家马克斯·韦伯认为,人的心理中有着一个非"纯利益"的价值取向,往往自愿地被他们所敬仰的人所引领。

一个有魅力的领导者,往往是知识渊博、思维敏捷、目光远大的人。尊敬、佩服、拥戴比自己才学高强的人,是一般人具有的心理素质。领导者如果品行高洁、才学逸群,必定能使自己吸引和影响周围的人。

美国成功心理学大师拿破仑·希尔博士说:"真正的领导能力来自让人钦佩的人格。"美国《领导力》的作者库泽斯和波斯纳在20年中分三个不同阶段对7500人调查后发现,把"真诚待人"作为领导者品质的人在每次调查中都占据了第一位。一个企业,要想最大化和长期化它的"效益",就必须有一种持久、深入和温暖的人文关怀。作为领导者,一定要学会"喜欢下属",这是"人性化"管理的基础。

一个有魅力的领导总能创造出一种轻松愉悦的工作氛围,无论他将布置的工作多么重要,他从来不给人紧张感,总能在和谐的气氛中阐明自己的观点,用潺潺流水般的语调把工作安排得井井有条。这期间,还每每爆发出阵阵开怀大笑,有些经典的话语成为大家的流行语、口头禅。

领导者的亲和力也是一种影响力。美国企业家吉姆·丹尼尔把"一张笑脸"作为公司的标志,他总是以"微笑"飞奔于各个车间,进行自己的管理。结果,员工们渐渐被他感染,企业员工友爱和谐,上下同心同德,其乐融融。企业在几乎没有增加投资的情况下,生产效益提高了80%。

作为领导,对有关工作上的承诺应言而有信,不轻易许诺,若已许诺就应该言必信、行必果,努力办到。领导应心胸开阔,对下属的失礼、失误应用宽容的胸怀对待,尽力帮助下属改正错误,而不是一味打击、处罚,更不能记恨在心,挟私报复。

二、尊重和善待下属

不管身处什么职位,从本质上讲,人与人之间都是平等的,在处理上下级之间的关系时,这是最基本的观念。下属具有独立的人格,领导不能因为在工作中与其具有领导与服从的关系而肆意损害下属的人格,这是领导最基本的修养和对下属最基本的礼仪。

权利意识过强的领导令人讨厌。在对自己的下属说话的时候,要力求避免采取自鸣得意、命令、训斥下属的口吻说话,要放下架子,少打官腔,语言、声调要亲切、平和,以平易近人的方式对待下属。

如果现场人多,即使下属做得不对,领导如果当着大家的面对其加以训斥的话,就会深深挫伤其自尊心,致使其认为你不再信任他,从而产生极大的抵触情绪。记住:夸奖要在人多的场合,批评要单独谈话,尤其是点名道姓的训斥,更要尽量避免。

和下属开会、听取汇报或接受下属邀请时,要准时赴约。有的领导往往把自己放在高人一等的位置,觉得让下属等无所谓,所以想怎么样就怎么样,认为这只是一件小事情,其实这恰恰是你作为领导是否懂得尊重下属的一个细节体现。如果一时到不了,应该致电给下属,推迟时间或另作安排。遇特殊或紧急情况需要离开,应安排人接待,并做出推迟或改期的具体安排。

当下属在办公室里汇报工作时,领导的坐姿要保持端正,要有目光上的交流,切不可只听不看,要耐心、认真地倾听对方所说的话。

作为领导,常常要和各种人打交道,要处理各种棘手的问题,比如下属反映情况时,常会忽然批评、抱怨起某些事情,而这往往是在指责领导。这时领导要冷静、清醒,千万不要一时激动,自己滔滔不绝地辩解起来,甚至发怒。作为一名领导,必须要学会"克己",这样面对各种问题时才能保持冷静,妥善处理。

当工作中出现差错时,领导不要急于指责别人或别的部门,这样做会让你的"权威"大打折扣。它不仅反映出你是一个爱推卸责任的人,而且还会让人因此对你的正直提出质疑。

领导不可能在各方面都表现得出类拔萃,而下属在某些方面也必然会有某些过人之处。作为领导,对下属的长处应及时地给以肯定和赞扬。如接待客人时,将本单位的业务骨干介绍给客人;在一些集体活动中,有意地突出一下某位有才能的下属的地位;节日期间到为单位作出重大贡献的下属家里走访慰问等。这样做,可以进一步激发下属的工作积极性,更好地发挥他们的才干。

下属住院或受伤,领导有责任组织本部门同事前去探望慰问。你不能只送花和大家签名的卡片,还要有具体行动,如定期去探望他并转告办公室消息,并请他安心休养,同时慰问其家属。领导与下属一起吃饭时,由谁付账,不同公司有不同的文化,依循大家的习惯来付账通常没有问题,不过在一些无法判断的状况下,作为领导,最好的选择是慷慨解囊。领导可以对员工的生活和家庭表现出一定的兴趣,但要把握好"度",对下属的隐私和忌讳不应干涉。

三、善于听取意见和建议

领导应当采取公开的、私下的、集体的、个别的等多种方式听取下属的意见,了解下属的愿望。领导同下属谈话时,要重视开场白的作用。不妨与下属先扯上几句家常,以便使感情接近,消除拘束感。

谈话所要交流的是反映真实情况的信息。但是,有的下属出于某种动机,谈话时故弄玄虚、见风使舵,或者有所顾忌、言不由衷。这都会使谈话失去意义。为此,领导一定要克服专横的作风,代之以坦率、诚恳、求实的态度,不要把自己的好恶明显地表现在脸上。要尽可能让对方在谈话过程中了解到自己感兴趣的是真实情况而不是奉承话,消除对方的顾虑或迎合心理。

正因为谈话是双边活动,所以一方对另一方的讲述应给予积极、适当的反馈,如此才能使谈话愈加融洽、深入。因此,领导在听下属讲话时应注意自己的态度,充分利用表情、姿态、插话和感叹词等来表达自己对下属讲话内容的兴趣和对此次谈话的热情。要知道,领导的微微一笑,表示赞同的一次点头,充满热情的一个"好"字,都是对下属谈话的最有力的鼓励。

在谈话中,领导不要轻易做出否定的表示,而应当以鼓励和肯定为主。即便是要指出下属的失误或不足,也要注意方式方法,避免打击下属的积极性,恶化上下级关系。例如,上司觉得下属草拟的方案尚有不足,可以提醒下属:"这个环节能不能再考虑一下?""……是不是更妥当一些?"从而启发和引导下属,而不是将自己的判断强加给下属,直接否定下属的看法,以显示自己的权威和高明之处。

对给工作提出意见和见解的下属不能存有偏见,尽量让他们广开言路,鼓励他们积极汇报工作实情,这样你会得到你原本得不到的信息。

谈话分正式和非正式两种形式,前者多在工作时间进行,后者多在休闲时间进行。作为领导,除了正式谈话外,也不应放弃非正式谈话的机会。因为在休闲时间无主题的谈话,多半是在无戒备的心理状态下进行的,哪怕只是只言片语,有时也会得到意外的信息。

第四节　企业领导者为人处世误区

谁不想做一个给力的企业领导者呢,谁不想自己一手创立的企业基业长青呢?可问题是,为什么有的企业领导者事业做得风生水起、高歌猛进,有的在创业的道路上却一波三折、身心俱疲?为人处世是人生当中最深的学问,一个不会做人、不会处世的人,决不会有什么辉煌的成就。就为人处世方面而言,不少企业领导者存在一些以下自毁长城的误区。

过分维护个人权威。一些企业领导者有着"小皇帝心态",人人三呼万岁,事事溜须拍马,恭顺者提拔,意见者遭殃,"我的地盘我做主"。他们在员工面前永远一副冰冷的面孔,从来不在大众场合露出笑脸,说话喜欢用祈使语气,从来不主动和员工打招呼,有意识地与员工保持距离。

用人才而藐视人才。对于知识型人才,很多企业领导者往往"既爱之,又恨之"。不得不用,却又从内心深处瞧不起他们,"百无一用是书生"的观念根深蒂固。因此,在很多企业里,人才没有归宿感。

不让下属有抱怨。有一句这样的话:"员工就是客户。"其实员工的抱怨和客户的抱怨差不多。企业要发展,管理工作要进步,如果听到的都是正面的东西,没有一点点负面的东西,才是真的有问题。企业要给员工一个反映意见的平台,比如设立"心连心"意见箱,让员工无记名地提意见或建议;设立专门谈话室,让员工在此说出自己心中的怨气与委屈。每个管理者都希望在批评员工的时候,不管对错都先被接受;同样地,作为管理者,面对员工的抱怨或批评更应该坦然接受,给他们发言权,那是对员工的一种尊重。千万不要一棒子把员工的抱怨打下去,要给他们发言的机会。"防人之口胜于防川",员工的心里不满如果没有得到及时的发泄,就会形成一种潜在的危机,对企业产生危害,对沟通交流也是极为不利的。

强于演说而弱于倾听。由于长期处于强势和核心地位,企业领导者通常掌握了更多的话语权。这很容易让他们习惯性地表达自己的主张,而不注意倾听下属乃至朋友的意见。其实,聪敏的管理者都是多听少说的人。

做不好榜样。企业领导者的核心工作是管理下属的工作,而下属的工作态度与责任意识强烈地受到领导行为的影响。因此,领导管理好下属的前提是自身行为的样板作用,即领导只有首先管理好自己,才能真正管理好下属,身教重于言教。千万不要制定了一大堆政策、制度,要求员工绝对执行,而一转身自己就成了最大的破坏者。

以江湖气为荣。耿直、爽快、兄弟多、与××老大称兄道弟……在很多企业领导者的心中,江湖形象和江湖背景是一件比阅历背景、学历背景还要重要的事情。另外,江湖气的另一表现是企业骨干的亲信化。一个靠人控制人,而不是靠制度控制人的中国式组织,是中国以情感为纽带的企业走向规范化治理的主要瓶颈。

总是打精神牙祭。在一些人看来,这是笼络人心的手段,是企业领导者不可缺少的画馅饼的才能。但现在的员工们已经越来越不相信它了。员工是"经济人",薪酬是员工获取生存和发展的基本物质保证,而且,如果员工通过努力能够得到丰厚的物质奖励,也直观地体现了其价值。

附庸风雅。一窝蜂登山、一窝蜂打高尔夫、一窝蜂 EMBA、一窝蜂墙上挂艺术品……值得指出的是,这一切并不是因为爱好或需求,而是因为模仿和炫耀。人们尊重一个健康的、幸福的、充满爱心、富有品位和情调的、强大的成功者。人们可以从你的生活品位中判断你是一个"大块吃肉、大碗喝酒"的红高粱地里冲出来的野汉子,还是一个刚刚完成资本原始积累、从"圈地运动"中走出来的浑身掉着"土渣儿"的"土大款";是一个追求高尚生活质量的精神贵族,还是一个附庸风雅、假装成精神贵族的"暴发户"。

野蛮管理。不少行业对于从业人员的要求和标准较高,内部管理严格,一些企业领导者对下属施行大棒政策,从生活、言行、习惯、价值观等方面对员工做过度要求,员工的点滴过失都可能会受到严厉的惩罚,导致员工往往为寻求自我保护而淡化同事间的友爱,员工缺乏被爱和被接纳认可的归属感。

朋友式管理。视下属如亲人,人情味十足的情感化管理方式将会给企业带来强大的凝聚力。但凡事都应把握好"度",有些企业领导者对待与自己一起打天下的下属总是格外开恩,结果导致企业领导者没有权威,管理层相互较劲,员工无所适从。另外,对于异性下属,领导更要保持一定的距离,不要刻意关怀,不管对方已婚还是未婚。下属听命于你只是对工作的忠心、热诚,或者只是为了饭碗问题,不是对你有爱慕之心!

📖 阅读材料:创立凝聚人心的组织文化

组织文化就像充斥在空气中的气体分子,无时无刻不在影响组织氛围。一种公开、民主,注重上下级之间、同事之间坦诚交流的组织文化有利于建立和谐的人际关系。那么,如何建立凝聚人心的组织文化呢?

实施情感激励。企业和员工之间的情感交流是相互的。当企业充满感情地对待员工、从细微处去关心和爱护员工时,员工必然以自己的真情作为回报。企业在管理活动中应"以人为本",多点人情味。当然,实施情感激励,绝不能超越原则和制度之外,否则就会演变成一种私人关系。

重视沟通交流。员工普遍希望企业是一个自由开放的系统,能让员工在企业里自由平等地沟通。《孙子兵法》说:"上下同欲者胜。"没有沟通就没有统一的意志、观念和行动。

倡导敬业奉献。爱岗敬业是人类社会最为普遍的奉献精神,它看似平凡,实则伟大。因此,组织应广泛开展与弘扬爱岗敬业、无私奉献精神相结合的精神文明创建活动,把爱岗敬业变为职工自觉的主动行为。

筑牢诚信基石。诚实守信是现代公民道德的基本规范之一。就企业而言,诚信更是无形的力量和财富。只有将诚信建设真正地纳入企业精神文明建设中,使广大职工的思想观念彻底刻上诚信为本的烙印,才能够更好地促进企业发展。

强化社会责任。一个企业发展到最后,必定要在企业文化制定方面讲述到社会责任,这是企业发展到一定地步必须有的价值观,也是企业员工个人社会责任的体现。

优化企业习俗。企业习俗是指企业员工在长期的共同劳动中形成的习惯做法,是全体员工默认的、心里的、自觉遵守的规范。譬如,在中国企业中,见面友好的问候、节日期间走访慰问困难员工和老龄员工、注重女工保健、举行春节团拜会、举行员工家属联谊会、举办文体活动等。企业习俗是一种无形的精神力量,它能够规范和统一企业员工的言行。

思考与演练

良好的人际亲和力不仅使人们获得更多的友情,还可帮助人们获得更多的人际资源,拥有意想不到的好前途和机会。请你完成下面题目,对自己的亲和力做一测试。

1. 近期工作很多,你的下属却在此时提出请假,而且是因为私人的事情(对他来说很重要),你会怎么做呢?(   )

A. 由于太忙,不予批准
B. 告诉他你很想帮助他,但现在实在是太忙了
C. 给他一定的时间,让他安心处理好事情,并尽可能地给予帮助

2. 假如你是刚上任的部门经理,你会怎样处理与下属的关系?(　　)
A. 公是公、私是私,不与下属有过多私人交往
B. 新官上任三把火,对下属严格要求,树立自己的威信
C. 主动与下属交朋友,参加集体活动

3. 作为经理,在实施重要计划之前,你认为(　　)
A. 先取得下属赞同
B. 自己要有魄力决定一切
C. 应该由下属决定一切

4. 你对下属的看法是(　　)
A. 对能力较差的下属应该多监督
B. 应亲近能力较强的下属
C. 应以平等的态度对待每一名下属

5. 如果你是一位经理,你的下属生病请假了,你会怎么做呢?(　　)
A. 利用业余时间去照顾他,希望他早日康复
B. 打个电话问候一下
C. 一听说他生病了就去看他

6. 你是经理,一位下属向你献上有关提高效率的建议,但该建议却是你已经想到并打算实施的,那么,你会选择下述哪种方式与他沟通?(　　)
A. 告诉他你真实的想法,但也对他给予充分的肯定
B. 闭口不提你以前的想法,只赞扬他的合作精神
C. 告诉他这是你早就想到的

7. 你是经理,你的下属在工作中出了错误,而且错误给公司带来了很大的损失,公司上层准备严肃处理,此时,你会怎么办?(　　)
A. 让下属认识事情的严重性,让他做出自我检讨
B. 安慰犯错的下属,告诉他谁都可能犯错
C. 与下属一起思过,主动与下属一起承担责任

8. 你希望一位执拗的同事按你的建议去行事,应怎么办?(　　)
A. 尽量使他认识到该建议至少有一部分出自他的头脑
B. 尽量找出他建议中的问题让他主动放弃
C. 说出自己建议的优点让他接受

9. 假设你是鞋店老板,有位女士来你店中买鞋,由于她右脚略大于左脚,总也找不到她能穿的鞋,你觉得应该如何解释,你会如何措辞?(　　)
A. "女士,你的右脚比左脚大。"
B. "女士,让我们量一下我们的鞋子尺寸是否有问题。"
C. "女士,你的两只脚不一样大。"

10. 关于对下属进行赞扬和批评,你的看法是( )

A. 对犯错的下属要严厉批评,以免重蹈覆辙

B. 经常赞美下属,使他们积极地工作

C. 慎用赞美,以免下属过于骄傲自满

看一看,你共答对了多少题。

参考答案:1. C 2. C 3. A 4. C 5. B 6. B 7. C 8. A 9. B 10. B

结果分析:

6题以下:说明你的亲和力较差。你目前缺乏领导者的素质,现在不应做成为领导者的美梦,应该在生活和工作中多培养自己的亲和力,与人方便、平易近人等都应是你的座右铭。

6~8题:说明你的亲和力一般。你也许能成为领导者,可你不会是一个优秀的领导者。但你也不必气馁,在工作中应与同事打成一片,和他们建立深厚的友谊。只要具有深厚的友谊,谁又能说你不具备亲和力呢?

8题以上:说明你具有较强的亲和力。如果你成为了领导者,你会注意与下属交往时的话语,体恤下属,勇于承担责任。你与员工之间存在着深厚的亲情,在你的领导下,团队内部气氛和谐。可以说,你会是一位平易近人、受下属爱戴的领导者。

第十一章　服务礼仪

> 衣冠不正,则宾者不肃。进退无仪,则政令不行。
> ——《管子·形势解》

所谓服务礼仪,就是礼仪在服务行业之内的具体运用,通常是指服务人员在自己的工作岗位上向服务对象提供服务时标准的、正确的做法。服务人员的礼仪表现,从某种意义上来讲,直接体现着一个企业和员工,甚至是一个国家和人民的精神面貌和道德水准。学习、践行服务礼仪,应体现如下基本要求:爱岗敬业、尽职尽责,诚实守信、优质服务,仪容端庄、着装整洁,语言文明、态度温馨。

第一节 服务行业礼仪

每个行业都有自己的礼仪文化交往规则,不熟悉掌握相关的礼仪文化和知识,就无法有效地开展活动。本节主要以一些窗口服务行业为例,分别对其具体服务礼仪规范加以介绍。

一、银行服务礼仪

银行是人们最经常与之打交道的金融机构,它与人们的生活、企业的经营息息相关。在银行业高度同质化的今天,唯有服务品质才能凸显出一家银行的"比较优势"。银行服务的基本礼仪要求有:

牢固树立起"服务第一"的思想,想客户所想,急客户所急,主动细心地为客户服务;讲究文明礼貌,严格执行银行已经明文规定的文明用语与服务忌语;对于客户所提出来的各种疑问,要认真聆听,耐心解释,有问必答。

存款取款要一样周到,业务大小要一样热情,定期活期要一样接待,零钱整钱要一样欢迎,新老客户要一样亲切,大人小孩要一样主动,工作忙闲要一样耐心,表扬批评要一样真诚。

对客户的任何个人信息,都要保密;对客户存取款,窗口服务人员可以用小声交谈方式核对,也可采取点头、摇头、手势、眼示的方式进行核对。

不断加强学习,钻研业务,熟练掌握本岗位业务技能,提高办事效率,尽量减少客户等候时间。

遇有急事的客户,在征得其他客户同意后,可提前办理。

客户量大时,首先保证为客户提供服务,不宜因交接班影响服务。

二、邮政、电信服务礼仪

当今世界正处于信息化时代,国民经济的增长、人民群众生产生活水平的提升离不开邮政通信业的大力发展。邮政通信业包括邮政、电信及与之相关业务。邮政、电信服务的基本礼仪要求有:

办理业务时,使用规范准确的行业服务语言,让用户听清楚,听明白;对用户提出的咨询和疑问,注意认真倾听,耐心作出解答,让用户了解真实情况。窗口工作人员要保持正确的坐、立、行姿态,杜绝支肘、倚靠、歪坐、松垮等不雅姿态。服务动作大方得体,请用户做事时掌心向上,不用手指直对用户;向用户投交账单、邮件等物品时,面向对方,双手递,双手接。

认真学习业务知识,熟悉业务流程,严格准确地按照规定时限和标准处理业务。保守用户使用邮政、电信业务的信息资料秘密。

实事求是地向用户说明邮政、电信产品的业务功能、通达范围、业务取消方式、费用缴纳、咨询电话等服务内容,为用户合理消费提供帮助。不诱导和强迫用户使用高资费业务,杜绝"搭售"行为。对于服务方式和效果失误赔偿等承诺,说到做到。

邮政投递员在投递邮件时要准确称呼用户姓名,不熟悉、念不准的姓氏、名字事先要查字典,防止念错,引起用户不满。

工作时间内,不因个人情绪不佳等原因影响工作质量。

邮政运输要规范装卸,不摔抛邮件。

上门服务时,要备鞋套及垃圾袋,工作完成后带走垃圾杂物。

三、餐饮服务礼仪

现代社会离不开餐饮服务,优质的餐饮服务是人们高质量生活的需要。餐厅服务人员每天需要直接与宾客接触,其服务态度、业务水平、操作技能等都直观地反映在宾客面前,其举手投足、只言片语都有可能让宾客产生深刻的印象。餐饮服务的基本礼仪要求有:

着装整洁、无污损,并使自己的头、手等部位保持清洁。为顾客提供服务时,做到举止得体、自然。

当顾客对菜肴、酒水不甚了解时,应及时给予详细的解释,并适当地给出合理的点餐建议,不可一问三不知、答非所问。

在介绍具体的菜肴时,服务员如果不仅仅限于食材、烹饪方法,还能插入诗句、典故,夹叙夹议,将会大有情趣。

📖 阅读材料:"吃"出故事

中国有许多传统名吃,其中既包括了历史事件、历史人物趣闻,也蕴含着地方民俗文化特色和景点特色,如与历史事件相关的名吃邯郸醋芹、秭归粽子等,连带历史人物趣闻的名吃东坡肉、板桥烧鸭等,与当地民俗文化相关的名吃广西色米、塞外百合等,让人联想到景点特色的名吃有火宫殿豆腐、西湖莼菜羹等。很多星级酒店的餐厅或老字号餐馆,报菜名和生动简洁讲述名吃来历早已成为服务特色。

安徽某酒店餐厅来了一桌北方客人,他们品尝了几道特色徽菜后,赞不绝口。这时,服务员又捧来一盆酿豆腐。此时,客人已有饱意,又看见这道菜用料平常,结果大家都没有动筷。见此情景,服务员小姐笑眯眯地说:"这道菜可是明朝开国皇帝朱元璋最爱吃的御膳宫食啊。朱元璋是我们安徽凤阳人,他年幼时家境贫寒,靠乞讨度日。相传有一天,朱元璋在凤阳城内的黄家小饭店里讨得一碗酿豆腐,吃后深感滋味极佳。以后,他便经常去这家饭店乞讨酿豆腐。当他做了皇帝后,下令将凤阳城内那家黄家小饭店的厨师召进了皇宫,专门为他烹制'凤阳酿豆腐'。从此,这个菜身价百倍,成了明朝宫廷筵席上的一道名菜。"听了服务员的介绍,几位客人顿时雀跃,筷勺齐上,一盆酿豆腐一扫而光。

事实上,一道菜品背后耐人寻味的故事似乎更能激发起品尝者味蕾的潜意识,能让食客眉飞色舞的菜肴,大都来自典故,"今典"或"古典",其中掺杂了人文因素、历史记忆、文学想象、人生况味、审美眼光等。这样的食物,才值得人再三咀嚼与赞叹。

顾客点餐时,不反复推荐客人不点的菜肴、酒水等。尊重顾客的宗教、民族习惯,对于第一次来就餐的顾客,主动询问是否有忌口或其他的用餐习惯。

在接到客人订餐时,认真记录来客人数和用餐时间,并问清是否需要吸烟区或视野良好的座位;当客人进入餐馆时,热情、主动地将客人带到座位;在为顾客提供服务时,遵循先女宾后男宾、先客人后主人、先长辈后晚辈、先儿童后成人等原则;当客人离去时,提醒顾客不要遗忘所带物品,并表示感谢,欢迎再次光临。

不要当着客人的面挖鼻孔、掏耳朵、脱鞋、更衣,不对熟悉的客人指点、拉扯等。

顾客点餐时,可适当介绍推荐本餐馆的特色饮食,客人所点菜肴够用时,应主动提醒,切忌故意诱导顾客点菜过多,造成浪费。

结账时,宜低声向结账者报出所收、找的钱数。

四、酒店服务礼仪

酒店是客人的"家外之家",为了使客人来时有回家之感,离时有流连之情,酒店的服务人员在接待和服务中,就需要特别讲究服务礼仪。酒店服务的基本礼仪要求有:

上班时按规定着工作制服,男女员工都应做到端庄大方,切忌奇装异服和出格打扮。

用语谦恭,语调亲切,言辞简洁,根据不同对象恰当使用语言。对内宾使用普通话,对外宾使用外语,尽量做到听懂方言。

客到有请、客问必答、客走道别。在迎送客人或与客人交流时,面带微笑,真诚礼貌,恰当地使用尊称和各种手势。

对需要特殊照顾,特别是有不同的宗教信仰和民族习惯的客人,尽量满足他们的要求。在接待客人预订事项时,主动热情、有条不紊。在办理入住、用餐等手续时,准确填写、认真核实,以符合客人要求。在提供整理房间等服务时,先敲门,得到客人同意后才能进入,如遇客房门口显示"请勿打扰",不得随意进入。

不能对外泄露客人的任何信息，不能乱动、乱翻客人的物品，不私自使用专供客人使用的电话、电梯、洗手间等设施。

面对客人的投诉，应态度诚恳，按规章热心帮客人解决问题，切忌急躁、争辩、怠慢、推卸责任。因故不能完成服务的，要耐心向客人解释并道歉。

当发生火警、电梯事故、客人突发疾病或受伤、恐怖爆炸等紧急事故时，应沉着冷静，按照应急预案及时、得当地进行处理。

拾到客人的遗忘物品应及时还给客人或上缴，不能私自存留，也不能使用客人的遗弃物品。

五、导游服务礼仪

导游是一座城市的"形象代言人"，因为导游是游客到达目的地后见到的旅行社第一位使者，也是旅行社所在城市的第一位市民；带团过程中，导游又一直与游客面对面，其一言一行、一举一动都会直接影响到游客对旅行社、旅行社所在城市的印象和评价。同时，导游也是景区的"第二道风景线"，因为人作为活生生的旅游吸引物，其感染力是不言而喻的。

导游既是一种服务，又是一门专业、艺术。一名合格的导游人员首先应当具有服务的意识和服务的技能，同时也应具有导演的水平和演员的本领。导游服务的基本礼仪要求有：

了解客源所在地的历史、地理、文化、政治、经济及近期重要新闻，熟悉旅游团途经的各地和旅游点的情况。对本地新建的旅游景点和其他不熟悉的参观点应事先了解情况，如开放时间、便捷的行车路线、休息场所、卫生间位置等。

导游要着装得体、整洁，做到持证上岗、挂牌服务。穿着打扮的美感不要超过游客的想象，以免压抑客人的心理情绪。

游客上车时，导游应恭候车门旁，并提醒客人注意台阶，帮助物品较多的客人顺利上车,尤其要对年老体弱者、孕妇、儿童和残疾者给予特别的照顾。

导游协助游客上车就座后,应礼貌地清点人数,注意不要用手指点数;向游客报告当天天气情况及当日活动安排,根据情况提醒客人加带衣服、换鞋,带好其他必备用品,如闪光灯等。

旅游车一启动,导游首先应向旅游团致欢迎词,并介绍本地概况。欢迎词内容应包括:代表所在接待社、本人及司机欢迎旅游者光临;介绍自己及司机,表示为大家提供诚挚服务的愿望,并希望大家给予合作与批评;表达美好的祝愿。在欢迎词中,加上一两句中国好客的谚语和格言,如"有朋自远方来,不亦乐乎""有缘千里来相会"等,将会增色不少。

阅读材料:导游的欢迎词

一位导游在开场白中,这样自我介绍:"两个黄鹂鸣翠柳,一片孤城万仞山,独在异乡为异客,夜半钟声到客船,天生我才必有用,相见时难别亦难,要问此诗谁人做,不是别人正是咱。各位客官、各位嘉宾,旅行开始之际,导游和司机师傅给您请安了。我姓陈,名宇。可能是我长得太难看了吧,有一次,我一抬头,哇!天上的一只燕子都被吓得落下来了。当时我就得到了一个外号,叫落燕。"

有个导游在接待医生团时的欢迎词是这样的:"各位早上好!我叫张少昆,是××旅行社的导游,十分荣幸能为各位服务。各位大都是医生吧?医生是社会最好的职业。我一出生,就对医生有特别的感情,因为我是难产儿,多亏了医生我才得以'死里逃生'。今天的旅游节目是这样为大家安排的,首先游览岳阳楼、洞庭湖,然后去参观一家中医院。如果还有时间,我想请大家观看一个特别节目,就是为我诊断一下,为什么我老是容易感冒。谢谢!"

有个导游这样介绍自己工作伙伴:"大海航行靠舵手,大陆行车靠车手。这边这位就是我们今天的车手小王,小王师傅有多年的驾驶经验,驾驶技术高超,开车连一只蚊子都不会撞上,所以大家在行车过程中可以完全放心。我们都说到了吉林是吉(急)开,到了蒙古是蒙(猛)开,到了上海是沪(胡)开,到了广州是不开。因为我们广州经常会塞车。但请大家放心,跟着我们的小王师傅,一定会顺风顺水又顺心的。"

导游在做沿途讲解时,要特别注意两点:一是车是流动的,经过景物,转瞬即逝,语速要快、准、短、精;二是导游与游客相对而视,运用方位词要准。

长途旅行时,尽可能组织文娱活动以活跃旅途气氛,同时与游客广泛接触,以增进感情上的交流。

抵达景点时,告诉客人该景点参观停留的时间、集合的时间和地点,以及有关注意事项,如卫生间位置、旅游车车号以及保管好钱物、博物馆内禁止照相等。

导游讲解应包括该景点的历史背景、特色、地位、价值等方面的内容,并做到繁简适度,语言生动,富有表达力;特别注意游客的安全,自始至终与游客在一起,并随时清点人数,以防游客走失。

导游要保持良好的精神状态,要情绪饱满、乐观自信、微笑服务。心理学家认为,在人的所有表情中,微笑是最坦荡和最有吸引力的。在服务过程中,微笑更是可以创造一种和谐融洽的气氛,让服务对象倍感愉快和温暖。微笑也是化解矛盾的有效方式。德国旅游专家哈拉尔德·巴特尔在《合格导游》一书中指出:"在最困难的局面中,一种有分寸的微笑,再配上镇静和适度的举止,对于贯彻自己的主张,争取他人合作会起到不可估量的作用。"

讲解内容健康、规范,不掺杂封建迷信、低级庸俗的内容。对游客的提问,尽量做到有问必答、有问能答;对回答不了的问题,致以歉意,表示下次再来时给予满意回答。

导游要主动关心和帮助老人、小孩、残疾人等有特殊需要的游客,积极帮助他们解决旅行中的实际困难。尊重游客的宗教信仰、民族风俗和生活习惯,并主动运用他们的礼节、礼仪,表示对他们的友好和敬重。路遇危险状况时,主动提醒,并按规程及时对游客进行安全疏散,保证游客安全。

导游不要与游客过分亲近;不介入旅游团内部的矛盾和纠纷,不在游客之间搬弄是非;对待游客要一视同仁,不厚此薄彼。

不介绍游客参加不健康的娱乐活动。

旅行中,不诱导、强拉游客购物,不擅自改变计划,降低服务标准。

善意提醒游客文明旅游。

当遇到游客投诉时,应保持谦逊、克制的态度,认真倾听对方的要求,对其合理要求应及时予以解决,对不合理要求应该礼貌而委婉地拒绝。

旅游结束之际,导游要向游客致以情真意切的欢送词;在欢送词中,对团队游客在工作上的支持与合作表示感谢,希望游客对自己工作中的不足之处给予谅解(必要时,做好补偿工作),同时欢迎游客再次来旅游,并致以美好的祝愿。

旅游团队平安回到始发地后的24小时内,向旅游团队的领队致以真诚的问候,不需要打电话,发短信反而更合适,内容跟欢送词大同小异。当然,回访不局限于发短信一种方法,比如可给团队发送一些旅游时的照片。

六、电子商务客服礼仪

电子商务作为现代服务业中的重要产业,有"朝阳产业""绿色产业"之称。作为从事电子商务的工作者,谁都希望自己广聚财源,广结商友。但如何做到这一点,从礼仪角度提供几点参考建议。

对顾客要真诚讲信用,人无信不立,作为卖家什么都可以丢唯有诚信不能丢。一些网络骗子利用买卖双方信息不对称的缺陷大肆行骗,他们可以骗得了一时,但骗不了一世。

如果顾客对产品和服务有意见,说明产品和服务有不到位的地方,需要改进,而不是去和顾客作无谓的争执,逞一时口舌之快。

做生意首先要学会做人,网上一些卖家出口成"脏",试想有哪个买家愿意和一个没有教养的卖家做生意。

由于通过聊天工具与对方交流是通过键盘实现的,对方在听不到你的声音,也看不到你的身体语言时,容易对你所说的话产生误解,为此,聪明的网友们发明了情感表达符号来帮助你表达自己的意思。要学会运用这种情感表达符号,如笑脸,以使与客户的交流能够轻松愉快。

视频接待时要注重仪表,做到装容整洁,面带微笑,举止有度,礼貌大方,注意力集中;

接待时要首先问好,仔细聆听讲话,对没有听清的问题要礼貌回问,不要随意打断别人讲话,适当做笔记。

回答买家的提问要及时,如果不及时,买家有被卖家忽视的感觉,影响交易的达成。正忙于其他事而无暇顾及网络即时通讯工具,建议设置状态,如"忙碌""外出就餐""接听电话"等,避免对方发话后,没人搭理而发生误会。

要看清买家的问题,再有针对性地回答买家。回答要简洁、明确,用顾客最容易接受的语言,不要讲些顾客不懂的专业术语。

人与人之间需要沟通,更何况在网上双方无法见面,沟通成了买家了解宝贝的一个重要途径,很多"投诉"和"差评"其实都是可以通过沟通予以解决的。

培养忠诚顾客,要从点滴做起。比如节日的时候给他发个短信或邮件对他表示节日的祝贺(切忌向顾客乱发广告),在署名的时候可以顺带上自己的店铺名(无形中宣传了自己的店铺,而且不易引起他人反感)。

第二节　商贸企业前台服务礼仪

通过接待工作,不仅反映出接待人员的综合素质,还可以体现出企业的整体形象。所以说接待工作本身就是一个"窗口",外来人员可以通过这个"窗口"直接感受企业的工作作风。

当客人靠近的时候,接待人员绝对不能面无表情地说"找谁?有什么事?……"的生硬用语,这样的问候会令客人觉得很不自在。接待人员一定要面带笑容,行15°鞠躬礼,送上生动得体的问候语,比如"您好,请问有什么需要我服务的吗"?这样会一下子就拉近你与客人之间的距离。如果外面在下雪,客人带着满身的积雪走进你所在的公司,接待人员要立刻递给他一张纸巾,这种无声的话语会令客人倍感温馨。同样,下雨的时候,你的一句"您没带伞,有没有着凉"也是充满温馨的关怀话语。要学会根据环境变换不同的关怀话语,拉近你与客人之间的距离,让客人产生宾至如归的感觉。

有客人未预约来访时,不要直接回答要找的人在或不在,而要告诉对方:"让我看看他是否在。"同时婉转地询问对方来意:"请问您找他有什么事?"如果对方没有通报姓名则必须问明,尽量从客人的回答中充分判断能否让他与同事见面。如果客人要找的人是公司的领导,就更应该谨慎处理。客人到来时,我方负责人由于种种原因不能马上接见,要向客人说明等待理由与等待时间,若客人愿意等待,应该向客人提供饮料、杂志,如果可能,应该时常为客人换饮料。

接待人员在回答客人的咨询时,眼睛一定要看着客人。对于刚出校门或者是社会经验不足的女性接待人员来说,如果看着客人的眼睛令你不自在,你可以看着客人的额头、脸或者嘴角。看客人的眼神一定要柔和,要充满亲切的感觉,让客人感应到你的友好。在与客人交谈的时候最好将视线停留在对方腰到头部的地方,保持一定的范围,这样才不会让客人跟你相处的时候感到浑身不自在。

引导访客时,接待人员一般应走在客人的左前方,将道路或走廊的中央线让给客人行走,领先客人二三步,身体稍转向客人一方,与客人视觉约45°的位置。在做指引时,接待人员的手要从腰边顺上来,视线随之过去,很明确地告诉访客正确的方位;当开始走动时,手就要放下来,否则会碰到其他过路的人。打手势时,切忌五指张开或表现出软绵绵的无力感。接待人员的步调要适应客人的速度,时刻注意后面的情况。

在引导过程中,如遇拐弯处,须稍停一下,转过头说:"请向这边来。"要注意对访客进行危机提醒,如果拐弯处有斜坡,就要提前对访客说:"请您注意,拐弯处有个斜坡。"引导途中,接待人员切勿一味沉溺于与客人高谈阔论,更不许与客人玩笑打闹,以免客人走神,当众摔跤出丑。当引导客人上楼时,应该让客人走在前面,接待人员走在后面。若是下楼时,应该由接待人员走在前面,客人走在后面。而且,让客人走在楼梯栏杆的一侧,接待人员应该靠近墙壁走。

陪同客人来到电梯门前,先按电梯呼梯按钮。桥厢到达厅门打开时,若客人不止一人,且电梯没有专人控制,接待人员先进入电梯,按住电梯"开"按钮,等客人全部进入后关闭电梯门,要注意防止客人被门夹撞;若电梯专人控制,接待人员应后入。到达时,接待人员按住"开"按钮,让客人先走出电梯。在电梯内,接待人员切忌两眼直盯客人,可视与客人熟识程度与客人寒暄、交谈,以示友好。

接待人员引导客人至会客厅,应先敲门,再开门。任何情况下,开门与关门的动作都应优雅得体,一般应采用斜侧身姿态,以45°斜侧角度面对客人,而不可背对客人。如果门是向外开的,用手按住门,让客人先进入;如果门是向内开的,自己先进入,按住门后再请客人进入。一般右手开门,再转到左手扶住门,面对客人,请客人进入后再关上门。无论房门为推开式还是拉开式,都必须将其完全敞开。

进入会客室后,客人如有外套、帽子、雨伞等物,接待人员可取过,挂、放于衣帽架或明显处,向客人说明:"××先生,您的外套挂在这里。"应将来客引至上座入座,以示尊重和主人欢迎之意。一般来说,室内离门口越远的座位是上座。如果上司暂时还没到,客人和接待人员聊天,接待人员应注意不说本公司的长短及有保密性的事项,要聊一些轻松、无关紧要的话题。

我国人民习惯以茶水招待客人,在招待尊贵客人时,茶具要特别讲究,倒茶有许多规矩,递茶也有许多讲究。在给客人送茶时,首先要检查茶具有无破损、有无污垢,并要洗干净、擦亮。端送茶水,最好使用托盘,既雅观又卫生;托盘内放一块抹布更好,以免茶水溢出时擦拭;用手端茶,有杯柄的茶杯,可一手执杯柄、一手托在杯底,或一手执杯柄;端茶时,若茶杯没有杯柄,要注意的是不要握住茶杯,尽量减少手指和杯沿部分的接触,更要注意的是,不可把拇指伸入杯内的茶水中。女性接待人员奉茶时,要特别注意仪态,以免"走光"。

思考与演练

1. 导游欢迎词是导游与游客沟通的一座桥梁。在致欢迎词时,一个轻松活泼的开场白不仅能使导游与游客之间的距离缩短,而且还能够激发游客的兴趣,进而给游客留下一个良好的第一印象。需要注意的是,欢迎词应根据游客的年龄、职业和爱好等特点而有所不同。如果你是导游,请你为下列人群各设计一份开场白:A. 亲子旅游团(目的地是某城市野生动物园);B. 教师团(目的地是浙江乌镇);C. 农村老年团(目的地是江苏南京—苏州—无锡);D. 企业员工团(目的地是江西龙虎山)。

2. 在规定时间内,参照下表迎宾评分细则完成迎宾礼仪展示。

迎宾评分细则

时间:3分钟	总分:100分			
序号	项目	要求	配分	得分
1	仪容	仪容端庄,头发梳理整齐,不佩戴饰物,化妆自然淡雅	10	
2	仪表	着装整洁、挺括、大方、美观,精神有朝气	10	
3	言语	见宾客来临,主动出迎,亲切问候,口齿清晰,语句通顺,讲普通话,用词生动	5	
4	手势	以标准引导手势引领宾客	10	
5	微笑	面带真诚的微笑	10	

续 表

6	眼神	眼神正视,真诚热情	5	
7	茶到	宾客入座后按规范送上茶水	10	
8	举止	举止合乎规范,优美大方,站姿挺拔自然,走姿轻盈稳健	15	
9	礼仪综合展示及效果	形象优美,精神饱满,热情待客,彬彬有礼,灵活应变,展示特色	25	
	合计		100	

第十二章　涉外礼仪

> 入境而问禁，入国而问俗，入门而问讳。
> ——《礼记·曲礼上》

"有'礼'走遍天下，无'礼'寸步难行"这句老生常谈的话，假如就国际交往场合而言，可谓毫不夸张。在涉外交往中，我们应遵守国际惯例和一定的礼节，摒弃和纠正各种陋习，自觉养成文明的行为习惯，提升自己的文明素养。只有这样，我们才能架起沟通的桥梁，搭建展示的平台，展现中国人的良好精神风貌，进而弘扬中华民族优秀文化，推动中外文化交流融合，发展我国人民同世界各国、各地区人民的友谊。

第一节 涉外礼仪概述

经济全球化是当今世界发展变化的深刻背景和根本趋势,我们面临的国际交往机会和场合无疑会越来越多。在涉外交往中,我们必须与世界各国的朋友们互相尊重、平等共处、和睦相待,并表现得举止有度、不卑不亢。这一切究竟做得如何,在很大程度上取决于我们对涉外礼仪原则与基本规范了解得如何,遵守得如何。

一、涉外交往基本原则

涉外礼仪包含的内容非常广泛,涉及世界各地不同民族的礼仪习俗。学习、应用涉外礼仪,有必要在宏观上掌握一些具有普遍性、共同性和指导性的礼仪原则。

维护形象,不卑不亢,平等相待。每一个人在参与国际交往时,都必须意识到自己在外国人的眼里,不仅代表着自己和所在单位,还代表着民族和国家,因此更要时刻注意维护自身形象。在外国人面前,既不应该表现得畏惧自卑、低三下四,也不应该表现得自大狂傲、放肆嚣张。此外,我们还应特别注意对任何交往对象都要一视同仁,给予平等的尊重与友好。

求同存异,入乡随俗,注意禁忌。在对外交往时,应注意了解礼仪文化差异,了解具体交往对象的不同风俗习惯、宗教信仰和交往禁忌,并给予尊重。当发现我们的接待方式不适应客人时,可适当地采用对方习惯的礼节、礼仪,让客人有"宾至如归"的感觉,以表示对客人的体贴和尊重。当我们作为客人参加涉外活动时,则不能一味地我行我素,给主人增添麻烦,而应"客随主便",做到"入乡随俗"。在涉外场合,当碰上一些自己尚未经历的场面,或是难以处置之事,此时此刻最好的方法就是静观一下他人的做法,努力"从众",与大家保持一致。

遵循惯例,尊重隐私,把握好度。国际交往惯例为大多数国家和地区所通用,并具有准强制性,它对国际社会交往具有普遍的指导意义。在涉外交往中,我们无疑要遵循国际惯例。在涉外交往中,一定要注意对交往对象的个人隐私权予以尊重,这已逐渐成为国际惯例。在涉外交往中,我们还要把握好热情友好的分寸。因为中国人待人接物一般讲究含蓄和委婉,还特别客套、热情,而西方人则一般较外向,且讲究实事求是。

二、涉外交往惯例和主要禁忌

涉外场合的国际交往惯例主要有:

女士优先。这被称为国际社交场合的"第一礼俗"。其核心是要求男士在一切社交场合(有些公务场合除外),成年男子都有义务主动自觉地以自己的实际行动去尊重妇女、关心妇女、保护妇女,并尽心竭力地去为妇女排忧解难。

信守约定。古今中外人们都推崇做人应该诚信,小到约会的时间,大到生意往来,都要讲信用,守承诺,不随便许愿,失信于人。西方人常常把信誉、商誉和荣誉连在一块。如有难以抗拒的因素而引发的"失约",因事先说明,及早通报,并主动承担给对方造成的物质损失。

以右为尊。我国传统上是"以左为尊",但在正式的国际交往中,依照国际惯例,将多人进行并排排列时,最基本的规则是"以右为尊"。

📖 阅读材料:"左"与"右",孰尊孰卑

"左"与"右",孰尊孰卑?自古至今是个争论不休的问题。有观点认为,我国古代在表明尊卑高下方面,有的时期尚右,有的时期尚左;在同一时期中,有的地区尚右,有的地区尚左;甚至在同时期的同一地区,有的事物尚右,有的事物尚左。分析问题,要做到因人、因时、因事、因地制宜,不可笼而统之。也有观点认为,我国古代左、右尊的问题尽管相当复杂,但从时间上看却有先后两条主流:秦汉之前以右尊为主,秦汉之后以左尊为主。

当今的中国,凡是与国际接轨的场合或者对外开放的场合,我们都在遵循国际惯例以右为尊,而对于那些不对外开放的层面,则遵循以左为尊。具体地说,国内官方的政务场合讲究以左为尊。中国的官方,有两个层面的理解:第一层是指国家政府,包括党、人大、政府和政协四大班子;第二层是指机关和事业单位。在这些正式的会议场合,都是讲究以左为尊,尤其体现在会议的主席台布置上。而在餐桌场合、公共场合、商务场合、国际场合、外交场合等,则以右为尊。中国企业很早就跟国际接轨了,在一般商务礼仪中都是遵循以右为尊的惯例。但是,由于受官本位文化的影响,有些大型国有企业领导班子的排序,可能还会继续延用以左为尊的官方礼仪。

资料来源:张建宏据有关资料整理

爱护环境。不可毁损自然环境,不可虐待动物,不可损坏公物,不可乱堆乱挂私人物品,不可乱扔乱丢废弃物品,不可随地吐痰,不可到处随意吸烟,不可任意制造噪声。

与外国友人相处时,有下列主要禁忌:

隐私忌。事实上,由于文化传统、风俗习惯的不同,中国人平常所爱谈论的许多内容都是被外国人视为个人隐私的。在涉外场合,应当自觉回避对对方个人隐私的任何形式的涉及,做到"八不问":不问履历出身、不问收入支出、不问家庭财产、不问年龄婚否、不问健康问题、不问家庭住址、不问宗教信仰、不问私人情感。因为外国人普遍认为,要尊重交往对象的个性独立,维护其个人尊严就要尊重其个人隐私。即使是家人、亲戚、朋友之间,也必须相互尊重个人隐私。

数字忌。各民族及不同宗教信仰的人们对数字均有一些忌讳,如西方人普遍忌讳"13",常以14(A)或12(B)代替。由此,重要活动避开每月的13日,特别是请客忌讳13人。"星期五"也为很多西方人所忌讳,若恰逢13日又是星期五,西方人更认为是"凶日"。

颜色忌。欧美许多国家视黑色为丧礼的颜色,遇到丧事,习惯于穿黑色衣服、系黑色领带、戴黑色礼帽或黑色围巾及面纱;因为黑色是丧礼服,卧室等处不喜欢有黑色。绿色在许多国家象征吉祥、希望,日本人则认为绿色象征不祥。

举止忌。许多国家,如泰国、缅甸、印度、马来西亚、印度尼西亚和阿拉伯各国等认为左手是肮脏的,忌讳用左手拿食物、接触别人或给别人传递东西;否则,这将被别人误会是轻蔑。亚洲许多信仰佛教的国家及地区忌讳摸别人的头顶，即使大人对小孩抚爱，也不摸小孩头顶。西方的老人忌讳由别人搀扶着，他们认为这有失体面，是受轻视的表现。

宗教忌。目前世界上信奉各种宗教的教徒人数约占全世界总人口的2/3，对于大多数信徒来说，其宗教观念往往都是从实际的、直观的宗教礼仪以及充满宗教色彩的风俗习惯中得到的。因此，我们必须重视对宗教习俗的了解，特别是一些禁忌。比如在饮食方面，印度教徒不食牛肉、佛教徒不食荤腥。

三、礼宾次序及要求

当今社会，多边交往日益频繁。在多边性质的接待工作中，接待人员经常会面对如下情况：在同一时间、同一地点，需要接待来自不同国家、不同地区、不同团体、不同身份的来访人士。此时此刻，对东道主而言，最棘手的问题莫过于如何安排接待的顺序或位次。根据惯例，在接待工作中，处置上述问题唯一可行的做法，就是坚决依照礼宾次序行事。

所谓礼宾次序，亦称礼宾序列、礼宾排列或名次安排，是指东道主在接待多方来宾时，依照约定俗成的方式，以职位高低等方面的顺序进行位次排列。它体现东道主给予来宾的相应礼遇。在多边接待的具体实践中，礼宾次序具有一些常规的排序方式：

职务排列。在正式场合接待多方来宾时，往往会依据来宾职务的高低进行排列。在进行正规的政务活动、商务活动、学术活动时，均应采取此方式进行礼宾次序排列。在这种情况下，礼宾次序排列只凭职务高低，不考虑男女、长幼之别。接待不再担任现职的来访人士时，一般可根据其曾任的最高或最后职务作为排序的依据。但若该人士与担任现职的人士同时到场，则应位列现职人士之后，以示"现任高于原任"。若需要同时接待多位曾任同一职务者时，一般应以其任职时间的早晚为序，将任职较早者排列在前。接待多方团队来宾时，一般不注重其人数的多少，而是按其团长或领队的职务高低排序。

字母排列。一般而言，由国际组织开展的活动，如举行国际会议、体育比赛，礼宾次序排列的最佳方法是依照来宾所在国家、地区或组织名称的拼写字母的顺序进行排列。对此需要作两点说明：一是按照国际惯例，此处所说的字母顺序通常是指英文字母；二是若多个国家、地区或组织名称的首字母相同，则应以其第二个字母顺序作为排列依据，若第二个字母依旧相同，则应以第三个字母顺序作为排列依据，以此类推。在我国，礼宾次序亦可按来宾姓名的拼音或笔画顺序来排列。

时间排列。对于各类非正式活动的参加者，可以依照其抵达活动现场的时间早晚为序进行排列。这种排列方式，通常用于上述两种排列方式难以运用的场合。另外，举办大型招商会、展示会、博览会等商贸活动时，也可以依据来宾正式报名参加活动的时间早晚进行排列。

不做排列。不进行任何正式的顺序排列，一般也称为"不排列"或者"不排序"，有时还要特别注明"排名不分先后"。实际上，它也是一种特殊形式的排序。在多边接待中，此种排列方式主要适用于如下两种情况：一是没有必要进行排序，二是实在难以进行任何方式的排列。

在礼宾次序操作过程中，接待人员必须高度重视下列事项：

为了做到礼宾次序排列准确无误,安排一定要慎重、细致,可以拟定出多套方案,从中选择最佳方案。不管接待方确定采取何种礼宾次序,通常都应提前向有关各方通报,使对方事前心中有数。

礼宾次序排列常常不能只用一种方式,而是几种方式交叉运用。如在某一多边国际活动中,对与会代表团的礼宾次序排列,首先按代表团团长的身份高低来确定,这是最基本的;同级代表团按派遣国通知代表团组成的日期先后来确定;对同级且同时收到派遣国通知的代表团,则按其国名的英文字母顺序排列。

在具体实践中,礼宾次序亦可灵活变通。若来宾的身份、职位相仿,则可以其声望、资历、年龄为礼宾次序。企业性质相同,也可以按惯用的地域、方位顺序排列。对于关系特殊的来宾,可以破格提高礼遇,以示友好。

由于安排、考虑不周或其他原因而引起礼宾次序上的风波,负责接待的单位和人员要努力做好善后工作,尽量缓和气氛,把影响缩减到最小范围和最低程度。

四、涉外升旗和使用国旗礼仪

国旗是国家的象征和标志,代表着民族的尊严和骄傲。涉外活动中,人们往往通过升挂本国国旗来表达自己的民族自尊心、自豪感以及对祖国的无比热爱之情。在涉外交往中,恰如其分地升挂本国国旗或外国国旗,不仅有助于维护本国的尊严与荣誉,还有助于对外国表示应有的尊重与友好。需要注意的是,要升挂未建交国国旗,必须事先征得省、自治区、直辖市人民政府外事办公室批准。

📖阅读材料:让五星红旗高高飘扬

20世纪90年代中期,中国国内的一名中学生应邀前往一个拉美国家参加民间外交活动。有一天,当他前去出席在那个国家所举行的一次国际性会议时,发现在会场周围所悬挂的各与会国国旗中竟然缺少中华人民共和国国旗,便当即向会议的组织者指出了这一问题,并且严正地表示:"不悬挂我国国旗,就是缺乏对我国的尊重。假如不马上改正,我将拒绝出席这次会议,并且立即回国。"经过他的据理力争,中国国旗终于飘扬在会场的上空。在会议的组织者再三地表示了歉意之后,那位中国的中学生才步入会场。那位中学生之所以受到人们的尊重,主要是因为他能够在涉外交往中表现得不卑不亢。

涉外交往中,一个主权国家内升挂他国国旗有着一些公认的通行惯例。外国政府经援项目以及大型中外合资经营企业、中外合作经营企业、外资企业的奠基、开业、落成典礼以及重大庆祝活动可以同时升挂中国国旗和有关国国旗;平日亦可升挂有关国国旗,但前提条件是必须同时升挂中国国旗。民间团体在双边和多边交往中举行重大庆祝活动时,可以同时升挂中国国旗和有关国国旗。

外商投资企业同时升挂中国和外方所属国国旗时,必须将中国国旗置于首位或中心位置。外商投资企业同时升挂中国国旗和企业旗时,必须把中国国旗置于中心、较高或者突出的位置。另企业旗在与国旗同时升挂时,企业旗旗面应小于国旗。

在中国境内举办双边活动需要悬挂中国和外国国旗时,凡中方主办的活动,外国国旗置于上首;凡对方举办的活动,则中国国旗置于上首。中国国旗同联合国旗并挂,也依照以上规定办理。在中国境内举行的国际会议、文化体育活动或展览会等活动,经常有中国国旗与多国国旗并列升挂的情况。在这种情况下,按规定应使我国国旗处于以下荣誉位置:一是一列并排时,以旗面面向观众为准,中国国旗应处于最右方;二是单行排列时,中国国旗应处于最前面;三是弧形或从中间往两旁排列时,中国国旗应处于中心;四是圆形排列时,中国国旗应处于主席台(或主入口)对面的中心位置。出国参加各种国际会议、文化体育活动、展览会、博览会等,可以按东道国或有关主办单位的规定和习惯做法升挂中国国旗。

五、涉外交往基本礼节

涉外交往礼节是维护自身形象,向外宾表示尊重、友好的常用交际形式,如果能得体地运用,必然会对对外交往活动产生积极的作用。

在与外国人打交道时,对于每一个涉外人员衣着的基本礼仪要求是得体而应景。应懂得依照自己所处的具体场合,选择与其相适应的服装:在公务场合,涉外人员的着装应当重点突出"庄重保守"的风格。我国的涉外人员目前在公务场合的着装,主要是深色毛料的套装、套裙或制服。具体而言,男士最好是身着藏蓝色、灰色的西装套装或中山装,内穿白色衬衫,脚穿深色袜子、黑色皮鞋;女士的最佳衣着是身着单一色彩的西服套裙,内穿白色衬衫,脚穿肉色长筒丝袜和黑色高跟皮鞋,有时穿着单一色彩的连衣裙亦可,但是尽量不要选择以长裤为下装的套装。在社交场合,涉外人员的着装应当重点突出"时尚个性"的风格。既不必过于保守从众,也不宜过分地随便邋遢。在社交场合,最好不要穿制服或便装。在休闲场合,着装应突出"舒适自然"的风格,衣着没有必要过于正式,尤其应当注意不要穿套装或套裙,也不必穿制服。

在国际交往中,由于国情、民族、宗教、文化背景的不同,称呼就显得千差万别。一是要掌握一般性规律,二是要注意国别差异。一般情况下,对男子称先生,对女子称夫人、女士、小姐,已婚女子称夫人,未婚女子统称小姐,对不了解婚姻情况的女子可称小姐。这些称呼均可冠以名称、职称、衔称等,如"布莱克先生""议员先生""市长先生""秘书小姐""怀特夫人"等。对医生、教授、法官、律师以及有博士学位的人士,可单独称"医生""教授""法官""律师""博士"等,同时可以加上姓氏,也可以加上先生。

对外国朋友,要按他们国家的习惯用外语打招呼,如与英美等国家朋友初次见面时,可用"How do you do",熟人可用"How are you",有时直接用"Hi"来打招呼。根据中国的风俗民情,见面打招呼常用"吃了吗""上哪儿去",但用这种方式向西方国家朋友打招呼会引起误会,他们会以为你要请他去吃饭,或干涉他的私事。

与外国人交谈时,最好先了解对方的国家、民族、宗教的习惯与禁忌,谈话内容不宜涉及政治、意识分歧、宗教等敏感话题,应注意找一些比较轻松的话题,如饮食习惯、体育赛事、旅游见闻、影视娱乐、度假休闲等。如果你的话题能够涉及文学艺术、世界历史,甚至科学技术,就更能显示出个人的文化素养和国民的精神面貌。

在国际交往中,会见与会谈是一种十分重要的交往方式。会见从内容来看,有礼节性和事务性之分,或者两者兼而有之。礼节性的会见时间相对较短,话题亦广泛;而事务性的会见则时间较长,谈话的内容也较专门化。会谈是指双方或多方就某些共同关心的问题相互交换意见、交流看法、展露观点的一种会晤,有时会谈也指公务洽谈或者具体的专业性谈判,其内容比会见更为正式、气氛更为严肃、专业性更强。在一般日常交往中,客人来访后,相隔一段时间应予回访。若客人是为祝贺节日等喜庆日来访,则不必回访,而应在对方节日前往拜访,表示祝贺。

在国际交往中,赠礼要注意"八不送":第一类是一定数额的现金、有价证券,不少国家规定,在对外交往中拒收现金和有价证券;第二类是天然珠宝和贵金属首饰;第三类是药品和营养品;第四类是广告性、宣传性物品;第五类是易引起异性误会的物品;第六类是受礼人所忌讳的物品;第七类是涉及国家机密或商业秘密的物品;第八类是法律法规禁止流通的物品。

第二节 世界部分国家习俗

世界上的各个国家、各个地区、各个民族,在其历史发展的具体进程中,形成了各自的宗教、语言、文化、风俗和习惯,并且存在着不同程度的差异。这种"十里不同风,百里不同俗"的局面是不以人的主观意志为转移的,也是世间任何人都难以强求统一的。在涉外场合,如果我们注意尊重外国友人所特有的习俗,就会在交往中避免许多尴尬和误解,更容易增进中外双方之间的理解和沟通,有助于更好地、恰如其分地向外国友人表达我方的亲善友好之意。

一、概述

在国际交往中,我们既要遵守国际通行的礼仪惯例(即各国礼仪的"共性"),也要尊重交往对象所在国的特殊礼仪与习俗(即各国礼仪的"个性")。但世界上有200多个国家,各国都有自己的文化特点、民族传统和风俗习惯,要想一一了解所有国家、所有民族的礼俗是十分困难的。因此,在学习了解各国民族习俗礼仪时,要注意根据以下几个特点去加以概括总结,做到举一反三,触类旁通。

一是习俗礼仪受宗教信仰的影响。不同国家、不同民族,如果宗教信仰相同,习俗礼仪就会有许多相近或相似之处。

二是习俗礼仪与民族和种族有关。习俗礼仪固然和国家有关,但与民族、种族的关系更为密切。生活在不同国家和地区的人,只要是同一民族或同一种族,其习俗礼仪亦往往相同。

三是习俗礼仪受语言的影响。语言是传播习俗礼仪的工具,使用同一语种或语言的人,习俗礼仪往往类似或相同。

四是习俗礼仪有同化现象。在不同民族的混合居住区,人们在习俗礼仪方面也互相效仿。在现代,随着科学文化的发展和各国、各民族相互交往的增多,一些先进的、文明的习俗礼仪被越来越多的人所接受,因此也加快了习俗礼仪的同化现象。

二、韩国习俗

韩国人具有强烈的民族意识与国家观念,喜欢强调"我们""我们的民族""我们的国家"等。韩国国歌《爱国歌》充满力量,从中我们能感受到韩国民族饱满的爱国情怀。

韩国人很注重礼仪,一般都以握手作为见面礼节。韩国妇女一般不与男子握手,而往往代之以鞠躬或者点头致意。在不少场合,韩国人有时也采用先鞠躬、后握手的方式。韩国人十分尊重长辈,长者进屋时,大家都要起立。在社交场合"重男轻女",公开场合得让男子先行,各种会议发言者致辞都把"先生们"放在"女士们"之前。

韩国民族服装最初主要是受中国唐代服饰的影响。对此,史书中就有记载:"服制礼仪,生活起居,奚同中国。"唐代时,新罗与唐朝交往非常密切,服饰特点几乎与唐朝无异。韩服的个性发展开始于李氏朝鲜中期。从那以后,韩服特别是女装,逐渐向高腰、襦裙发展,同中国服饰的区别逐渐增大。

韩国人爱好、擅长歌舞。韩国舞蹈的表现形式不同于西方舞蹈。西方舞蹈表现舞蹈家的个性、性征和躯体,韩国舞蹈不带个人感情色彩,抑制性征。西方舞蹈家喜欢使全场瞩目于自己,利用光、声谐和统一感和力度变化,而韩国舞蹈家对身体的特技动作的外部表现不感兴趣,只喜欢表现高度抽象的喜悦。

韩国人的饮食以辣、酸为主要特点,不喜欢放味精,讲究原汁原味。他们爱吃的菜肴有泡菜、烤牛肉、烧狗肉、人参鸡等。对韩国人来说,吃饭而无泡菜是不可想象的。拌饭是韩国非常有代表性的乡土饮食,色、香、味俱全且营养全面。不管什么季节,韩国人都喜喝冰水。

数字方面,韩国人喜欢单数,忌讳双数,"3"是他们的吉利数,忌用"4"(韩语"4"与"死"同音),在韩国没有4号楼、4号房,宴会厅里没有4号桌。

三、日本习俗

日本是一个岛国,自然资源匮乏,日本国民常有生存危机意识。恶劣的自然环境造就了日本人的心态里埋下了"忍"的基因,这造就了日本人做事特别地拼命、认真执着的个性和精益求精的精神。

日本人给人的第一印象总是彬彬有礼。在日本,由于特殊的历史背景和地缘文化,人们形成了进出房门低头俯身、日常交际低姿势待人的民族习惯。因此,见面多以鞠躬为礼。对日本人来说,弯腰已成习惯,鞠躬已成自然。据统计,一个日本百货公司的电梯口迎宾员,一天要鞠躬2500次左右。即使在电话里与人问安和道别、承诺、请求时,也会不自觉地鞠躬。日本人说话离不开"谢谢"。据统计,一个在百货公司工作的员工,一天平均要说571次"谢谢"。

和服是日本的国服,在形成过程中深受外来文化的影响,尤其是中国文化,但今天我们所看到的和服已很难找到中国元素的影子。和服是由人体支撑的,并不主张炫耀服装本身。身穿和服的人,必须顾及自己的坐姿和行走时的步态,要求穿着者必须具有一种精气神。

日本人在生活和工作中通常不愿意直截了当地拒绝别人,通常会委婉地说:"你们的产品非常好,设计新奇,造型美观,包装也很别致,让我们考虑考虑再说""我理解您的要求""我将把贵方的意思尽快向领导汇报"。这实际上等于在顾虑对方面子的同时,明确地

拒绝。

在社交场合与日本人用餐要注意以下细节：用餐时不宜把手肘放在桌上，那样显得懒散而不礼貌。日餐中海鲜居多，因而日本式的筷子都是尖头的以便挑鱼刺。实在挑不出去的刺可以用手从嘴里将鱼刺拿出，切不可直接"呸"地吐出。咀嚼食物应闭嘴无声，而只有在吃日食荞麦面时才可以大声地吸吮。

日本人有送礼的癖好，讲究礼品的包装。但要注意不能送梳子给日本人，因为梳子在日语中同"苦"和"死"谐音，很不吉利。

日本人是亚洲最守时的民族，他们就像抱着一个走时准确的大钟，每时、每刻都在按着预定的计划有条不紊地进行着。不管是商务会谈，还是社交聚会，都会准时到达。

📖 阅读材料：日本人的时间观念

经过长时间的讨价还价，国内一家公司与一家具有国际声望的日本大公司终于确定要草签一个有关双边实行合作的协议。当时，在中方人士看来，基本上可以算是大功告成了。到了正式草签中日双方合作协议的那一天，由于种种原因，中方人员阴差阳错，抵达签字地点的时间比双方预先的正式约定晚了一刻钟。当他们气喘吁吁地跑进签字厅时，但见日方人员早已衣冠楚楚地排列成一行，正在恭候他们的到来。不过，在中方人员跑进来之后，还没容他们做出任何有关自己迟到原因的解释，日方的全体人员便整整齐齐、规规矩矩地向他们鞠了一个大躬，随后便集体退出了签字厅。也就是说，因为中方人员在签字仪式举行时所迟到的一刻钟，双方的合作竟然搁浅了。事过之后，日方为此所作的解释是："我们绝不会为自己寻找一个没有任何时间观念的生意伙伴。不遵守约会的人，永远都是不值得信赖的。"

日本人不喜欢某些数字，比如"4""9"的谐音是"死"和"苦"，"42"的发音是死的动词形，所以医院和饭店一般没有"4"和"42"的病床和房间。"13"也是日本人忌讳的数字，许多宾馆没有"13"楼层和"13"号房间，羽田机场没有"13"号停机坪。日本人忌讳绿色和荷花，原因是认为绿色是不吉利的，荷花意味着祭奠。

四、美国习俗

美国独立后到19世纪末，对西部地区进行了大规模的移民拓殖和开发建设。在这一过程中，优胜劣汰、适者生存的规律被表现得淋漓尽致。成功既不靠上帝，也不指望别人，完全靠自己不屈不挠的独立进取。这种价值观被美国人世代尊崇。美国历史短暂，没有传统的包袱，他们不像英国人那样看重门第祖荫、讲派头、要面子，也不像法国人那样喜欢幻想，而是非常务实。美国人性格外向、感情直率、热情奔放，这一点在NBA赛场上的劲舞女郎身上可见一斑。

美国人的见面礼节是握手和亲吻，第一次见面时，仅仅是握手，亲吻是好朋友之间的致意语言。在美国，你接受任何人的服务，不管有偿无偿，均须说："谢谢你！"即便夫妻之间、父母和子女之间，有任何帮助都要说声"谢谢"。而在中国，有至亲不谢的传统，多谢了反而见外。和美国人讲话时要保持彼此身体间的距离，半米的尺度比较好。如果你和美国人聊天的时候他一直往后退，那意味着你可能靠得太近了。

美国西部牛仔是深受世人喜爱的具有英雄主义与浪漫主义色彩的人物，他们的服饰形象尤其受欢迎。其牛仔裤超越了裤子的原始意义，被赋予了"个人独立""生而自由""勇于冒险""性感迷人""浓烈的乡土气息"等多元的社会意义，逐渐成为代表美国精神的典型服饰。经过了100多年的时间，牛仔服装仍长盛不衰。

美国生活节奏较快，快餐是美国人的家常便饭。和美国人吃饭时要注意：不允许替他人取菜、不允许吸烟、不允许向别人劝酒、不允许当众脱衣解带、不允许议论令人作呕之事。中国人菜多表示热情接待，美国人够吃饱就好。

中国人爱孩子的方式有时是给小孩食品和用手摸孩子的脑袋，但在美国要尽量避免。美国人的狗是家庭成员之一，和小孩一样重要。所以，不要随便喂美国人的狗。东方国家，谦虚是一种美德，可是在美国千万不要谦虚。美国人经常对自己说，谦虚是自己最大的敌人，正是因为这种超乎寻常的自信心态让美国人无论走到哪里都是那么骄傲。

五、英国习俗

英国由四个不同的民族构成，有"一个国家，四个民族"之说。传统上，英国人喜欢自称英格兰人、苏格兰人、威尔士人或北爱尔兰人。这不仅是要表明自己生活的区域，而且暗含着四个民族间的区别和独立性。现代的英国，由于人们迁徙各地，大多数人不再区分英格兰人还是苏格兰人。不能把所有的英国人都称为"English people"，这仅指英格兰人，而要用"British people"来指"英国人"比较恰当。

阅读材料：源于英国的一些国际通用礼仪

赠送贵宾金钥匙是一种国际通用的礼仪，具有很强的象征意义，它源于英国的加冕典礼。英国女王加冕时，一般都授予正、副内务大臣宫门钥匙以示信任和尊敬，赋予其开取和通过某种禁区的权利。以后这种礼俗在许多外交公务互访中扩大、补充、沿袭下来，并留传于世界各地。

1612年，一艘英国船"哈兹伊斯号"在搜寻一条海上航线时，船长不幸遇害。在返航时，船员们以降半旗的方式向死者致哀。久而久之，以降半旗来表示哀悼便成为一种国际惯例，并一直沿袭至今。

许多国家在举行大典或迎送国宾时，往往要行隆重的鸣炮礼。据说400多年前英国海军用的是火炮，当舰船进入另一国港口之前，或在公海与外国舰船相遇时，便自动放空炮，以示无敌意，对方也相应以鸣炮回敬。久而久之，鸣炮便成了国际通例，成为盛大庆典和隆重的迎宾仪式上经常使用的一种礼节和礼遇。

如果一个外国人与一个英国人初次接触，甚至是两个不甚熟悉的英国人在一起，最好的开场白都莫过于对当天的天气做一下评论。这是传承下来的社交规范，可以使交谈双方找到一个无关紧要的话题，非正式地开始接触沟通。但千万不要只谈天气，否则对方会认为你没有兴趣和他对话。

英国人的绅士风度历来被世人所称道，"女士优先"的社会风气很浓。英国人待人彬彬有礼，说话十分客气。最常用的词汇是"对不起"，凡事稍有打扰，便先说"对不起"。排队是英国到处都能见到的场面，即使只有两个人，也不会并排而立。曾经有统计说，一个英国人一生中平均有六个月的时间是在排队。

服装方面,英伦风尚以简便、高贵为主,格子是英伦风格的最大特点。英伦风格的另一个特色是苏格兰短裙,它在世界男装中独树一帜。

英国人注重个人隐私。英国人非常注重个人及家庭生活中不受别人干扰的自由和权利,正如谚语所说:"我的家就是一座城堡,风可以进来,可未经我允许,任何人,就是国王女王也不能进来。"与英国人交谈时,不能以"你是干什么的"作为谈论的开始,那被认为是个人私事,不宜进行讨论。

饮茶是英国各阶层人民都喜爱的,特别是妇女嗜茶成癖。英国人有饮下午茶的习惯,即在下午三四点钟的时候,放下手中的工作,喝一杯红茶,有时也吃块点心,休息一刻钟,称为"茶歇"。

思考与演练

1. 有人认为,我们中国是具有悠久文明历史的"礼仪之邦",接待国际友人,只要遵从我们自己的礼仪习俗就行了,不必去学那些"洋规矩"。请你对该观点加以评述。

2. 随着我国改革开放的步伐日益加快,跨国交际日益增多,中西方礼仪文化的差异越发显露,请你谈谈中西礼仪文化的一些具体差异。

3. 请你通过查阅资料,说说中国、日本、韩国三国风俗的异同,包括宗教信仰、社交礼仪、服饰礼仪、饮食习惯、禁忌等方面。

4. 请你结合实例,谈谈对"入乡随俗"这一礼仪原则的理解。

5. 请你在查阅有关资料的基础上,完成下表。

	数字禁忌与偏好	颜色禁忌与偏好	图案禁忌与偏好	饮食禁忌与偏好
俄罗斯				
新加坡				
马来西亚				
印度尼西亚				
越南				
法国				
德国				

6. 请全班同学分组收集我国主要客源国与旅游目的地国的风俗礼仪,并制作成图文并茂的展板,在学校内展出。

第十三章 仪式组织

> 夫礼者,自卑而尊人。
> ——《礼记·曲礼上》

如果单从字面上来进行理解,"礼仪"一词可以被理解为"礼节"与"仪式"。仅仅从这一点上就可以看出,仪式在礼仪之中占有多么重要的位置。现代社会,各种仪式都以各种方式和手段创造着庄重和谐之美。如天安门广场升旗仪式,以国旗班战士威武的列队、雄健的步伐、国歌悲壮的旋律、五星红旗冉冉升起等美的形式打动了亿万人的心,使人们的心灵为之震撼,爱国之情油然而生。仪式中庄重的行为和由此产生的庄重的氛围,反映的也是尊重自己、尊重他人、尊重组织的一种行为之善。

第一节　商务庆典仪式礼仪

讲"礼"重"仪"是中华民族世代相传的优良传统,"礼"表达的是敬人的美意,"仪"展现的是表达这种美意的形式。针对某项活动,举行一个气氛热烈而隆重的仪式,是现代社会的重要社交方式,也是组织方对内营造和谐氛围、增加凝聚力,对外协调关系、扩大宣传、塑造形象的有效手段。

一、庆典的类型

庆典活动在形式上,一般有开幕庆典、闭幕庆典、周年庆典、特别庆典和节庆活动等五种。开幕庆典是指组织为第一次与公众见面的、展现组织风貌而举行的各种庆典活动,如国家的开国大典、企业的开业典礼、运动会的开幕式、重要工程的奠基典礼、学校的开学典礼等。闭幕庆典是指组织重要活动的闭幕式或者活动结束时的庆祝仪式,如运动会的闭幕式、重要工程的竣工典礼、学校的毕业典礼等。周年庆典是指组织在发展过程中的各种内容的周年纪念活动,如国家的国庆、企业的周年庆典、学校的校庆等。特别庆典是指组织为了提高知名度和声誉,利用某些具有特殊纪念意义的事件或者为了某种特定目的而策划的庆典活动,如企业的重大业绩庆典等。节庆活动是指组织在社会公众重要节日时举行或参与的共庆活动,这里的重要节日可以是传统的节日,也可以是源自西方的节日,如洛阳的牡丹节、青岛的啤酒节、傣族的泼水节等。

阅读材料:别出心裁的开学典礼

美国电影《蒙娜丽莎的微笑》中有个关于开学典礼的片段:

当初春的阳光投射在校园的青草坪上,当嬉戏的小鸟被教堂的钟声惊起,当全体教师盛装出现在举办开学典礼的教堂,当满怀憧憬的学子相互簇拥、熙熙攘攘赶赴教堂,卫斯里女子学院的开学典礼即将举行。

学生们都是盛装出席,他们的学号被别致地印在了自己佩戴的一顶顶小帽上。一位女同学快步走向教堂门口,自信地拿起校工递过来的锤子,庄严地敲响了教堂的门。

校长:"是谁敲响了知识殿堂的大门?"

学生:"我,一位普通的女性。"

校长:"你在追寻什么?"

学生:"通过苦学唤醒我的灵魂,将我的一生奉献给知识。"

校长:"那么,欢迎你,所有和你怀有同样抱负的女性都将受到欢迎,现在我宣布新学年开始!"

伴随着悠扬的管风琴声,莘莘学子步入教堂。

教堂外放飞的白鸽如同这群年轻的生命,在清风中格外矫健……

资料来源:王旭.看电影学礼仪.广州:南方日报出版社,2012

二、商务庆典的组织

组织筹备一次商务庆典,先要对它做出一个总体的计划。站在组织者的角度来考虑,庆典的内容安排至少要注意出席者的确定、来宾的接待、环境的布置以及庆典的程序等四大问题。

首先,精心确定好庆典的出席人员名单。一般来说,庆典的出席者通常应包括如下人士:一是上级领导。地方党政领导、上级主管部门的领导,他们大都对单位的发展给予过关心与指导,邀请他们参加,主要是为了表示感激之心。二是社会名流。根据公共关系学中的"名人效应"原理,社会各界的名人对于公众最有吸引力,能够请到他们将有助于更好地提高本单位的知名度。三是大众传媒。在现代社会中,报纸、杂志、电视、广播等大众媒介被称为仅次于立法、行政、司法三权的社会"第四权力"。邀请他们,并主动与他们合作,将有助于他们公正地介绍本单位的成就,进而有助于加深社会对本单位的了解和认同。四是合作伙伴。在商务活动中,合作伙伴经常是彼此同呼吸、共命运的,请他们来与自己一起分享成功的喜悦是完全应该的。五是社区关系。他们是指那些与本单位共居于同一区域、对本单位具有种种制约作用的社会实体。例如,本单位周围的居民委员会、街道办事处、医院、学校、幼儿园、养老院、商店以及其他单位等。请他们参加本单位的庆典,会使对方进一步了解本单位、尊重本单位、支持本单位,或是给予本单位更多的方便。六是单位员工。员工是本单位的主人,本单位每一项成就的取得都离不开他们的兢兢业业和努力奋斗。以上人员的具体名单一旦确定,就应尽量发出邀请或通知。鉴于庆典的出席人员甚多,牵涉面极广,故不到万不得已,均不许将庆典取消、改期或延期。

其次,精心安排好来宾的接待工作。与一般商务交往中来宾的接待相比,对出席庆祝仪式的来宾的接待更应突出礼仪性的特点。不但应当热心细致地照顾好全体来宾,而且还应当通过主方的接待工作,使来宾感受到主人真挚的尊重与敬意。所以,庆典一经决定举行,即应成立对此全权负责的筹备组。筹备组成员通常应当由各方面的有关人士组成,他们应当是些能办事、会办事、办实事的人。在庆典的筹备组之内,可根据具体的需要,下设若干专项小组,在公关、礼宾、财务、会务等各方面"分兵把守",各管一段。其中负责礼宾工作的接待小组,大都不可缺少。庆典的接待小组,原则上应由年轻、精干、形象较好、口头表达能力和应变能力较强的男女青年组成。接待小组成员的具体工作有以下几项:其一,来宾的迎送,即在举行庆祝仪式的现场迎接或送别来宾;其二,来宾的引导,即由专人负责为来宾带路,将其送到既定的地点;其三,来宾的陪同,对于某些年事已高或非常重要的来宾,应安排专人陪同始终,以便关心与照顾;其四,来宾的接待,即指派专人为来宾送饮料、上点心以及提供其他方面的关照。

再次,精心布置好举行庆祝仪式的现场。举行庆祝仪式的现场,是庆典活动的中心地点。对它的安排、布置是否恰如其分,往往会直接关系到庆典留给全体出席者的印象的好坏。依据仪式礼仪的有关规范,商务人员在布置举行庆典的现场时,需要通盘思考的主要问题有:一是地点的选择。在选择具体地点时,应结合庆典的规模、影响力以及本单位的实际情况来决定。本单位的礼堂、会议厅,本单位内部或门前的广场,以及外借的大厅等,均可相继予以选择。不过在室外举行庆典时，切勿因地点选择不慎，从而制造噪声，妨碍交通或治安。二是环境的美化。在反对铺张浪费的同时，应当量力而行，着力美化庆典举行现场的环境。为了烘托出热烈、隆重、喜庆的气氛，张挂标明庆典具体内容的大型横幅。三是场地的大小。从理论上说，现场的大小应与出席者人数的多少成正比。人多地方小，拥挤不堪，会使人心烦意乱；人少地方大，则会让来宾对本单位产生"门前冷落车马稀"的感觉。四是音响的准备。在举行庆典之前，务必要把音响准备好，尤其是供来宾们讲话时使用的麦克风和传声设备。在庆典举行前后，通常播放一些喜庆、欢快的乐曲，但是对于播放的乐曲应前期进行审查，不能出现背离庆典主题的乐曲，如那些凄惨、哀怨、让人心配合伤心落泪的乐曲，或是那些不够庄重的诙谐曲和爱情歌曲。

最后，精心拟定好庆典的具体程序。仪式礼仪规定，拟定庆典的程序时，有两条原则必须坚持：第一，时间宜短不宜长。大体上讲，它应以一个小时为极限。这既为了确保其效果良好，也是为了尊重全体出席者，尤其是为了尊重来宾。第二，程序宜少不宜多。程序过多，不仅会加长时间，而且还会分散出席者的注意力，并给人以庆典内容过于凌乱之感。

三、商务庆典参加者礼仪

作为东道主的各界人士在出席庆典时，应当高度重视的礼仪问题涉及以下几点。

仪容要整洁。所有出席本单位庆典的人员，都要注意自身的仪容和仪表，向所有来宾展示本单位员工的精神风貌。有统一式样制服的单位，应要求以制服作为本单位人士的庆典着装；无制服的单位，应规定届时出席庆典的本单位人员必须穿着礼仪性服装。

要遵守时间。本单位庆典的出席者，上到本单位的最高负责人，下到普通员工，都不得姗姗来迟、无故缺席或中途退场。若庆典的起止时间已有规定，则应当准时开始、准时结束，以此向社会证明本单位言而有信。

表情要庄重。在举行庆典的整个过程中，要表情庄重、全神贯注、精神饱满。若庆典之中安排了升国旗、奏国歌、唱"厂歌"的程序，一定要依礼行事：起立、脱帽、立正，面向国旗或主席台行注目礼，并且认认真真、表情庄重严肃穆地和大家一起唱国歌、唱"厂歌"。

态度要友好。遇到来宾，要主动热情地问候。对来宾提出的问题，要予以友善地答复。不要围观来宾、指点来宾，或是对来宾持有敌意。当来宾在庆典上发表贺词、随后进行参观时，要主动鼓掌表示欢迎或感谢。

发言要简短。商务人员在庆典中发言时，务必谨记上下场时要沉着冷静，发言一定要在规定的时间内结束，宁短勿长，不要随意发挥、信口开河，少做手势。

外单位的商务人员在参加庆典时，同样有必要"既来之，则安之"，以自己上佳的临场表现来表达对主人的敬意和对庆典本身的重视。

第二节 聚会活动的组织礼仪

所谓聚会,通常是指一定数量的人们为了某个特定的目的而聚拢在一起,进行娱乐或交流等活动。它是一种人们间联系的纽带,是促进友谊与交流的重要形式。中国古代文士阶层就有"以文会友"的优良传统,"或十日一会,或月一寻盟"的雅集现象是中国文化艺术史上独特景观,比如兰亭雅集。

一、聚会的组织

聚会的组织是一件包罗万象、须面面俱到的工作,它决定着聚会的成功与顺利与否。

时间。聚会的时间通常应当定在大家都方便的时候,以保证大家基本都能参加。常见的时间多在下午或晚上。下午通常应在2点以后开始,以照顾到有午睡习惯的人。下午开始的聚会通常应在5点或6点前结束,亦可以晚餐聚餐结束后。晚上开始的聚会可以晚餐开始,也可不安排晚餐聚餐,而从晚餐后的时间开始,视情况而定。因而晚上聚会通常可从6点至7点左右开始,到10点以前结束,一般不宜太晚。

地点。聚会的地点有很大的灵活性,应视聚会的规模和内容而定,灵活处理。一般来说,聚会大多在室内举行,较大规模的聚会可选在会议室、餐馆、歌舞厅等,小规模聚会可以选择咖啡厅、私人家中等。地点的大小档次要注意与人数规模及经济承受能力相匹配。聚会地点也可选在室外,如草坪、河岸、公园等。

人物。人物是聚会的主角。筹划聚会首先考虑的是人数问题,人数的准确界定对于聚会场所、内容等其他因素都有重要的影响。一旦人数确定下来,便要以此为依据做其他的组织工作。人物中另一个重要因素是聚会的组织者,即核心人物,往往是某一个人或某几个人负责聚会的整个组织和联络工作,自始至终他们的作用极其重要,必须从一开始筹划阶段就确定主要组织者或联络者,此人或此些人往往是熟悉团体情况及周围环境设施等情况、便于联系众人的人。

内容。聚会的内容无疑是各种聚会的核心,聚会的目的无一例外是联络感情、增进沟通,而围绕这一主题有着多种不同的形式,常见的聚会形式主要有茶话会、聚餐、舞会、卡拉OK以及野外郊游等。无论采取何种形式,其重点都在于为聚会的人们提供一个舒适的场所和轻松愉快的氛围供他们聊天畅谈,从而达到情感交流、信息互通的目的。

费用。费用问题始终是聚会的一个重要而敏感的问题。活动开销一般来说可分为几大类,主要是场地租金,如租用会场、歌舞厅的租金;消费费用,如购买瓜果饮料费用、聚餐购买菜肴费用、交通门票费用等。组织者应该把每笔支出都记录下来,使参加活动的每个人都明白花费情况。

通知。聚会的核心组织者,不管是经推举的也好,自告奋勇的也好,应当在这些敲定之后尽快将一切有关信息告知准备参加聚会的所有人,通知他们准时赴会。

二、聚会组织者礼仪

聚会组织者需注意以下礼仪细节：

一是要全面细心，注意细节。组织工作是一项繁琐细致的工作，必须仔细对待。每一个细节，像询问参加者意愿、联络时间地点、计算人数、最后的通知与预订等，甚至交通和住宿等，都必须一一考虑到，不能有任何遗漏，否则就会造成不便。

二是重在实质，开心为主。聚会的核心实质无非是联络感情、增进交流，重在大家开心尽兴，而不是一定要追求设施的豪华、费用的高昂。只要大家都济济一堂，其乐融融，效果也就达到了。

三是照顾全体，量入为出。这一点是很重要的。聚会的参加者们兴趣爱好、经济能力都不尽相同，各种安排一定要力争照顾到大多数人的要求，要少数服从多数。活动要尽量搞得热热闹闹，费用则应当尽量节俭，切不可为求排场，搞得入不敷出。

四是形式多样，讲求平衡。聚会的内容应当根据参加者的年龄、职业等情况的不同而作不同的安排，尽量对准参加者的口味。同一形式的聚会，也应针对内部情况决定活动内容。活动应当健康向上，不可低级庸俗。活动形式应当多种多样，生动活泼。某些较正式的聚会场合可以设置主持人以组织协调整个活动过程，并且还能起到活跃气氛的作用。

阅读材料：聚会参与者礼仪

如何在聚会这样一个公开场合，礼仪得当，姿态大方，展示自己的修养与水平；如何利用聚会的宝贵时间，尽可能地联络老朋友，结交新朋友，这些都是值得探讨的。那么，参加聚会究竟要注意哪些方面的问题呢？

首先要有时间观念，尽量不要迟到或早退，切忌长时间迟到或过早离开，这样是极不礼貌的。参加聚会，最好提前五至十分钟来到预定的场所，可以和先到的人们聊一会儿或者帮助布置会场、整理安排以及迎接随后到达的朋友，这样可使一个人显得关心他人，礼貌而有风度，特别是与上级、尊长或外单位人员的聚会，这样做更能给大家留下良好的印象。如确实有事需要迟到或早退，应当提前与聚会的组织者打好招呼，不要搞突然袭击。

其次还要注意穿着举止，好的穿着举止可以反映出一个人良好的修养和精神风貌，反之则会起到消极的作用。参加聚会的衣着要参考聚会的性质与正式程度，如是与师长、领导或不甚熟悉的人的联谊会，则应当穿得正式一些；如聚会是与同学、朋友等平辈间的聚会，则可穿得休闲一些。无论衣着如何，都应该整洁大方。聚会时的举止和谈吐也很重要，举止要落落大方，侃侃而谈，吃东西时不应显得太急切，吃相要好。这一切尤其是与长辈在一起时显得格外重要，与平辈或关系亲密的朋友聚会时可不必那么正式拘谨，但也要适可而止，不可放浪形骸。参加聚会是老友重逢、交流感情的好机会，应当开怀畅谈，密切朋友间的情谊；同时，也可不失时机地结交一些新朋友，以拓宽自己的交际圈。

如果聚会的对方是过去的师长或者有往来的外单位领导参加的联谊会，可以准备一些高雅但不必昂贵的小礼品，以表心意；如果仅仅是老同学或平辈朋友之间，就没有必要一定准备礼品了。关于带家属的问题，也要看场合而定。一般来说，像老同学聚会、朋友生日聚会等较私人性质的聚会，事先组织者声明了可以带家属，则带上无妨。而在工作场合的聚会,或是师生、单位等偏重公事性质的聚会则一般不带家属出席,以显得严肃和正规,而且有一些公事也不宜让与其无关的旁人知晓。

三、常见聚会形式的组织

(一) 宴会

宴会是在社交活动中,尤其是在商务场合中表示欢迎、庆贺、饯行、答谢,以增进友谊和融洽气氛的重要手段。宴会的种类多种多样,如国宴、企业的"尾牙宴"、婚宴、生日宴等。宴会的目的一般很明确,如节庆日聚会、工作交流、贵宾来访等。根据目的决定邀请什么人、邀请多少人,并列出客人名单。宴会的时间和地点,应当根据宴请的目的和主宾的情况而定。一般来说,宴会时间不应与宾客工作、生活安排发生冲突,通常安排在晚上6~8点。同时还应注意宴请时间要尽量避开对方的禁忌日。当宴请对象、时间和地点确定后,应提前1~2周制作、分发请柬。宴会规格一般应考虑宴会出席者的最高身份、人数、目的、主人情况等因素。确定规格后,应与酒店共同拟订菜单。在拟订菜单时,应考虑宾客的口味、禁忌、健康等因素。对于个别宾客需要个别照顾的,应尽早做好安排。

在宴会上,若所设餐桌不止一台,则有必要正式排列桌次。排列桌次的具体讲究有三:第一,以右为上。当餐桌分为左右桌时,应以居右之桌为上。此时的左右,是在室内根据"面门为上"的规则所确定的。第二,以远为上。当餐桌距离餐厅正门有远近之分时,通过以距门远者为上。第三,居中为上。当多张餐桌并排排列时,一般以居于中央者为上。在大多数情况下,以上三条桌次排列的常规往往是交叉使用或同时使用的。在中餐宴会上,席次安排的具体规则有四:第一,面门为主。即主人之位,应当面对餐厅正门。有两位主人时,双方则可对面而坐,一人面门,一人背门,其中面门者在地位上高于背门者。第二,主宾居右。它的含义是,主宾一般应在主人右侧之位就座。第三,好事成双。根据传统习俗,凡吉庆宴会,每张餐桌上就座之人应为双数。第四,各桌同向。通常地,宴会上的每张餐桌上的排位均大体相似。

迎客时,主人一般在门口迎接。官方活动除男女外,还有少数其他主要官员陪同主人排列成行迎宾,通常称为迎宾线,其位置一般在宾客进门存衣以后进入休息厅之前。与宾客握手后,由工作人员引入休息厅或直接进入宴会厅。主人抵达后,由主人陪同进入休息厅与其他宾客见面。休息厅由相应身份的人员陪同宾客,服务员送饮料。主人陪同主宾进入宴会厅,全体宾客入席,宴会开始。若宴会规模较大,则可请主桌以外的客人先就座,贵宾后入座。若有正式讲话,一般安排在热菜之后甜食之前由主人讲话,接着由主宾讲话,也可以一入席双方即讲话。冷餐会及酒会讲话时间则更灵活。吃完水果,主人和主宾起立,宴请即告结束。

阅读材料:家庭宴会

在家设宴请客是一种传统的礼节,也是开展社交活动的重要手段。都市生活节奏日趋加快,日子变得越来越程序化。于是,人们更渴望一种宁静、优雅、颇具温情的家庭型派对,于是,"家庭宴会"便成为人们联络感情的润滑剂。家宴,顾名思义必须在自己的家里,这无论从情感上还是理性上都是一种最高的待遇,而家宴的被邀请者,则意味着你可以进入他的私人领域,许多时候,这绝对是一个高门槛。

现在,越来越多的夫妻选择家庭作为社交舞台,意味着自己的家庭是幸福的;除了事业有成,还很会生活,创意十足的家居摆设也更能体现独到的品位;如果是厨艺精湛的人,宴请客人能够与客人分享自己的厨艺,可以与客人品尝、交流了一个菜式之后,再烹调另一个菜。这也是对美食的追求,就像广东粤菜必须即做即吃。另外,家庭型派对有着许多公开场合的派对所不具备的作用。前者充满温情,后者则充满商业味道。总之,温情、安静的家庭型派对更具有直指人心的作用,很多在公开场合不便交流的话题,在家庭型派对所具有的小圈子的隐秘兼温暖气氛下,可以拿出来讨论。更重要的是,一个策划良好的派对,所爆发出来的人际辐射作用是无法想象的。它是夫妻合导共演的一出生活秀,在这场生活秀中,不但家庭的亲情得以加深,还让身为女主人的你在社交舞台上大放光彩。

资料来源:张建宏据有关资料整理

(二) 舞会

举办任何一场舞会,都要"师出有名",为其找到一个恰当的名义,如庆祝生日、纪念结婚、晋职升学、欢度佳节、款待贵宾等。换而言之,碰上这些情况时,便是举办舞会的最佳时机。一般情况下,周末和节假日也非常适宜举办舞会。

根据惯例,舞会应当安排在晚间举办。每场舞会的具体时间长度,一般以两个小时左右为宜。普遍认为,晚上7点至9点,或者8点至10点,是最适合举办舞会的时间。没有特殊的原因,一场正规的交谊舞会不宜长于四个小时,而且也不应当延续到子夜时分。

比较正式的舞会首先应考虑的是邀请哪些人员来参加,并给每位被邀请者发一个请柬。请柬上最好简要说明开舞会的事由或者目的。请柬上注明舞会持续的时间,客人可在此期间任何时候到场与退席。舞会一般是男女相伴起舞,因此,被邀请的男女客人的人数应大致相等。对已婚者,一般应请夫妻双方。如举办会议专场舞会时,代表中一般以男性居多,舞会主持者应事先从本单位或兄弟单位邀请一些女士前来伴舞。

舞池的大小应当适度,最好与跳舞的总人数大致般配,人均1平方米最佳。舞场过小,客人有拥挤感,不便于翩翩起舞;而舞场过大时,整个舞场空空荡荡,又显得气氛不够热烈。另外,舞场的布置要突出"欢快""热烈"的气氛,场地空间可用彩色花环、飘带、彩灯等加以装饰。灯光的亮度及颜色应调整好,既不能太亮,也不能太暗,太亮了影响气氛,太暗了容易使人感到压抑。要准备好音响和音乐,如果条件好的还可以请乐队来演奏。舞场四周应摆放好足够的桌椅,以供来宾在跳舞间隙就座。如果是比较重要的酬宾舞会,应免费供应饮料,还可以放一些糖果之类的小食品。

跳舞必须有舞曲伴奏,舞曲的选择对客人情绪的影响很大,好的舞曲能够创造出高雅、欢快、美妙的舞场气氛。舞会主办者既要选择一些民族乐曲或世界名曲作为伴奏曲,也要选择一些受大众欢迎的流行乐曲作为伴奏曲,以提高共鸣。舞曲要丰富多彩,各种舞步的舞曲要穿插播放,音量要适中,不宜过大或过小。曲目的安排应当有"快"有"慢",在节奏上令人一张一弛,各取所需。可将不同国家、不同风格、不同节奏的曲目穿插在一起,使舞曲时而婉转抒情,时而热烈奔放,好似波涛起伏一般,令人为之陶醉。一般的舞会均以《一路平安》等作为最后一支舞曲,此曲一经演奏,等于是在宣布"舞会到此结束"。

如果是某社会组织举办的舞会专场,常常由该组织的公关人员担任舞会主持人,舞会主持人一般以一对男女或一位女士为宜,可选择外形较好、口齿伶俐、富有应变能力的人员担任这项工作。主持人的主要任务是要注意控制、调整场地的情绪,使舞会始终保持欢快、热烈的气氛。

舞会从开始到结束,都要十分重视做好安全保卫工作。闲散人员不准入内,严防社会小痞子混入闹事,衣冠不整者谢绝入场。舞场的气氛要尽量热烈,但舞风必须端正。当发现个别舞客举止不轨时,应由保安人员劝阻或劝其退场。另外,还要有专人保管舞客的衣服、财物,严防发生舞客财物丢失等不愉快的事件。在舞会进行过程中应尽量避免发生打架斗殴、盗窃等事件,确保舞会的正常进行,防止因一点小事情而引起舞会不欢而散。

(三)沙龙

沙龙是法文 Salon 的音译,即"会客室"和"客厅"之意。从 17 世纪起,西欧贵族和资产阶级知识分子常借某些私人客厅谈论文学、艺术和政治问题,实际上是社交集会的一种形式,由此兴起"沙龙"活动。沙龙形式较多,主要有:1. 社交性沙龙。由较熟识的朋友、同事结成的定期或不定期的聚会、同乡联谊会等。2. 学术性沙龙。由职业、兴趣相同或相近的人组成,以探讨某一学术问题为主要目的。3. 应酬性沙龙。以接待来访者、谋求增进了解和友谊为目的,如接待客人来访的座谈会、茶话会、舞会等。4. 文娱性沙龙。以联络感情和相聚娱乐为目的,如家庭音乐会等。5. 综合性沙龙。兼有多种目的,促进人们自由交谈,增进了解,如酒会、家庭晚宴等。

在所有的沙龙形式中,以座谈会和讨论会较为正式,一般参加的人数、讨论的问题、会议的程序和目标都有严格的规定。沙龙的主持人要非常熟悉沙龙的主题,并对相关问题有独到的见解;要有较好的口才和应变能力,具有幽默和谦和的风度。沙龙一开始,主持人首先对参加的对象、嘉宾、沙龙的主题做一简要介绍,然后由主持人或事先安排好的发言人来打开话题、提出问题,接下去是自由发言时间,要控制好每个人的时间和内容,不要过长或偏离主题。主持人要尽量保持中立,调动每位参加者的发言积极性,并尽量让参加者都有机会发言。在活动结束前,主持人要对讨论进行简短的总结,并对大家的到来表示谢意。

(四)企业年会

岁末年终,许多企业都通过举办各种形式的年会,以总结过去、展望未来、交流感情、沟通信息。好的年会活动不只是吃喝玩乐这么简单，而应是一场企业文化盛宴。如何把年会办得更有深度和有意义，让年会更好地体现企业的文化特色，展示员工的风采，着实不是那么简单的。年会的形式不拘一格，采用何种形式对年会的成功与否意义重大。形式确定的同时还要确定主题，明确指导思想、预期目标等。年会的时间一般应选择在晚上，有时也可根据情况选择白天。年会的时间一般在两小时左右为宜。年会的场地选择非常重要，最好选择宽敞、明亮，有舞台、灯光、音响的场地。场地应加以布置，给人以温馨、和谐、喜庆、热烈之感。年会节目应多种多样，多种形式穿插安排，不可头重尾轻，更不可千篇一律。主持人是年会的关键人物，应选择仪表端庄，表达能力强，有一定的组织能力、应变能力，熟悉业务的人担当主持人。正式的年会一定要事先进行彩排，这样有助于组织管理、堵塞漏洞、控制时间、增强演职人员自信心等。

思考与演练

1. 《左传》中载"是仪也，非礼也"，强调"仪"而不是"礼"。请你谈谈对这句话的理解。

2. 一张好的请柬能够传达活动的重要信息，能够塑造发送者的良好形象，还能够使接受者对主人产生亲切感。请你为某一位同学的生日宴设计一份请柬。

3. 天地公司将在下个月27日举行建厂十周年庆典，同时要举行厂史陈列室的揭牌仪式，请根据情况完成以下工作：列出庆祝大会（包括揭牌仪式）的具体程序，请为大会议程选择合适的标题，请设计出一套主席台（包括会场）的布置方案，请代厂长拟出一份庆祝大会的讲话稿（800字左右）。

4. 某高校2007届824班45位同学拟举办毕业十周年同学聚会，具体活动项目有参观母校、师生座谈、聚餐、旅行等，活动时间为3天，活动经费为人均1200元。请你为他们做出一份聚会活动策划方案。

5. 某高校老师将于下周五组织一次以"传统礼仪的意蕴及其现代价值"为主题的学术沙龙，请你根据所学的内容，为本次沙龙做好准备工作。具体问题有：沙龙场所设在哪里？场地要进行哪些装饰？坐席采用哪种形式？需要进行座次安排吗？事先要做好哪些沙龙资料的准备？需邀请哪些与会者？与会者有什么礼仪讲究？

参 考 文 献

[1] 蒋璟萍.礼仪的伦理学视角.北京:中国社会出版社,2007
[2] 彭林.儒家礼乐文明讲演录.桂林:广西师范大学出版社,2008
[3] 何春晖,彭波.现代社交礼仪.杭州:浙江大学出版社,1995
[4] 金正昆.涉外礼仪教程(第2版).北京:中国人民大学出版社,2010
[5] 周思敏.你的礼仪价值百万.北京:中国纺织出版社,2009
[6] 张晓梅.晓梅说礼仪.北京:中国青年出版社,2008
[7] 张晓梅.现代女性礼仪.北京:中国妇女出版社,2007
[8] 韩红月.每天学点礼仪学.北京:新世界出版社,2009
[9] 张建宏.现代商务礼仪教程.北京:国防工业出版社,2011
[10] 张建宏.社交礼仪与沟通技巧.北京:国防工业出版社,2011
[11] 杨丽敏.现代职业礼仪.北京:高等教育出版社,2007
[12] 刘秀丽.职业礼仪.北京:中国铁道出版社,2011
[13] 李春生.微笑与服务美学.北京:中国经济出版社,2000
[14] 何秉尧.魅力礼仪.北京:人民出版社,2008
[15] 中央文明办.迎奥运、讲文明、树新风礼仪知识简明读本.北京:学习出版社,2007
[16] 联合国贸易网络上海中心.如何与外国人打交道:海外商务文化礼仪习俗指南.上海:上海世界图书出版公司,2009

打造学术精品　服务教育事业
河南大学出版社
读者信息反馈表

尊敬的读者：

　　感谢您购买、阅读和使用河南大学出版社的＿＿＿＿＿＿＿＿＿＿一书，我们希望通过这张小小的反馈表来获得您更多的建议和意见，以改进我们的工作，加强我们双方的沟通和联系。我们期待着能为您和更多的读者提供更多的好书。

　　请您填妥下表后，寄回或发 E-mail 给我们，对您的支持我们不胜感激！

1. 您是从何种途径得知本书的：
　　□书店　□网上　□报刊　□图书馆　□朋友推荐

2. 您为什么决定购买本书：
　　□工作需要　□学习参考　□对本书感兴趣　□随便翻翻

3. 您对本书内容的评价是：
　　□很好　□好　□一般　□差　□很差

4. 您在阅读本书的过程中有没有发现明显的专业及编校错误？如果有，它们是：
＿＿＿＿＿＿＿＿＿＿＿＿＿＿＿＿＿＿＿＿＿＿＿＿＿＿＿＿＿＿＿＿＿＿＿＿＿＿
＿＿＿＿＿＿＿＿＿＿＿＿＿＿＿＿＿＿＿＿＿＿＿＿＿＿＿＿＿＿＿＿＿＿＿＿＿＿

5. 您对哪一类的图书信息比较感兴趣：＿＿＿＿＿＿＿＿＿＿＿＿＿＿＿＿＿＿＿

6. 如果方便，请提供您的个人信息，以便于我们和您联系（您的个人资料我们将严格保密）：
　　您供职的单位：＿＿＿＿＿＿＿＿＿＿＿＿＿＿＿＿＿＿＿＿＿＿＿＿＿＿＿
　　您教授的课程（老师填写）：＿＿＿＿＿＿＿＿＿＿＿＿＿＿＿＿＿＿＿＿＿
　　您的通信地址：＿＿＿＿＿＿＿＿＿＿＿＿＿＿＿＿＿＿＿＿＿＿＿＿＿＿＿
　　您的电子邮箱：＿＿＿＿＿＿＿＿＿＿＿＿＿＿＿＿＿＿＿＿＿＿＿＿＿＿＿

请联系我们：
电话：0371-86059750　0371-86059701
传真：0371-86059750
E-mail：zyjyfs2308@163.com
通信地址：河南省郑州市郑东新区 CBD 商务外环路商务西七街中华大厦 2408 室
河南大学出版社职业教育出版分社